高职高专公共基础课系列教材

人际沟通与社交礼仪
（第2版）

张岩松　韩　金　主编

清华大学出版社
北京

内容简介

本书作为反映高职教育教学改革最新理念的新型实用教材,是具有工学结合、任务导向特色教材的一次有益尝试和创新。其内容体系是根据企事业单位日常交际活动所涉及的各方面沟通技巧、礼仪规范等设定的,分为人际交往、人际沟通、社交礼仪三个项目,每个项目下提出"课程思政要求",共设有10个任务,包括人际交往指导、人际交往技巧、人际交往方式、语言沟通、非语言沟通、日常沟通、职场沟通、网络沟通、个人形象礼仪、日常交际礼仪。每个任务作为一个活动训练单元,由"任务目标""案例导入""案例分析""实践训练""自主学习"构成。全书体例新颖,内容翔实,案例丰富而鲜活,实训项目设计得科学得当,让学生在做中学,在学中做,全面提高综合素质,塑造出良好的职业形象。

本书可作为高职高专各专业学生进行人际沟通和社交礼仪的基本素质教育,提高其综合素养的创新型教材,还可作为各界人士提高交际能力的优秀读物及自我训练手册,也可作为各企事业单位进行相关岗位培训的实用教材。

本书封面贴有清华大学出版社防伪标签,无标签者不得销售。
版权所有,侵权必究。举报: 010-62782989, beiqinquan@tup.tsinghua.edu.cn。

图书在版编目(CIP)数据

人际沟通与社交礼仪/张岩松,韩金主编. —2版. —北京: 清华大学出版社,2021.1(2023.12重印)
高职高专公共基础课系列教材
ISBN 978-7-302-56684-7

Ⅰ. ①人… Ⅱ. ①张… ②韩… Ⅲ. ①人际关系学-高等职业教育-教材 ②心理交往-礼仪-高等职业教育-教材 Ⅳ. ①C912.1

中国版本图书馆 CIP 数据核字(2020)第 203603 号

责任编辑: 张龙卿
封面设计: 范春燕
责任校对: 袁 芳
责任印制: 曹婉颖

出版发行: 清华大学出版社
网　　址: https://www.tup.com.cn, https://www.wqxuetang.com
地　　址: 北京清华大学学研大厦 A 座　　邮　编: 100084
社 总 机: 010-83470000　　邮　购: 010-62786544
投稿与读者服务: 010-62776969, c-service@tup.tsinghua.edu.cn
质量反馈: 010-62772015, zhiliang@tup.tsinghua.edu.cn
课件下载: https://www.tup.com.cn, 010-83470410

印 装 者: 三河市铭诚印务有限公司
经　　销: 全国新华书店
开　　本: 185mm×260mm　　印　张: 13.5　　字　数: 309 千字
版　　次: 2013 年 5 月第 1 版　2021 年 3 月第 2 版　　印　次: 2023 年 12 月第 4 次印刷
定　　价: 49.00 元

产品编号: 090056-01

前言
FOREWORD

美国劳工部曾就"21世纪的工作需要什么技能"的题目委派专业机构进行调查,最后得出的结论是:21世纪的人才应具有五种工作能力和三种个人技能。五种工作能力是:富有成效地使用资源,良好的人际交往技巧,掌握和处理信息,通晓各种系统及运用技术。三种个人技能是:听、说、读、写等基本技能;学习、推理、创造性思维、决策和解决问题的思考能力;自律、合群、正直、有责任感的个人品质。不难发现,这些能力和技能无不与人际沟通、社交礼仪有着密切的关系。如果我们培养的高职生具备了这些能力,那么什么企业不欢迎他们呢?他们什么岗位的工作不能胜任呢?鉴于此,我们不揣浅薄编写了这本教材。

《人际沟通与社交礼仪》自2013年出版以来,受到兄弟院校师生的普遍欢迎,先后8次印刷,发行两万余册。本次在第1版的基础上进行修订,更新了部分内容,增加了最新案例,每个项目下提出了"课程思政要求"。与国内同类教材相比,全书内容更加凝练,案例更加鲜活,特色也更加鲜明,更富有指导性、趣味性和可读性。

本书为"现代交际礼仪"国家精品课程建设成果之一。本书由张岩松、韩金主编,张岩松编写任务1~任务5;韩金编写任务6~任务10。韩金制作了PPT课件,并完成了课后练习答案;赵祖迪、屈剑、王佳特、张楠等担任平面模特,刘晓燕完成了图片的后期制作。全书由韩金统稿。

在本书的编写过程中,参考了大量书籍、报刊文献和网络资料,吸收了国内学者最新的研究成果,在此向各位专家、学者们表示衷心的感谢。

因编写水平等所限,书中仍有疏漏之处,敬请读者朋友指正。

编 者

2021年1月

目 录
CONTENTS

项目一 人际交往

任务1 人际交往指导 ………………………………………………………… 3
任务目标 ……………………………………………………………… 3
案例导入 ……………………………………………………………… 3
1.1 人际交往的含义 …………………………………………………… 4
1.2 人际交往的类型 …………………………………………………… 5
1.3 人际交往的原则 …………………………………………………… 6
1.4 人际交往的障碍分析 …………………………………………… 10
案例分析 …………………………………………………………… 17
实践训练 …………………………………………………………… 19
自主学习 …………………………………………………………… 20

任务2 人际交往技巧 ………………………………………………………… 22
任务目标 …………………………………………………………… 22
案例导入 …………………………………………………………… 22
2.1 熟记姓名 ………………………………………………………… 23
2.2 知人而交 ………………………………………………………… 24
2.3 巧妙暗示 ………………………………………………………… 28
2.4 学会倾听 ………………………………………………………… 29
2.5 成功切入 ………………………………………………………… 33
案例分析 …………………………………………………………… 35
实践训练 …………………………………………………………… 36
自主学习 …………………………………………………………… 38

任务3 人际交往方式 ………………………………………………………… 40
任务目标 …………………………………………………………… 40
案例导入 …………………………………………………………… 40
3.1 联谊活动 ………………………………………………………… 40

3.2　专题会议 …… 43
3.3　仪式活动 …… 48
3.4　参观游览 …… 54
案例分析 …… 56
实践训练 …… 56
自主学习 …… 58

项目二　人际沟通

任务 4　语言沟通 …… 61

任务目标 …… 61
案例导入 …… 61
4.1　有声语言的特性与要求 …… 61
4.2　语言沟通的技巧 …… 63
4.3　提高声音质量 …… 69
案例分析 …… 72
实践训练 …… 73
自主学习 …… 74

任务 5　非语言沟通 …… 76

任务目标 …… 76
案例导入 …… 76
5.1　什么是非语言沟通 …… 77
5.2　非语言沟通的表现形式 …… 79
案例分析 …… 88
实践训练 …… 90
自主学习 …… 92

任务 6　日常沟通 …… 94

任务目标 …… 94
案例导入 …… 94
6.1　交谈 …… 94
6.2　赞美 …… 98
6.3　说服 …… 100
6.4　拒绝 …… 104
案例分析 …… 107

实践训练 ··· 109
　　自主学习 ··· 111

任务 7　职场沟通 ··· 113

　　任务目标 ··· 113
　　案例导入 ··· 113
　　7.1　求职沟通 ··· 113
　　7.2　工作沟通 ··· 123
　　案例分析 ··· 127
　　实践训练 ··· 131
　　自主学习 ··· 132

任务 8　网络沟通 ··· 134

　　任务目标 ··· 134
　　案例导入 ··· 134
　　8.1　网络沟通概述 ··· 134
　　8.2　网络沟通的策略 ··· 140
　　案例分析 ··· 141
　　实践训练 ··· 142
　　自主学习 ··· 144

项目三　社交礼仪

任务 9　个人形象礼仪 ··· 147

　　任务目标 ··· 147
　　案例导入 ··· 147
　　9.1　仪容 ··· 147
　　9.2　服饰 ··· 155
　　9.3　仪态 ··· 164
　　案例分析 ··· 176
　　实践训练 ··· 179
　　自主学习 ··· 180

任务 10　日常交际礼仪 ··· 182

　　任务目标 ··· 182
　　案例导入 ··· 182

10.1　见面礼仪 …………………………………………………… 183
10.2　通信礼仪 …………………………………………………… 194
10.3　接访礼仪 …………………………………………………… 199
案例分析 …………………………………………………………… 204
实践训练 …………………………………………………………… 206
自主学习 …………………………………………………………… 206

参考文献 ………………………………………………………… 208

项目一　人际交往

课程思政要求：
- 进行社会主义核心价值观教育；
- 进行爱国主义教育；
- 开展诚信教育、法律意识教育和道德意识教育；
- 塑造职业形象，提高职业素养；
- 促进学生全面发展。

一个人事业的成功15%靠自身努力，而85%取决于良好的人际关系。

——[美]戴尔·卡耐基

君子上交不谄，下交不渎。

——《易传·系辞传下》

处理人际关系的能力就像日常生活中的糖和咖啡一样必不可少，我愿意出高薪聘请这类人才。

——[美]约翰·洛克菲勒

任务 1
人际交往指导

任务目标

- 明确人际交往的含义和类型；
- 在人际交往中坚持人际交往原则；
- 克服人际交往障碍，建立和谐的人际关系。

案例导入

天堂与地狱的区别

一位一生行善无数的人，在他临终前，有一位天使特地下凡来接引他上天堂。天使说："大善人，由于你一生行善，成就很大的功德，因此，可以在你临终前让你实现一个最大的愿望。"

大善人说："谢谢你这么仁慈，我一生当中最大的遗憾就是：我从来没见过天堂与地狱究竟长什么样子？在我死之前，你可不可以带我到这两个地方参观一下？"

天使说："没问题，因为你即将上天堂，所以我先带你到地狱去吧。"大善人跟随天使来到了地狱。

他们面前有一张很大的餐桌，桌上摆满了丰盛的佳肴。

"地狱的生活看起来还不错嘛！没有想象中的悲惨嘛！"大善人很疑惑地问天使。"不用急，你再继续看下去。"

过了一会儿，用餐的时间到了，只见一群骨瘦如柴的饿鬼鱼贯地入座。每个人手上拿着一双长三四米的筷子。每个人用尽了各种方法，尝试用他们手中的筷子去夹菜吃，可是由于筷子实在是太长了，最后每个人都吃不到东西。

"实在是太悲惨了，他们怎么可以这样对待这些人呢？给他们食物的诱惑，却又不给他们吃。"

"你真觉得很悲惨吗？我再带你到天堂看看。"

到了天堂，同样是满桌佳肴，每个人也都同样手持一双长三四米的筷子。与地狱中不同的是，围着餐桌吃饭的是一群洋溢着欢声笑语、长得白白胖胖的人。他们用筷子夹菜，互相喂着对面的人吃菜，每个人都吃得很愉快。

大善人终于明白：天堂与地狱的区别在于人与人之间相处的态度。

这个故事说明了一个道理：只要你和别人和谐相处，就可以生活得很愉快；如果不会和别人友好相处，只想着自己想要的东西，那么你就会生活得很痛苦。

(资料来源：佚名.天堂与地狱[EB/OL].[2020-02-16]. https://www.360kuai.com/pc/98a4558ebc3818fb9? cota=4&kuai_so=1&tj_url=so_rec&sign=360_57c3bbd1&refer_scene=so_1.)

美国的成人教育家卡耐基对社交高度重视，这主要是源于他对人生的深刻理解和领悟。我们几乎没有人否定人际交往在人生、家庭、事业中的重要性。

1.1 人际交往的含义

古希腊哲学家亚里士多德曾说：一个生活在社会之外的人，一个不与人发生关系的人，不是动物就是神。如果人完全脱离了交际，脱离了社会，人就不再是人，而是动物了。美国心理学家沙赫特曾做过这样的实验：他以每小时 15 美元的酬金先后聘请了 5 位自愿者进入一个与外界完全隔绝的小屋，屋里除提供必要的物质生活条件之外，没有任何社会信息侵入，以观察人在与世隔绝状态时的反应。结果，其中一个人在小屋里只待了 2 小时就出来了，3 个人待了 2 天，时间最长的一个人待了 8 天。这位待了 8 天的人出来后说："如果让我再在里面待 1 分钟，我就要疯了。"实验证明，没有一个人愿意与其他人隔绝，人们都害怕孤独。国外有的学者估计，人们在日常生活中，除 8 小时的睡眠时间以外，其余 16 小时中约 70% 的时间都在进行着交际。那么，究竟什么是社交呢？

1. 人际交往释义

人际交往是标志人类活动的特殊领域的概念。人际交往在英语中使用 communication 一词来表达，包含有通信、传达、交流、意见的交换等含义。人际交往在汉语中又被称为交际、交往或社交。"交"有结合、通气、赋予的意思；"际"有接受、接纳、交合、会合、彼此之间等意思。朱熹对"交际"的注释是："交际，谓人以礼仪币帛相交接也。"这里"礼仪"的"相交接"，即日常所说的"礼尚往来"，主要是指人与人之间的精神性的交换；而"币帛"的"相交接"，是指人与人之间的物质性的交换。朱熹把人与人之间的精神和物质交换称为交际，这种诠释是很有见地的。

人际交往是人在共同社会活动中，通过人与人之间的相互接触、互通信息、交流情感，或达到相互了解、彼此吸取对方的长处和积极因素，从而增进友情，和谐合作，促进事业成功；或彼此满足相互间的精神慰藉，实现自我价值，增加社会群体的聚合力。

人际交往是人得以生存、人类社会得以存在和发展的基础和保证。纷繁复杂的人类社会是人际关系耦合的网络系统，而人际交往是将个人与个人、个人与群体、群体与群体联结成社会网络必不可少的手段，是促进人际关系和谐、保持社会有机体稳定发展的强有力的纽带。人际交往根植于人类的合群性，发展升华于人的劳动过程。人要生存，就要生产，而生产必然有人与人之间的各种联系和交往，从而使人际交往成为社会生产的必要条件。马克思说，人的本质是一切社会关系的总和。人的一切社会关系正是在人际交往中得以暴露和展示的。每个人在人际交往中实现其人的社会属性，肯定其自身价值。总而言之,没有了人际交往,便没有了社会的人和人的社会。

人际交往是人类生活中不可或缺的重要组成部分。在现代社会中,人们所从事的劳动和工作越来越复杂,社会化程度越来越高,既有严密科学的分工,又有严格的整体配合,需要越来越多的人合作才能成功。同样,随着物质生活水平的提高,各种信息纷至沓来,人们比以往更渴望理解,更渴望沟通,更多地渴望文化生活和精神交往,而人际交往恰似劳动、语言和闲暇一样,是人类生活不可或缺的重要组成部分。

2. 人际交往的要素

人际交往活动是非常复杂的,有着各种各样的形式和内容,但在人际关系的一般结构中,包括以下六种要素。

(1) 具有两个或两个以上的人。两个人构成社交的最基本单位。单个人所进行的活动尽管可能涉及另外的人,但也不能称为社交。同时,社交中的个人都具有自己的个性心理特征,每个人的个性心理特征都会影响交际过程。

(2) 具有特定的交际动机。人的任何社交活动都是由特定的动机推动的,是为了满足某种需要。动机所指向的目标可能是物质的,也可能是精神的。

(3) 能够相互认识。社交中人与人之间存在相互的觉察,以及了解彼此基础上的相互理解。同时,伴随相互认识,每个人都会有感情的移入,产生喜欢或厌恶的情感倾向。

(4) 能够相互沟通。社交中的双方存在着信息的交换。沟通既包括认识上的沟通,也包括情感上的沟通。沟通可能以语言为媒介,也可能以非语言的体态表情为媒介。信息沟通是产生相互认知、达到交际目的、建立人际关系的基础。

(5) 具有心理和行为上的互动。在社交中,一方发出的信息刺激会引起另一方心理和行为上的反应,这种反应又会作为新的信息刺激作用于前者,由此产生双方的相互作用与相互影响。

(6) 具有一定的交往情境。人和人之间的任何交往都是在一定的社会背景和现实的社会环境中进行的,特别是交往时所处的现实微观环境会给人际交往带来直接的影响。

1.2 人际交往的类型

现实生活中,人际交往的方式多种多样,同时各种方式具有不同的功能。按照不同的标准,可以把人际交往分为以下类型。

1. 根据交往的规模分类

根据交往规模的大小,人际交往可分为个人与个人的交往、个人与群体的交往、群体与群体的交往、群体与组织的交往、组织之间的交往、组织与个人的交往等。

2. 根据交往使用的符号分类

根据交往使用的符号不同,将人际交往分为言语交往和非言语交往。言语交往是通过有声的口头语言进行的交往。言语作为一种符号,是人类最基本的交际沟通工具。人运用言语进行交往的基础,是交往双方对同一言语所代表的意义必须有共同的理解。使用不同方言或不同民族言语的人相互交往就会出现困难,必须借助翻译作为沟通中介。言语的作用是传递信息。说话、演说、讲课、做报告、打电话等都是主要运用言语传递信息。

非言语交往是指人与人之间用一定的手势动作传递信息、相互作用的方式。在交际中,目光、手势、体态、面部表情都能传递大量的信息,其中以目光和面部表情传递的信息最为丰富。眉飞色舞表示喜悦,瞠目结舌表示惊讶,横眉冷对表示愤怒,嗤之以鼻表示轻蔑。人的眉、眼、口、舌、鼻和面部肌肉的综合运用,可以向对方传递自己多姿多彩的心理活动。在人与人的交往中,每个人的一言一行、一举一动都能表达出对对方是否尊重、信任、热情、友好,这看起来是细枝末节,但往往会给交往带来很大影响。

3. 根据信息的传递方式分类

根据信息的传递方式分类,可以把人际交往分为口头交往、书面交往和网络交往。

(1) 口头交往即言语交往。

(2) 书面交往是运用书面文字进行的文字活动。写信、发通知、发布告、发传真等都是书面交往。自从人类发明了文字,人类的交往方式就向前跨越了一大步。书面交往不像言语交往那样稍纵即逝。它传递的信息能够再现,可以被保存、查对,如一纸情书可以反复阅读,回味无穷。

(3) 网络交往即网络人际交往,它本质上是一种社会实践活动,是人们以网络技术、信息技术为基础,以符号为中介进行相互作用、相互交流和相互理解的过程。网络交往是网络催生出的一种新型交往形式,它基于网络技术而存在,以语言为媒介,通过对话达到人与人之间的理解,形成社会联系。网络交往常见的表现形式有 E-mail、电子公告板(BBS)、网上聊天、网上会议等。

此外,我们还可以根据交往的其他特性划分出若干交往类型。例如,根据人们交往的信息流向将其分为单向交往和双向交往;根据交往时间可分为长期交往、间断交往和偶然交往;根据交往的途径可分为直接交往(双方利用口头、形体语言)和间接交往(双方利用媒介或其他手段);根据交往者不同的人际关系特征,一般可分为血缘关系的交往、地缘关系的交往、业缘关系的交往。

从以上多种分类中,我们对交往的形式及其特征有了初步认识。值得注意的是,在实际交往中,往往是各种类型的交往交叉、融合、共同产生作用,而不是简单地割裂开来。

1.3 人际交往的原则

1. 信用原则

信用原则也称信誉原则。中华民族历来都是强调信用的。在人与人的交往中,从古至今人们都把信用看得非常重。儒家直接把信用作为重要美德("仁""义""礼""智""信")之一。孔子说"民无信不立""与朋友交,言而有信",强调的是要守信用。这是一个非常重要的人际交往原则。

没有人际交往就没有所谓的信用,只有在人与人的交往中才会出现信用问题。人离不开交往,交往离不开信用。现代人在开展交际活动的全过程中,坚持信用原则,不但可以显示自身良好的形象和声誉,而且也能使交际对象根据言论去判断其行动,进行正常的、长期的和稳定的交往。在当今社会生活的各个方面,信用越来越重要。现代人要坚持这一人际交往原则,应注意以下几个方面。

(1) 守时守约。在人际交往中,包括会晤、安排会议、贯彻协议、履行合同等,都要守信,接受任务后必须按期完成,说到做到,言必信,行必果。

(2) 诚实自信。诚实是一种美德,以诚待人是获取信任、取信于公众的最好办法;自信也是获取信任的好方法,自信的人可直接给交际对象以感染,使其消除疑虑。

(3) 不轻易许诺。不轻易许诺是守信用的重要保证,也是取信于人的方法。否则,诺言不能实现,会失信于人。

2. 平等原则

英国著名戏剧家、诺贝尔文学奖获得者萧伯纳对"平等"二字有很深的体验。一次,他访问苏联,漫步在莫斯科街头,遇到一位聪明伶俐的苏联小姑娘,便与她玩了很长时间。分手时,萧伯纳对小姑娘说:"回去告诉你妈妈,今天同你玩的是世界有名的萧伯纳。"小姑娘望了萧伯纳一眼,学着大人的口气说:"回去告诉你妈妈,今天同你玩的是苏联小姑娘安妮娜。"这使萧伯纳大吃一惊,立刻意识到自己太傲慢了。后来,他常回忆起这件事,并感慨万分地说:"一个人无论有多大的成就,对任何人都应该平等相待。要永远谦虚,这就是苏联小姑娘给我的教训,我一辈子也忘不了她!"由此可见,在人际交往中坚持平等原则非常重要。

平等是人与人之间建立情感的基础,是达到最佳交际效果的诀窍,是建立和保持良好人际关系的基础之一。心理学研究表明:人都有友爱和受人尊敬的需要,交友和受尊敬的愿望都非常强烈。人们渴望自立,渴望成为家庭和社会中真正的一员,平等地同他人进行沟通,希望得到别人的平等对待。只有以平等的姿态交往,不盛气凌人,给别人以充分的尊重,才能形成人与人之间的心理相容,产生愉悦、满足的心境,出现和谐的人际关系。毛泽东在这方面就做得尤其出色。他作为领导者,在处理与下级的关系时,十分注意坚持平等原则,不摆架子,这种平等是赢得下级理解和支持的重要条件。一位老教授回忆在延安见毛泽东的情境时说:"我去见主席,主席拿出纸烟来招待我,可是不巧纸烟只剩一支了。你想主席怎么办?他自己吸,而不请客人吸,当然不好;请客人吸,自己不吸,客人肯定不同意。于是,主席将这支烟分成两半,给我半支,他自己半支。从这件事可以看出主席的随和、诚恳、平等和亲切,这使我很受感动,终生难忘。"那么,如何做到平等交往呢?

(1) 明确平等的含义。平等是相对的,不是绝对的。平等受自然条件和社会条件的制约,必须根据交际对象的不同条件(政治、经济、文体和社会等方面的条件)分别对待。

(2) 尊重交际对象的人格。这是平等的前提。任何人都有自尊心,在交往中要维护彼此独立的人格不受侵犯。在现代社交中,只有尊重对方的人格才能得到对方的理解和尊重,营造出良好的人际关系。那种以势压人、盛气凌人、"看人下菜碟",甚至污辱人的做法都是与平等原则严重相悖,为公众所不齿的。

(3) 掌握平等交往的方法和技巧。平等交往的方法和技巧有很多,例如,谈心法,即向对方实实在在地说出心里话,用朋友般的商量口气交换意见、传递信息、讨论问题;求同法,即通过各类活动,特别是令人富有兴趣的活动,寻求与对方的相互认识、相互理解,

"投公众所好",增强其认同感;交友法,即像对待朋友那样平等地对待公众,关心、帮助、体谅、尊重对方,以诚相待,从而赢得交际对象的认同。

3. 互利原则

互利原则是指人们在人际交往中考虑双方的共同价值和共同利益,满足共同的心理需要,使彼此都能从交往中得到实惠。大多数人的交往是互惠互利的,相互报偿、相互满足是人际交往活动的基本动机。没有需求上的相互满足和相互补取,就不可能有成功的交际。一般来说,预期中的报偿支配着人际交往的积极性,因而人们在现代社交中要创造互惠互利型的格局,积极寻找双方的利益共同点,平等相待,真诚合作,而不能一味地追求自身的利益,更不能以邻为壑,坑害对方。

从社会学的角度来说,互惠互利的原则是一种"非零和博弈"原则,它是相对于"我赢你输"的"零和博弈"$[1+(-1)]=0$而言的,即希望出现的结局是"你赢我也赢"。现代人必须明白"投桃报李"的意义,今天的付出意味着明天的收获,此处的投入意味着彼处的产出。

人际交往中遵循互惠互利的原则应注意以下几点。

(1) 要明确互惠互利是有前提的。互惠互利是以不损害第三方的利益为前提的,任何以损害第三方的利益来达到互惠互利目的的行为都是不允许的。

(2) 要注意精神上的互惠互利。社会心理学家研究表明,每个人都渴望得到别人的注意和关心。因此,人际交往中必须考虑他人在精神上和心理上的需要,关心他人,爱护他人,从而使交往双方得到心理上的满足,这是最不可缺少的互惠互利。

(3) 要注意经济上的互惠互利。人们的活动一般都包含着某种利益的目的,驱使着人们去交往的动力既有情感因素,也有明显的利益要求。交际活动应使双方受益,如果只想从别人那里获得好处,只考虑自己的需要和利益,就很可能使彼此的关系陷入游离状态,甚至完全终结。

4. 尊重原则

人都有满足物质生活上的需要,但更有得到尊重的期望。人都有自尊心,都希望受到尊重,而且对尊重自己的人有一种天然的亲和力、认同感。尊重成为现代社交的重要原则。因此,在交际中,不管对方地位如何、才能怎样,只要与之打交道,就应给予对方尊重,做到礼遇适当、寒暄热烈、赞美得体、话题投机,让对方感到他是受欢迎的、有地位的,从而得到一种满足,在交往中心情很愉快,这样就为建立和谐的人际关系铺平了道路。

在对待他人的诸多做法中最重要的一条就是要长存尊重敬人之心,处处不可失敬于人,不可伤害他人的尊严,更不能侮辱对方的人格。例如,日本东芝电器公司曾一度陷入困境,员工士气低落。当士光敏夫出任董事长时,他经常不带秘书,一个人深入各工厂与工人聊天,听工人的意见,更有意思的是,士光敏夫还经常提着一瓶酒去慰问员工,和他们共饮。他终于赢得了公司上下的支持,员工的士气也高涨了起来。在三年内,士光敏夫终于重振了日暮途穷的东芝公司。士光敏夫的诀窍就是关心、重视、尊重每一个员工,"敬人者,人恒敬之",他同时也赢得了员工的信服与支持。可见,尊重的作用是十分巨大的,那么,如何才能更好地体现尊重原则呢?

(1) 让对方保住面子。应注意不要伤害别人的自尊心,要让人保住面子,这样才能赢得别人的尊敬,树立组织及自身的良好形象。例如,在某大酒店,一位外宾吃完最后一道菜,顺手把精美的景泰蓝食筷悄悄地"插入"自己的内衣口袋里。服务员小姐不露声色地走上前去,双手擎着一只装有一双景泰蓝食筷的绸面小匣说:"我发现先生在用餐时,对我国的景泰蓝颇有爱不释手之意。非常感谢您对这种精美工艺品的赏识。为表达我们的感激之情,经餐厅主管批准,我代表大酒店将这双图案最为精美的并且经严格消毒处理的景泰蓝食筷送给您,并按照酒店的优惠价格记在您的账上,您看好吗?"曲径通幽,那位外宾很快明白了这弦外之音,表示谢意后,说自己多喝了两杯,头发晕,顺手将食筷插入内衣口袋里,并聪明地下台阶,说:"既然它不消毒不能使用,我就以旧换新吧!"说着取出袋里的食筷恭恭敬敬地放回桌上,接过了服务员小姐给他的小匣。

(2) 给他人表现的机会。尊重他人,更重要的是让他人感觉到自己很重要,给人充分表现的机会。苏联刚成立时受到经济封锁,那时与苏联做生意的第一个美国人——哈默曾回忆道:"与他(列宁)交谈时,会使你感到你是他生活中最重要的人物。"哈默为什么这样说呢?因为列宁给了他表现的机会,让企业家施展才能在苏联开办了工厂,举办艺术展览,这打动了企业家,在无形中肯定了其价值,满足了其自尊心。

(3) 对他人表现出最大的热情。给予别人热情,其实就是给予别人支持和鼓励,能让对方增强自我的肯定。如果你能给予别人最大的热情,别人也会将心比心,绝不会麻木不仁。例如,在某海运公司,有一群粗犷的船员,身材高大,脾气暴躁,公司对他们很伤脑筋。但奇怪的是,这些人都服从劳资处一位副处长的管理。原来,每次船归来之时,这位副处长都立即放下手头的工作去码头,和船员们又是拥抱,又是握手,并把家在外地的船员家信捎去。他的盛情和周到,感动了这些长年颠簸在海上的游子,使他们感到自己受到尊重,这位干部的形象在他们心中也就自然高大起来。

5. 宽容原则

一般来说,交往双方的心理总存在一定的距离,存在不相容的心理状态,这种差异会在交往者之间产生思想隔膜,甚至会使关系僵化。要想缩小这种心理上的差异,求得人与人之间能多一份和谐、多一份信赖,就必须抱着宽容之心。宽容就是要求人们既要严于律己,又要宽以待人,要多容忍他人,多体谅他人,多理解他人,而不能求全责备,斤斤计较,过分苛求,咄咄逼人。唯有宽容才能排除交际中的各种障碍,不能宽容他人的人,往往会得理不饶人,使人际关系恶化。共性是寓于个性之中的,人们应该维护和发展共性,以理解和宽容来增强人们之间的凝聚力。所以,宽容忍让是为人处世的较高境界,易于博得他人的爱戴和敬重。正如孔子所说:"宽则得众。"坚持宽容原则要做到以下两点。

(1) 理解他人。要做到宽容待人,就要将心比心,理解他人,体谅他人,不求全责备,不要求对方十全十美,与对方和睦相处。社交中,考虑交往对象的个性,理解其思想,不强求其与自己高度一致(事实上这是不可能的),多站在对方的角度考虑问题,是宽容原则的极好体现。正如美国汽车大王亨利·福特(Henry Ford)所说:"如果成功有什么秘诀的话,那就是站在对方的立场上考虑问题。"有家企业的公关人员小刘,说话办事都有板有眼,但就是有一个缺点,凡是他看不惯的人,就不想与之多说,结果得罪了不少客户。公关部经理对他说:"我们两人岁数相差二十多岁,性格差异更大,你好动,我好静,但并不影响我们的合作,你想想这是为什么?"脑子灵活的小刘一听,便知道经理是在批评自己。他悟出一个道理:脾气性情不同的人同样可以做朋友。从那以后,他开始接纳个性特别的客户,并取其优点,友好往来,很快便赢得了客户的好感。

(2) 严于律己。人缘好的人,几乎都具有对己严、对人宽的品质。现代人更应注意加强这方面的修养,与他人打交道时不苛求别人,而是以礼待人,遵守诺言。若与别人产生摩擦,首先从自己身上查找原因。

1.4 人际交往的障碍分析

人际交往的过程也就是人与人之间的信息沟通、思想感情交流和行为互动的过程。在现代社会中,人际交往的范围不断扩大,人际交往的频率不断增加,人际交往的水准不断提高,因而人际交往的障碍因素也比以往更复杂。分析和研究人际交往的障碍因素,对于调节人们的交往行为,搬掉交往过程中的"绊脚石",克服障碍,真正实现良好而高效的沟通,具有重要意义。

1. 心理障碍

人际交往中很多因素会成为人际交往的障碍。在这些障碍中,表现最为突出的是人际间的心理障碍。人的兴趣、态度、情绪、思想、性格、价值等因人而异,这些差异使人们在沟通中很容易带上主观成分,不自觉地就会用自己的观点对信息加以"过滤",从而有意无意地使信息发生歪曲,给人际交往造成不同程度的危害。

(1) 知觉障碍。人际交往中,我们认知对象时,经常会出现不同的心理障碍,最常见的有第一印象、晕轮效应和刻板印象。

① 第一印象。心理学家做过这样一个实验,让被试者看两种性格类型。

性格 A:聪明、勤奋、易冲动、爱批评、顽固、妒忌心强。

性格 B:妒忌心强、顽固、爱批评、易冲动、聪明、勤奋。

实验结果表明,人们对性格 A 有好印象。其实性格 A 和性格 B 的内容完全一样,只是顺序不同罢了。这表明:当不同信息结合在一起时,我们总是倾向于前面的信息,而忽视后面的信息;即使人们同样也注意后面的信息,但也会认为后面的信息是非"本质"的"偶然"的。这就是第一印象作用的缘故。所谓第一印象,是指在人际沟通中,人们对第一次经历的事件往往留下深刻的印象,成为一种心理定式而难以改变。

第一印象是有层次的。当人们在商店受到某个营业员的热情服务时,他所得到的第一印象不仅是对这个营业员的印象,还包括对整个商店的印象,当人们千挑万选地购买一台洗衣机,刚一使用就发现有毛病时,他对这台洗衣机、这一品牌、这一企业的不良印象也就形成了。第一印象有层次性、广泛性和拖延性,因此难免以偏概全,妨碍人们准确地、全面地认识事物。当然,第一印象也不是不能改变的。随着人与人的深入交往,还可以修正第一印象,最后给予对方客观、公正的评价。

② 晕轮效应。所谓晕轮效应,是指从对象的某种特征推及对象的总体特征,会像月晕一样,在真实的现象面前产生一个更大的假象:人们隔着云雾看月亮时,在月亮外面有时还能看到一个光环,这个光环是虚幻的,只是月亮的光通过云层中的冰晶所折射出的光

现象,事实上并不存在这样一个物质的、真实的光环。晕轮效应和第一印象一样普遍。人们走进礼品店,选购的往往是包装精美、价格偏高的礼品。因为精美的包装、偏高的价格往往会使人产生晕轮效应,认为里面的东西会像精美的包装一样好,会和偏高的价格相一致。在公共关系和人际关系中,名片越印越精致,品种越来越多,出现了所谓"名片效应",有些人甚至对它产生了迷信,这是晕轮效应的典型范例。

晕轮效应是一种以偏概全的主观心理臆测,其错误在于:第一,它容易抓住事物的个别特征,习惯以个别推及一般,就像盲人摸象一样,以一点代替全面。第二,它把并无内在联系的一些个性或外貌特征联系在一起,断言这种特征必然会有另一种特例。第三,说好就全面肯定,说坏就整体加以否定,这是一种受主观心理影响很大的认知障碍。

③ 刻板印象。所谓刻板印象,是指在人际沟通中,人们对某个群体或事物形成的一种概括而固定的看法。生活在同一地域和同一文化背景中的人们,常常表现出许多的相似性,如同一个民族和国家的人有着大致相同的风俗习惯。职业、年龄、性别、党派一样的人,在思想、行为等方面也都较为接近。例如,商人大多是较为精明的;知识分子一般是文质彬彬的;山东人直爽、乐于助人;而上海人灵活、善于应酬,等等。以上这些相似的特点被概括地反映到人们的认知当中,并被固定化,便产生了刻板印象。

刻板印象一旦形成,具有非常高的稳定性,很难被改变。即使与其相反的事实出现,人们也倾向于坚持它,而去否定或"修改"事实。刻板印象具有一定的消极作用,它使人们的认知僵化和停滞,阻碍人们接近新事物、开拓新视野。持有刻板印象的人在判断他人时会把群体所具有的特征都附加到他身上,也常常导致过度概括的错误。显然知识分子未必个个都文质彬彬,上海人也不见得个个都善于应酬。

(2) 心理品质障碍。这包括自卑心理、害羞心理、嫉妒心理等。

① 自卑心理。自卑是指个人由于某些生理或心理缺陷及其他原因(如智力、记忆力、判断力、气质、性格、技能等欠佳)而产生的轻视自己,认为自己在某个方面或某几个方面不如他人的心理。具有自卑心理的人往往缺乏自信,自己看轻自己,在交往活动中想象成功的经验少,想象失败的体验多。这种情绪在与权威、长者、名人交往时,表现更为突出。自卑是一种消极的心理状态,它在人与人交往中起着严重的阻碍作用,往往使沟通双方难以形成一种平等的对话,进而影响彼此真情实感的交流。严重者,会失去交往的愿望,成为一个孤独者。

自卑心理一般表现为一种自我否定的心理定式,包括对自身的否定和对社会组织的否定,认为样样比不过别人,自暴自弃,不能正确地评估、判定自己所代表的社会组织,对人际沟通的期望值很低,把需要沟通的对象限定在狭小的范围内,以与熟悉的公众交往为满足,而不想去开辟新的交往渠道,建立新的交往空间,扩充新的公众队伍。

自卑心理形成的原因是多方面的。从主观方面讲有两个原因:一是自己的期望值不高,把自己的交往局限在小圈子里,行动上畏缩不前,当遇到新的交往情境时,总是害怕失败,担心遭到别人的耻笑和拒绝;二是存在某些生理上的短处,如患有残疾、长相不佳等都容易导致自卑。从客观方面讲,家庭背景、社会地位较差也易导致自卑;四处碰壁,挫伤了积极性,也会产生自卑心理。

怎样克服自卑心理呢？一要正确认识、恰当评价自己和组织的优势，树立自己代表社会组织所特有的自豪感和自信心。要善于发现自己的长处，肯定自己的成绩，不要把别人看得十全十美，把自己看得一无是处，应认识到他人也有不足；经常回忆那些经过努力做成功的事情，对一些做得不好的事情进行自我暗示——不要紧，别人也不见得就能做好，自己再努力一把也许能把事情做好。另外，注意发现他人对自己好的评价。每个人总是以他人为镜子来认识自己的，不会所有的人都对自己作较低的评价，赏识、理解、了解自己的人总是有的，关键是要自己去捕捉，将捕捉到的好的评价作为自我评价系数，以增强自信心，克服自卑。二要塑造自己坚强的性格。一个人被自卑心理所困扰，丧失进取心，通常与其性格怯懦、意志薄弱有关，而那些自信心强、勇于进取的人，往往性格比较开朗、大胆，意志坚强。对于已露出自卑苗头的人来说，要注意通过锻炼、自我教育等方法，培养自己坚强的性格，增强性格的独立性，摆脱人们尤其是权威人士对自己的成见，使自己在交往中日益成熟起来。三要积极寻求沟通对象给予必要的反馈信息，从反馈中体验成功。

② 害羞心理。害羞是常见的心理障碍之一。虽然未必人人都像古诗中说的那样，"千呼万唤始出来，犹抱琵琶半遮面"，但对初涉人际沟通领域的人来说，害羞是十分常见的。这种心理会产生腼腆的感觉，感到紧张不安，扭扭捏捏，丧失认识公众的良机。

为什么会害羞呢？从心理学角度分析，有三个方面的原因：一是认识性害羞。这是由于人们认识自己时过分注重"自我"，总是担心和怀疑自己的言行是否得到别人的承认，生怕自己的言行不对而被人耻笑。这种心理状态加上缺乏临场经验，就使得一些人在人际沟通中，特别是在自己不熟悉的环境中往往表现得害羞胆怯。二是挫折性害羞。有的人以前并不害羞，他们活泼、开朗、善于交际，但由于种种原因，连遭挫折，结果变得害羞、胆怯、消极被动。三是气质性害羞。害羞还与个人的气质类型有关。一般来说，属于内向性格和抑郁气质的人，会较多地出现害羞。

怎样克服害羞心理呢？一要多一些自信心。一个人一旦失去了自信，便会在沟通中显得手足无措。因此，要克服害羞心理，就要找回丢掉的自信心。在沟通中，即使遇到比自己强的人，也不要畏手畏脚，不敢将自己的能量释放出来。尺有所短，寸有所长，自己的长处可能正是别人的短处。如果能对自己有全面客观的评价，提高自信心，就会在公众面前落落大方、潇洒自如。二要锻炼解决复杂问题的能力。怕沟通，主要是缺乏处理棘手问题的能力。因此，不妨主动地寻求外部刺激，鼓起勇气，向自己提出挑战，敢说第一句话，敢于迈出第一步，在沟通实践中发展自己的交往技能，把可交往的沟通对象视为自己的重要工作对象。当迈出第一步后，就会感到，这道障碍不过如此，很容易跨越。三要注意成功的积累。要善于从小事做起，总结成功的经验。哪怕是小小的成功，对克服自卑心理也是十分有益的。为此，要不断地分析和总结以往沟通工作的经验教训，挖掘富有积极意义的材料，激发交往成功的愉快体验，从而强化自身的沟通意识，增强沟通的勇气和信心。四要做好沟通前的充分准备。由于自卑心理的作用，人在沟通过程中，自己说什么、做什么等社交行为没有构成简明清晰的印象，导致焦虑、恐慌随之产生。克服的根本办法是：准备充分，不断收集社会组织与公众两方面的信息；在沟通过程开始之前，将如何开场、如何发问、发问的具体内容、解决的核心问题、可能出现的障碍、解决的办法等一系列问题,在心里预演一遍,直至滚瓜烂熟、如数家珍;另外,与陌生人接触以前,可以阅读有关材料,听介绍,看影片、录像等,这样"知己知彼",与公众交谈时就会踏实、自然、轻松自如、情绪稳定、侃侃而谈了。

③ 嫉妒心理。古人把嫉妒这一消极心理状态视若"灾星"。嫉妒古已有之,"既生瑜,何生亮"的故事就是突出的一则。三国时期,周瑜面对诸葛亮的足智多谋和超人的军事才能,没有把嫉妒之情化为自己奋起的雄心,而是将熊熊的烈火喷射出来,伤害他人,屡屡失策,终于在"既生瑜,何生亮"的悲鸣中倒下,断送了自己的宏伟业绩。简单地说,嫉妒心理就是当个人的愿望得不到满足时对造成这种不满足原因的一种怨恨行为。嫉妒心理是社交的大敌,它打击别人,贻误自己,腐蚀风气,以损人开始,以害己告终。由于嫉妒心理的作祟,一定范围内的人际关系可能因此而失去和谐,变得紧张起来。

在人际交往中,嫉妒心理主要表现在三个方面:一是嫉妒他人利益上的满足;二是嫉妒他人各方面的进步;三是嫉妒他人的独创与改革。在嫉妒心理的作用下,唯恐对方超过自己,因此,采用消极保守的方法对待对方,人为地阻止了相互间交往关系的发展。

怎样克服嫉妒心理呢?一要心胸开阔。加强个人思想品质的修养,驱除以自我为中心的团体主义和个人主义,努力使自己成为胸怀宽阔、心底无私的人,"大度能容天下难容之事",显现出具有"大家风度"的社交风范,以胸阔之海淹没嫉妒之舟。二要端正认识。嫉妒心理的产生常常是因为一种错误的认识造成的:你取得了成绩,便是说明我没有成绩;你成功了便是对我的威胁、对我利益的侵占。要注意摒弃这一不良认识。三要学会比较。善于从比较中学习别人的长处,从而克服自己的短处,而不是以己之长比人之短。四要自我反省。嫉妒时常在不知不觉中产生,故时常反省一下自己,看看是否染上不良情绪,是大有好处的。如果能够意识到自己在嫉妒,就会控制或消除这种处于萌芽状态的情绪。

2. 文化障碍

文化障碍是人们由于言语谈话、行为举止、风俗习惯等不同,在相互沟通时所产生的各种分歧和冲突。随着世界性市场的形成,人们在交往中十分重视文化因素,因为正如美国的《公共关系手册》中所指出的那样:"对外关系的交恶,十有八九不是出于利益的冲突,而是语言文化、传统等方面的隔阂。"文化障碍包括以下几个方面。

(1) 语言障碍。人与人之间的信息沟通主要是借助语言来进行的(包括口头语言和书面语言),而语言只是作为交流思想的工具,它并不是思想本身,它只是用于表达思想的符号系统。由于人们的语言修养不同、表达能力不同,对同一种思想观念或事物,有的表达得很清楚,有的表达得不清楚。同样,对同一组信息,有人听后马上理解了,有人听来听去不知其所以然;有人听后作这样的解释,有人听后又作那样的解释。用语言特别是用各种不同的语言或者文字表达思想、表达事物,往往产生听不懂、曲解或断章取义的现象,形成语言障碍。例如,一位非洲国家的朋友来中国民航的一家宾馆,用法语要求住一个单间客房,并说"我是部长"。宾馆的服务员只懂几句常用的法语,对"我是部长"这一关键的词语不熟悉,因而闹得很不愉快。可见,不同国度、不同民族之间的沟通会遇到语言上的障碍。实际上,在同一国度里的同一民族,也会因地区之间语音、语义的不同,使人备尝语音、语言不通之苦。侯宝林的相声中有这样的描述:外地人到上海理发店理发,理发师说要"打打头"(理发的意思),把顾客弄得莫名其妙,从而闹出笑话。

要克服语言障碍,必须注意"三忌"。一忌夸夸其谈。不分对象、不分场合的夸夸其谈,极易造成语言障碍。二忌涉及敏感话题。对男士不问收入,对女士不问年龄。向公众提出敏感话题,极易造成对方的不快,甚至中止交谈。三忌一知半解。特别是外国语,日本前首相森喜朗的英语说得不好,结果在接见来访美国前总统克林顿时闹出了笑话。森喜朗与克林顿相见,他马上向克林顿问好:"How are you?"(你好!)结果由于他蹩脚的发音说成了"Who are you?"(你是谁?)克林顿不禁一愣,以为这是森喜朗的幽默,就也幽默地说:"I'm Hilary's husband."(我是希拉里的丈夫)哪里知道森喜朗的英语听力也同样不行,他不假思索地回答道:"Me too."(我也是。)真是南辕北辙,令人大跌眼镜。有的人不懂得外语词语的背景和使用场合,随便使用便容易造成误解。例如,法国巴黎某服装店在门口用英文写道"Have a fit"(请进来大发脾气),其实,这家店不过是想请顾客进店试穿一下,但由于不懂英语短语的特殊用法,写出了"Have a fit"这样的词句,就变成了"大发脾气"。

(2) 观念障碍。观念属于思想范畴,由一定的经验和知识积累演化而成,是一定社会条件下人们接受、信奉并用以指导自己行动的理论和观点。不同年龄、不同阅历、不同社会背景的人,会有不同的观念,这种观念上的差异会成为他们之间沟通的障碍。例如,青年人认为老年人保守僵化,老年人认为青年人幼稚轻浮;售货员认为自己的职业是"伺候"顾客、低人三分,顾客认为拿钱买货理应被"伺候"。

怎样克服观念障碍呢?一要了解他人的思想观念,正视分歧,然后再设法加强沟通,改变公众的思想观念;二要从自身角度消除一些消极的、跟不上时代潮流的旧的思想观念,如封闭观念、极端观念等;三要克服思想僵化、故步自封的毛病,善于接纳进步的新观念;四要多站在沟通对象的立场上考虑问题,如要消除组织公共关系人员在与公众沟通时,报喜不报忧,夸大成绩,缩小缺点,维护组织利益的偏狭观念,就可开展"假如我是一名顾客(公众)"的活动,通过角色互换来消除双方的交往障碍。

(3) 习俗障碍。习俗即风俗习惯,是在一定文化历史背景下形成固定、特别的调整人际关系的社会因素,如礼节方式、审美传统等。习俗世代相传,是长期重复出现而约定俗成的习惯法,虽然不具有法律的强制力,但对人们的行为和思想有相当大的约束和影响作用,不可忽视。

忽视习俗因素往往会造成误解,导致沟通失败,甚至会使沟通对象大受伤害,再也不愿发生往来。曾有这样一件事:一天,6 位外国海员来北京某饭店用餐。海员们好胃口,豪饮之际,那一盘盘端上来的菜肴有如风卷残云,被一扫而空。唯有那条大黄鱼,只吃了上面的一半,下面的一半却没动。笑盈盈的服务员小姐见此情境,便热情地拿起公筷,把鱼翻了过来。想不到这几位海员勃然大怒,把筷子一摔,离席而去,这位服务员小姐一片好心,为什么反而触怒了海员呢?原来,海员长年在海上工作,最担心的是翻船,而把鱼翻个身,"翻"这个动作是他们最忌讳的。"忌讳"也是风俗习惯的一部分。

怎样克服习俗障碍呢?一要知俗。在与各类沟通对象,尤其是同外国人打交道,推销产品时要注意了解他们的社会文化环境,了解其民情风俗、生活习惯、兴趣爱好、忌讳、节日等,掌握沟通对象的这些信息,使自己成为适应不同风俗的行家里手。二要随俗。当与沟通对象，特别是和外地人、外国人交往时，要尊重并服从其特有的风俗习惯，做到入乡随俗，切不可把自己的习俗作为通行标准，强加于人。入乡随俗是对沟通对象的尊重，可以赢得其好感。

（4）文化程度障碍。交际双方的受教育程度、经验水平、文化素质和文明程度差距过大，信息接收者对信息的内涵不理解或不接受，也会造成沟通障碍。例如，古代有这样一个故事：有一个秀才去买柴，他对卖柴的人说："荷薪者过来！"卖柴的人听不懂"荷薪者"（担柴的人）三个字，但是听得懂"过来"两个字，于是把柴担到秀才面前。秀才问他："其价如何？"卖柴的人听不大懂这句话，但是听得懂"价"这个字，于是告诉秀才价钱。秀才接着说："外实而内虚，烟多而焰少，请损之。"（你的木柴质量不好，燃烧起来会浓烟多而火焰小，请减些价钱吧。）卖柴的人因为听不懂秀才的话，于是担着柴走了。

3．社会障碍

社会系统方面的人际交往障碍因素很多，这里主要探讨一下空间距离和组织结构，因为它们在诸多社会系统方面的交往障碍因素中是最主要的。

（1）空间距离障碍。发送者与接收者空间距离过远、中间环节过多，就有可能使信息失真或被歪曲；传递工具不灵，通信设备落后，造成接收者不了解信息内容的思想观念；信息在传递过程中还会受到自然界各种物理噪声的干扰，进一步形成了人际交往障碍。

怎样消除空间距离障碍呢？一要缩短距离。一方面从缩短物理距离入手，尽可能地与沟通对象面对面地沟通，从而减少空间距离障碍；另一方面从心理距离入手，运用各种媒介，表达情意，打动沟通对象，如有的企业公共关系人员每到新年到来或客户过生日时都发去电子贺卡或祝福短信，以示祝贺，这就缩短了双方的心理距离。二要改善信息交流工具，实现信息传递的现代化。随着社会的发展，人们会不断改善交流工具，开辟新的沟通渠道。如对讲机、声像电话、录音邮件、各种信息机构的建立以及航空、航海、铁路、公路交通事业的发展，为人们进行远距离交往提供了方便。

（2）组织结构障碍。组织结构障碍主要表现在以下几个方面。

① 传递层次过多造成信息失真。例如，某部队的一次命令传递过程是这样的。

少校对值班军官：今晚8点左右，哈雷彗星将可能在这个地区看见，这种彗星每隔76年才能看见一次。命令所有士兵穿野战服在操场上集合，我将向他们解释这一罕见的现象。如果下雨就在礼堂集合，我会给他们放一部关于彗星的影片。

值班军官对上尉：根据少校的命令，今晚8点，76年才出现一次的哈雷彗星将在操场上空出现。如果下雨，就让士兵穿着野战服列队前往礼堂，这一罕见现象将在那里出现。

上尉对中尉：根据少校的命令，今晚8点，非凡的哈雷彗星将身穿野战服在礼堂出现。如果操场上有雨，少校将下达另一个命令，这种命令每隔76年才出现一次。

中尉对上士：今晚8点，少校将带着哈雷彗星在礼堂出现，这是每隔76年才有的事。如果下雨，少校将命令彗星穿上野战服到操场上去。

上士对士兵：在今晚8点下雨的时候，著名的76岁的哈雷彗星将军将在少校的陪同下，身着野战服，开着他那"彗星"牌汽车，经过操场前往礼堂。

经过五次传递，少校的命令已经变得面目全非，信息失真率达到90%以上。同理，如果组织结构庞杂、内部层次过多，每经过一个层次，往往都会产生差异，使信息失真或流失,积累起来,便会对沟通效果带来很大影响。

② 沟通渠道单一造成信息量不足。这种沟通中的组织障碍主要是指信息的传递基本上是单向的——上情下达。组织结构的安排不利于自下而上提建议、商讨问题,因而传达到决策层的信息量明显不足。

③ 机构臃肿造成沟通缓慢。市场竞争要求组织迅速决策,迅速占领市场,而机构臃肿却造成组织与沟通对象沟通慢,极不适应市场经济的要求。

消除组织结构方面的沟通障碍,对于形成健康的社会舆论和风尚具有重要作用。我们应从自身做起,从每件小事做起,为消除组织结构方面的障碍做出脚踏实地的努力。

(3) 社会角色障碍。这包括社会地位不同造成的障碍、社会角色不同造成的障碍、年龄差异造成的障碍和性别差异造成的障碍。

① 社会地位不同造成的障碍。居高位、掌实权的人物如果官僚主义作风严重,下属就会敬而远之,由此便阻塞了上下沟通的渠道。克服社会地位障碍的有效方法是发扬民主,干群广泛接触,经常对话,相互听取意见。

② 社会角色不同造成的障碍。在管理过程中,如果管理者不能以平等的态度对待下属和同事,总喜欢用教训人的口吻与下属和同事说话,那么他与下属和同事之间就会产生隔阂,从而导致管理沟通的障碍。解决的办法是管理者发扬民主作风,对下属和同事要尊重,有事一起商量,共同寻求解决问题的途径,这样才能达到有效沟通。例如,某企业老板和雇员之间有如下对话。

老板:这项工作到现在都还没有完成!

雇员:我一直都在想办法,只是……

老板:不要强调客观原因,耽误工作而造成的损失,从你这个月的薪水中扣除!

雇员:是,对不起,老板,我尽快吧。

这里老板借助他的社会地位优势在交流中貌似占据了有利地位,但实际上这次武断专横的交流,使双方都失去了开诚布公地探讨工作中出现的问题障碍和寻求更佳解决方案的机会。老板最后以扣薪水作为威胁,从完工时效上可能会有一定的督导效果,但从人性化管理的角度看,却大大打击了雇员的积极性和忠诚度,很可能导致他对这项工作敷衍了事,影响了工作的内在质量和实际效果。

③ 年龄差异造成的障碍。年龄是人的阅历体现和反映,是时代的年轮和缩影。由于不同年龄的人所处的时代和环境不同,他们都会各自带有所处时代的烙印,因此其思想观点、行为习惯甚至世界观也有所差别。这正是人们所说的"代沟",代沟也可能成为人际交往的主要障碍。

④ 性别差异造成的障碍。由于性别的差异,男性和女性有不同的语言表达方式和习惯。有研究表明:男性通过交谈来强调自己的身份,而女性则通过交谈来改善人际关系。也就是说,男性的说和听是一种表达独立意识的行为,而女性的说和听是一种表示亲密的行为。因此,对于许多男性而言,交谈主要是保持个体独立和维持社会等级秩序与身份;而对于许多女性来说,交谈则是为了亲近而进行的活动,女性通过交谈寻求认同和支持。例如,男性经常会抱怨女性一遍又一遍地谈论她们的困难,女性则批评男性没有耐心听她们说。实际情况是,当男性听女性谈到问题和困难时,他们总是希望通过提供解决方案来

表现他们的独立和对问题的控制。相反,女性则将谈论困难看作是拉近彼此距离的一种方法。女性谈到困难是为了获得支持和理解,而不是想听取男性的建议。

案例分析

1. 贝聿铭的"建筑方案"

贝聿铭是著名的华裔建筑设计师。在一次正式的宴会中,他遇到过这样一件事:当时的宴会嘉宾云集,在他邻桌坐着一位美国百万富翁。在宴会中这位百万富翁一直在喋喋不休地抱怨:"现在的建筑师不行,都是蒙钱的,他们老骗我,根本没有水准。我要建一座正方形的房子,很简单嘛,可是他们做不出来,他们不能满足我的要求。"贝聿铭听到后,他的风度非常好,没有直接地反驳这位百万富翁,他问:"那你提出的是什么要求呢?"百万富翁回答:"我要求这座房子是正方形的,房子的四面墙全朝南!"贝聿铭面带微笑地说:"我就是一个建筑设计师,你提出的这个要求我可以满足你,但是我建出来这座房子你一定不敢住。"这个百万富翁说:"不可能,你只要能建出来,我肯定住。"贝聿铭说:"好,那我告诉你我的建筑方案,是建在北极。在北极的极点上建这座房子,因为在极点上,所以各个房子方向都是朝南的。"

(资料来源:佚名. 社会心理学[EB/OL]. [2014-02-09]. http://www.doc88.com/p-4065455011915.html.)

思考与讨论:

(1) 在本案例中,贝聿铭针对百万富翁提出的"建筑方案"体现了怎样的交际原则?

(2) 本案例对你有何启示?

2. 灾难性差错

第二次世界大战后期,日本的败局已定。1945年7月26日《波兹坦公告》发布,日本当局一看盟方提出的投降条件比他们原先想象得要宽大得多,便很高兴地决定把公告分发各报刊登载。7月28日铃木首相接见新闻界人士,在会上公开表示他将"mokusatsu"同盟国的最后通牒。可惜这个词选得太不好了。首相原意是说他的内阁准备对最后通牒"予以考虑",可是这个词还有一个意思,就是"置之不理"。事也凑巧,日本的对外广播机构恰恰选中了这个词的第二个意思并译成对应的英语词语"take no notice of"。此条消息一经播出,全世界都听到了日本已拒绝考虑最后通牒,而不是正在考虑接受。消息播出后,美方认为日本拒绝公告要求,便决定予以惩罚。

8月6日,美军在广岛投下了威力巨大的原子弹。这真是一场灾难性差错——导致数万生灵涂炭!

(资料来源:佚名. 沟通与人际沟通[EB/OL]. [2017-07-25]. https://max.book118.com/html/2017/0725/124276466.shtm.)

思考与讨论:

(1) 为什么会发生案例中的"灾难性差错"?怎样避免?

(2) 本案例对你有何启示?

3. 屡遭敌意的孙君

孙君最近一直感到很苦恼,感叹世态炎凉,苦于找不到"知音"和"伯乐",致使"英雄"无用武之地。的确,他的学业很拔尖,是个小有名气的"才子"。可是,他读完研究生走上工作岗位后,却出人意料地屡屡碰壁。他先后换过4个单位,每次的结果都是:在生活上不顺心,在事业上也难有作为。尤其让他感到困惑的是:为何在单位人际关系总处不好,上司和同事总是和他过不去,甚至还对他怀着敌意呢?

其实,这一切既不能怪他的上司,也不能怪他的同事,如果要怪,只能怪孙君自己。孙君刚到第一个单位工作时,公司的经理非常赏识他的才华,所以不久就把他调到身边当助手。可是,随着他与总经理接触增多,在总经理面前开始变得张狂和随便起来。比如,他曾当着众人的面,毫无遮拦地发表自己的见解,还与总经理争辩,让总经理下不来台。后来孙君即使提出绝佳的计划,也常常遭到否决。

孙君去参加一个同事的宴会,事后他却跟别人一个劲儿地描述那次宴会的布置是如何俗气,抱怨食物是如何乏味,责怨主人待客是如何怠慢等。事实上,宴会并没有孙君所说的那样糟糕。知情的人很清楚,只不过因为主人无意中疏忽了他,没有将他安排到显要的位置。

孙君长得高大健壮,爱好球类,在学校时是篮球队的主力队员。他到第二家单位时,所在的系统举办篮球比赛,他担任了单位的篮球队队长,由他全权负责组织篮球队的训练。可是在短短的一个月时间里,孙君却几乎把球队所有的球员都得罪了。为什么?他在训练中总好辱骂人,特别是比赛败北时,他更是骂骂咧咧,这样哪有不让人恨他之理!

孙君在第三个单位的时候,负责一个工程项目。在设计图纸时原本和他一直配合得很默契的员工向他提出修改建议。"你懂什么?我开始搞图纸设计的时候,你还在穿开裆裤和稀泥呢!"尽管那位员工反复向他解释并非有意冒犯他,可孙君依然怒吼不已。事后他虽然有些后悔自己的过分言辞,但又怕丢面子,一直没有勇气向对方道歉。殊不知,廉颇的"负荆请罪",既有蔺相如的以大局为重,也体现了廉颇诚恳认错的可贵品质。道歉不是件丢人的事,而是成熟和诚实的表现。说错话,办错事,需要向别人道歉,这是人际相处的基本常识。要想化敌为友,就必须勇于承认"我错了"。

一个初夏的午后,街上传来阵阵喧闹声,原来是孙君与一个擦皮鞋的小摊贩发生了争执,孙君大声责骂,引来围观的人越来越多。可孙君"人来疯",声音越来越高:"你不就是个擦鞋的,神气什么?没擦干净,今天就不给你钱,看你怎样?"

孙君在第四个单位的时候,有一天他到仓库去领资料,保管员的态度有些不好,发料时又将数字搞错了。于是孙君得理不饶人地和保管员发生了争吵。这时,有个同事拉了拉他,朝保管员努努嘴,暗示他保管员的袖子上别了一道黑纱。可孙君仍不肯罢休,直到领导表示扣除保管员当月的奖金才了事。

(资料来源:张石平.屡遭敌意谁之错[J].公关世界,2002(10).)

思考与讨论:

(1) 本案例中的孙君屡遭敌意的原因是什么?请加以分析。

(2) 孙君应该怎样改善自己的人际关系?

实践训练

1. 情境表演

(学生表演情境①：A、B在走廊上疾走相撞,互不礼让、怒目而视。)

(学生表演情境②：A、B互致歉意。)

教师：得到相互宽容、理解、心境佳,上课效率高。下面请同学们把日常交往中与同学发生冲突、产生误会并使你至今困惑、无法解决的1～2个问题写在纸条上,放进小篮子里。

(学生写好纸条并放进小篮子里。)

教师：下面请各小组从篮子里随意抽取一张纸条,并讨论解决的办法。

学生抽取纸条,教师用投影仪展示,以下为小纸条示例。

纸条1：被取"绰号"为"小胖猪"。

纸条2：交往中被同学误解怎么办?

纸条3：男女交往很容易引起非议怎么办?

纸条4：在交往中发现有的同学缺点很多,如自私、冷漠和不合群等,该怎么办?

小组讨论汇报,师生互动交流。

(资料来源：麻友平.人际沟通艺术[M].北京：人民邮电出版社,2012.)

2. 你受人欢迎吗?

以下问题的回答,肯定得5分,否定得0分。

(1) 当你离开和朋友相处的地方,朋友们会感到依依不舍吗?

(2) 你生病在家休息,是否有朋友围绕在你的身旁谈天说地,使你感到不孤独?

(3) 你很少为一点小事与别人争吵吗?

(4) 你是否觉得有很多人都给你留下美好的印象,从而使你喜欢他(她)们?

(5) 朋友们感到有趣的事,你也感到有趣吗?

(6) 你愿意做你朋友喜欢做的事吗?

(7) 经常有友人来约你叙谈聊天吗?

(8) 友人是否常常请你组织安排或者主持舞会、野外郊游等集体活动?

(9) 你是否喜欢参加或被人邀请参加各种社交性聚会?当你参加这些聚会的时候,你会感到愉快吗?

(10) 是不是常常有人欣赏、夸奖你的仪表、才能和品质?

(11) 数日不见的朋友,你会立刻记起他(她)的名字吗?

(12) 同各种类型脾气与个性的人打交道,你能很快地适应吗?

(13) 当你遇上一个陌生人的时候,你认为他喜欢你的可能性大,还是不喜欢你的可能性大?

(14) 你能否相当容易地找到你需要找的人?

(15) 你是否愿意与他人共度周末假日?

(16) 你是否能在短时期内与你所遇到的各种人物熟悉起来?

(17) 你觉得你所遇到的人是否大多数都容易接近呢？

(18) 他人是否很少指责、批评甚至恶语于你，而且很快地原谅更理解你的过失和错误？

(19) 你与异性是否很容易接近？

(20) 你的朋友是否容易受你的感染，而接受你提出的意见和建议？

以上问题的回答，70 分以上，你可以非常自豪地说："我是一个非常受欢迎的人。"如果是 60～70 分，你可以聊以自慰："我是一个比较受欢迎的人。"如果是 50～60 分，你可稍稍乐观："我在别人的眼中印象不坏。"如果是 40～50 分，那你还可以松口气："勉强受人欢迎。"40 分以下，你必须要引起注意，因为这表明你不受人欢迎。

(资料来源：鲁军. 领导者的测试与评价[M]. 北京：三联书店，1990.)

自主学习

1. 问答题

(1) 现代人际交往中有哪些特点？

(2) 谈谈在人际交往中，如何贯彻人际交往的各项原则。

(3) 如何克服"社交恐惧症"？你有何良方？

(4) 回顾一下你的人际交往经历，谈谈你都遇到了哪些人际交往障碍。

(5) 结合实际谈谈哪些因素影响人们之间的交往？如何提高人际交往的效果？

(6) 结合亲身经历，谈谈第一印象、晕轮效应、刻板印象对人际认知的影响。

(7) 如何一见面就给他人以美好的印象？

(8) 结合自己多年来的社交实践，概括地说明怎样做才能有效地改善人际关系。

(9) 举例说明两个人际吸引的基本规律。

(10) 结合自己的体会谈一谈如何使自己受到他人欢迎。展示自己魅力的艺术有哪些？

(11) 美国汽车大王福特曾说过："如果成功有什么秘诀，就是设身处地地替别人着想，了解别人的态度和观点，使你与对方达到沟通和理解。"这句话反映了交际中怎样的心理效应？请进行评论。

(12) 美国著名的人际关系学者戴尔·卡耐基说："一个人事业的成功 15% 靠自身努力，而 85% 取决于良好的人际关系。"请你谈谈对这句话的理解。

(13) 你被挑选去参加某公司的招聘复试。在约定时间之前，你坐在办公室外面，按次序等候会见。时间到了，秘书叫你的名字，你还没来得及回答，坐在最后排的一位却走到你前面，向秘书说他有事，便进入了办公室。在这种情况下，你的反应是：

A. 对秘书大声说："为什么不按次序？你们公司的管理是这样的吗？太遗憾了，我宁可不要这工作！"然后，一阵风地走出门去。

B. 重新坐下，一声不吭，等候秘书再来叫你。

C. 看见秘书对你很歉意的样子，你却笑着安慰她说："没关系，我可以等一下。"

请对以上三种不同的反应进行评价，你同意哪种反应？为什么？

2. 案例

让放电影的上电影

一年年末,上海国泰电影院的领导(经理)把员工包括离退休人员及其家属都请到了电影院来参加一个茶话会,专门制作了有关这些离退休员工的和在职职工生活工作的录像片,会议上放给大家看,每个人尤其是离退休职工非常感动。原因很简单,这些人一辈子干的活就是放电影给别人看,从未感受到自己上银幕是什么滋味,今天他们有机会在给人家放了一辈子电影的电影院里,看自己也上了银幕,感到国泰影院没有忘记自己这辈子的辛劳,他们能不激动吗?他们很自然地就产生并加深了对自己单位的情感,同时也使在职职工感到振奋,团体凝聚力大增。

(资料来源:佚名. 实用公共关系[EB/OL].[2018-04-01]. http://www.docin.com/p-2097340362.html.)

思考题:

上海国泰电影院为什么能取得如此大的公关效应?这一案例体现了人际交往的什么原则?请分析评论。

任务 2
人际交往技巧

任务目标

- 熟记交际对象的姓名；
- 善于观察交际对象,做到知人而交；
- 运用暗示心理,提高交际效果；
- 掌握倾听技巧,体现对交际对象的尊重；
- 在交际中寻求认同感,消除生疏感。

案例导入

要学会观察

大多数的同仁都很兴奋,因为单位里调来了一位新主管,据说是个能人,专门被派来整顿业务的。可是,日子一天天过去,新主管却毫无作为,每天进办公室后,便躲在里面难得出门,那些紧张得要死的捣乱分子,现在反而更猖獗了。他们认为,"他哪里是个能人,根本就是个老好人,比以前的主管更容易糊弄"。

4个月过去了,新主管却发威了,捣乱分子一律开除,能者则获得提升。下手之快,断事之准,与4个月中表现保守的他,简直判若两人。年终聚餐时,新主管在酒后致辞：相信大家对我新上任后的表现和后来的大刀阔斧都一定感到不解。现在听我讲个故事,各位就明白了。

我有位朋友,买了栋带着大院的房子,他一搬进去,就对院子全面整顿,杂草杂树一律清除,改种自己新买的花卉。某日,原先的房主回访,进门大吃一惊地问,那些名贵的牡丹哪里去了。我这位朋友才发现,他居然把牡丹当草给割了。后来他又买了一栋房子,虽然院子更是杂乱,他却是按兵不动,果然冬天以为是杂树的植物,春天里开满了繁花；春天以为是野草的,夏天却是花团锦簇；半年都没有动静的小树,秋天居然红了叶。直到暮秋,他才认清哪些是无用的植物并大力铲除,并使所有珍贵的草木得以保存。

说到这儿,主管举起杯来说："让我敬在座的每一位! 如果这个办公室是个花园,你们就是其间的珍木,珍木不可能一年到头开花结果,只有经过长期的观察才认得出来啊。"

学会察言观色,审时度势,才能营造良好的人际环境,使人际关系更加融洽,因此这也是一个重要的人际交往技巧。

(资料来源：佚名.处理投诉讲座［EB/OL］.［2019-05-15］. https://www.taodocs.com/p-245794685.html.)

"唯有知，方有智。"要想成功交际，首先必须掌握基本的人际交往技巧。这些交际技巧应成为人际交往中自觉发生的行为，它随着交往实践活动融汇于人们的习惯之中，成为对类似情境的自发性反应，既可以激发人们的交际积极性、主动性，促进交际目标的实现，又可以使人们体会到成功相处带来的乐趣，保持互动交往过程的相互吸引和相互激励。下面介绍人际交往的技巧。

2.1 熟记姓名

姓名，是一个人的标志。人们由于自尊的需要，总是最珍爱它，同时也希望别人尊重它。因此，要想让他人感到被尊重，最简洁的方法就是记住对方的姓名，这是人际交往的重要技巧之一。

1. 熟记姓名的意义

人际关系学专家戴尔·卡耐基曾说："一种既简单又最重要的获得好感的方法，就是牢记别人的姓名。"善于记住别人的姓名，既是一种礼貌，也是一种感情投资。对于一个人来说，自己的名字是世界上听起来最亲切、最重要的声音。它不但是获得友谊、达成交易、获得新的合作伙伴的通行证，而且能立即产生其他礼节所达不到的效果，对缩短人们之间的心理距离，赢得公众对自己的好感有重要的作用。若不善于记住别人的名字，很可能与交往对象失之交臂，错过一次重要加深交往的机会。从这个角度看，记住别人的名字也是人生很重要的处世法则。

在人际交往中，记住别人的名字可谓小事一桩，却能收到始料不及的效果。在某涉外宾馆大厅里，一位客人来到前台办住宿手续，还未等客人开口，服务员小姐就先问候道："××先生，欢迎您再次光临我们的酒店，希望您在这儿住得愉快。"这位客人听后十分惊诧，露出惊喜的神色，因为他只是半年前到这家酒店住过一次，服务员小姐却知道他的名字。他忙问："小姐，你怎么知道我姓什么？""这是我们的工作！酒店要求我们，当客人第二次来时，一定要能直接称呼他的名字或职务。"小姐答道。真是宾至如归，这位客人感受到了莫大的尊重，同时也为酒店服务员小姐的良好素质所折服。在这位客人心中，酒店的美好形象已高高地树立起来了。

广记人名，还有助于获得交往乃至事业的成功。美国前邮物总长杰姆能够牢记5万个人的名字。他小学都没有念完，但在46岁时却获得4个大学的荣誉学位并当选为民主党全国委员会主席。他成功的秘诀之一就是牢记别人的名字。

在人际交往中，我们经常碰到这样两种情况：一种情况是忘记了对方，尽管双方以前见过面，甚至还不止一次地见过面，但分别一段时间以后，再次相见时只觉得面熟，却忘记了对方的姓名。到头来各人还得重新自报家门，使亲切愉快的气氛一扫而光。而另一种情况是张冠李戴，把人们的工作单位、姓名、职务弄错，以致双方都很尴尬，影响了交际效果。为了避免类似的情况发生，我们应掌握一些记住别人姓名的方法。

2. 熟记姓名的诀窍

要记住别人的名字，必须做到以下几点。

(1) 问仔细。在刚刚认识一个人，要记住他的名字时，切莫感到难为情，而应在交际中主动找机会说："哟，说了半天还没有请教您的尊姓大名呢！"这样一来，对方十有八九都会愿意说出自己的名字。让对方自我介绍后，若没有听清楚，应立刻问明是哪几个字，怎么写，有何寓意，直至问清楚为止。

(2) 巧联想。联想是提高记忆力的有效方法。联想的角度很多。当问清对方姓名之后可适当地联想。把对方的名字与其表情、身材、面貌、特征一起"印"在脑子里，做到名、貌统一，这是一种联想。也可进行地名联想、寓意联想，通过联想，使孤零零的名字在头脑中丰富起来，这样就更容易记住了。毛泽东通晓历史，对历史名人、历史掌故运用自如。在人际交往中，他特别喜欢把对方的名字与历史上的人物联系起来记忆和解释。同时增强了交谈的幽默感和历史感。如他把上海《新民晚报》总编辑赵超构诙谐地称为宋朝皇帝高宗(赵构)的哥哥。毛泽东这里运用的就是联想的方法。

(3) 多重复。重复是记忆的基础。每逢结识一个新朋友，与其交往时，要尽可能地在心中默念他的名字五六次，并在合适的时候，立刻用对方的名字称呼他，分别时直呼其名道"再见。"这样一再地重复对方的名字，对迅速记住对方的姓名有很大的帮助。

当然，每个人的记忆力是有限的，许多时候与人相逢，总觉得对方的名字就在嗓子眼，可就是叫不出来。这时不要紧张，不妨虚与周旋，挖出线索，努力唤醒记忆深处的对方的"底片"，如不妨提一些诸如"还在原单位吗？""最近在忙些什么呢？"这类问题，找回失去的记忆。万一努力失败，最后要做的事情就是道歉，坦率地承认自己的错误或来点幽默话："真是人未老，记忆先不行了。连你的大名也想不起来了。"以弥补忘却的缺憾。

2.2 知人而交

在人际交往中，善于打开通向交际对象心扉的大门，认识不同性格的公众，知人而交，对症下药，因人而异地采取灵活的交往方式与之沟通，这也是一个重要的交际技巧。为此，在交往中应全方位地观察交际对象举手投足间的表情姿势，从中洞察对方的内心活动，察言观色。倘若不留心观察对方的神态、姿势、语言，就无法真正地了解对方，往往会导致人际交往过程中的"短路"。

人的心理活动十分复杂、抽象，很难观察到，因此稍有疏忽就会出现观察失误。现代人需要在交际中发挥自身敏锐的观察力、高度集中的注意力、快速的反应力和准确的判断力，可从以下几个方面察言观色，认识对方。

1. 口头语言

口头语言即口语，是指一个人的谈吐。俗话说："言为心声。"口头语言是一个人特定的思想观念、文化水平、情绪状态、心理需要的表露，是认识他人的重要途径。只要一开口，对方身上的信息就传达出来了。

如果一个人说话常常谈论自己，谈到自己的经历、看法、态度、感情等，说明他性格比较外向，感情比较外显，主观色彩比较浓厚，比较愿意自我公开，也有可能有一点爱炫耀自己、爱虚荣的表现；如果一个人谈话很少涉及自己的经历、看法、态度、感情等，那说明他性格比较内向，感情比较内隐，主观色彩不太浓厚，不太注重自我表现，也有可能有一点自卑。

如果一个人谈话喜欢叙述事实的过程，仿佛置身事外，那就说明他比较注重客观事实，情感比较沉着；如果一个人谈话富有感情描述，注重个别细节，那说明他较容易动情，也多少有点主观的色彩；如果一个人说话习惯于分析因果关系，习惯于评价、判断，那说明他主观性很强，也许经常要将自己的意见强加于人。

如果一个人说话是概括型的，注重事件的结果，而较少涉及事件的过程，比较关心宏观的全局话题，那说明他有领导者、管理者的特质，具有支配的欲望，独立性较强；如果一个人说话是具体型的，注重事件的过程，比较关心微观的局部话题，那么他就具有从事具体工作的特质，支配的欲望不强烈，顺从性比较明显。

如果一个人谈论的生活琐事比较多，那说明他是安乐型的人，比较关心生活的安排；如果一个人谈论的国家大事多，说明他属于事业型的人，比较注重事业的成就；如果一个人喜欢畅谈未来，那说明他属于幻想型的，比较注重计划和发展。

如果一个人不太愿意评价别人，偶尔谈到时，当面与背后言论比较一致，说明他是正直的；如果一个人喜欢评头论足，当面赞扬，背后诋毁，则是虚伪和忌妒心比较重的表现。

如果一个人用词高雅、准确，讲话干净利索，说明他有较好的文化修养，办事比较干练果断；如果一个人用词欠妥、浅俗，说话啰唆，不着要点，说明他文化修养不高，办事拖拉迟疑；如果一个人用词夸张、粗俗，讲话不慎重，说明他文化修养较差，办事不负责。

如果一个人讲话快而急，往往脾气急躁，办事马马虎虎，做不到瞻前顾后，常有粗枝大叶的毛病；如果一个人讲话慢而缓，说明他生性比较沉着，前后考虑的比较周到一些，但有可能办事不干练。如果一个人讲话快而不急，则可能办事果断，富有主见，并且不轻易改变自己的主张。

如果一个人在集体场合讲话主动，往往性格外向，是富有自信心的表现，也多少地说明了具有试图影响他人的、支配他人的特征，当然也可能是比较轻率，爱自我表现；如果一个人在集体场合常处于被动地位，不爱讲话，那一般是性格内向的人，也可能是自信心不足，或比较沉着，比较善于从别人谈话中听取意见。如果一个人喜欢在和别人谈话时纠正别人，往往是主动、自信、直率的人；如果一个人不爱纠正别人，就往往谦虚、含蓄、被动一些。

2. 体态语言

人的体态语言是丰富而微妙的，具有强烈的表现力，常常可以补充口头语言的未尽之意，是人们心迹的显露，情感的外化。它像一个信息发射塔，能透射出许多人们心理和性格特征的信息，只要我们细心体察，交际效果一定会有很大的提高。

据统计，每人每天平均只用 10～11 分钟的时间讲话，平均每句话只占 2.5 秒钟；人们在面对面交谈时，其有声部分低于 35%，而 65% 以上的交际信号是无声的，是借助人的手势、表情、身势等体态语言表达的。可见，体态语言在人们日常交往中占有很重要的地位。体态语言包括的范围很广,主要有坐立姿态、手势和表情等。

(1) 坐立姿态。将习惯的坐立姿态整理归类,可以帮助我们更好地了解周围人的性格特征。

- 端坐。经常正襟危坐,目不斜视,是一个力求完美、喜欢周密而讲究实际的人。这种人只做有把握的事,从不冒失行事,虽务实,但却往往缺乏创新与灵活精神。
- 侧坐。侧身坐在椅子上的人,表明心里感觉舒畅,觉得没有必要给他人留下什么更好的印象,往往是情感外露、不拘小节者。
- 缩坐。把身体尽力蜷缩一堆,双手夹在大腿中的人,往往是自卑感较重的人,谦逊但缺乏自信。
- 叉腿叉手坐。这种人坐的时候喜欢占据最大的空间,可能有主管一切的偏好,也可能是一个外向性格或支配性格的人。
- 前倾站立。将身子前倾同人谈话的人,表明他有极强烈的愿望与对方交谈,希望对方不要走。事实上,他的姿态常能留住虽有急事但不得不站住的人。
- 背手站立。站立时常常在背后交握双手的人,多半是自信力很强的人,喜欢把握局势,控制一切。
- 双手放在臀部站立。常把双手放在臀部站立的人,多半是一个性急的人,希望一切都不要拖延,凡事都喜欢速战速决。

(2) 手势。人体语言中,最能表现心理状态的是手的动作。一般来说,明显的、有意图的手势传递的信息量较大,如向远方挥手、双手比画长度、竖起大拇指称赞某人等,既是感情的流露,也是个人特征的外现。比较而言,握手可能是在交往中用得最多的手势,握手也是有学问的。例如,英国女王与人握手时,她的手并不全伸出来,同时明显地把拇指屈向下方,其用意是不让对方完全握住她的手。这象征着权力,有一些男子喜欢使劲地与人握手,也许这是表达男子汉的力量和气概的一种形式。有经验的人往往在握住的一瞬间,就能揣摩出对方的性格特点及对方对自己的态度。

从握手的方式上来看,喜欢用双手握对方手的人,大多是热情开朗的人;习惯伸出两三根指头的人,大多是蔑视别人、目空一切的人,也可能是缺乏教养的人;击掌式的握手,大多表示自己是一个干脆利索的人,或是向对方表明自己的决心;完全伸开手掌握手的人,是乐于交往、注重感情的人。

从握手的力度上来看,对方握手的力量适度,是善意的表示;力度均匀,说明情绪稳定;手握得很紧,表明彼此熟悉,感情很深;如果以前交往不是很深,但却握手握得很紧,或两只手都握,可能是有事相求;如果在握手时随便拉一下就放开,或一边做其他事情一边握手,则有不太欢迎、冷淡对方的意思。

从许多人说话时手的动作,也可发现他们的一些性格特点。例如,说话时经常手掌伸开、手心朝上的人,可能是个直爽诚实的人;喜欢用手指点着别人讲话的人,大多是相当自负的人;经常双手合十,手指顶着下巴,目光直视对方的人,表示自己是不怕压的人。在交谈后或开会的场合,用手指(或铅笔)敲打桌子,或在纸上乱涂乱画,都是利用小幅度的手指动作表示对对方的话题不感兴趣、不同意、不耐烦的意思。手掌意味着坦率开放,手背意味着控制与封闭。与人交谈时,将手插入口袋,是为了隐藏"私语言",不让对方看出自己内心活动的表现,也是不信任对方的表现。

(3) 表情。诗中说"回眸一笑百媚生""横眉冷对千夫指",这意味深长的一"回眸"、一"横眉"正是表情语言。国外有位语言学家曾经总结出这样一个公式:感情表达=言辞(7%)+声音(38%)+表情(55%)。可见表情在感情表达中占有很大的比例,是反映人的内心世界、性格特征的重要肢体语言之一。

常言道,眼睛是心灵的窗口,似秋水,若明星,是美的结晶,是人的生命之光。在人体语言中,眼语有极重要的地位。汉语中用来描述眉眼表情的成语就有几十个,如:"眉飞色舞""眉目传情""愁眉不展""暗送秋波""眉开眼笑""怒目而视""瞠目结舌"……这些成语都是通过眼语来反映人们喜、怒、哀、乐的感情的。通过眼神,我们可以知道一个人是含情脉脉还是无动于衷;是从容镇定还是紧张慌乱;是欣喜愉快还是悲哀沮丧;是精神振奋还是萎靡不振;是轻松自在,还是拘谨尴尬……总之,一切尽在不言中。

表情中嘴形的变化,也能反映出人的感情波动和内心状态。例如,噘嘴表示生气;抿嘴表示不高兴;上齿咬下嘴唇表示发狠;嘴圆微张表示吃惊;嘴大开表示高兴;嘴唇歪向一边表示愤怒、痛恨;咬牙表示愤怒或痛苦;嘴唇外张表示委屈;嘴唇紧闭表示深思……

3. 日常行为

一个人的日常行为,也是认识他(她)的可靠途径。例如,一位先生要雇一个没带任何介绍信的小伙子到他的办公室做事,先生的朋友挺奇怪。先生说:"其实,他带来了不止一封介绍信。你看,他在进门前先蹭掉脚上的泥土,进门后又先脱帽,随手关上了门,这说明他很懂礼貌,做事很仔细;当看到那位残疾老人时,他立即起身让座,这表明他心地善良,知道体贴别人;那本书是我故意放在地上的,所有的应试者都不屑一顾,只有他俯身捡起,放在桌上;当我和他交谈时,我发现他衣着整洁,头发梳得整整齐齐,指甲修得干干净净,谈吐温文尔雅,思维十分敏捷。怎么,难道你不认为这些小细节是极好的介绍信吗?"

4. 性格特点

我们从语言、非语言等方面观察他人,搜寻有关他人心理特点的信息,并归纳、总结、概括,得出对方的性格特点。掌握了其性格特点便于更好地与之交往。根据个体心理活动的倾向,我们将性格区分为内向型、外向型。

内向型的人,心理内倾,少言寡语,感情深沉,反应迟滞,不好交际,但擅长自我分析和自我评价。内向型的人同样有强烈的交往需要,只是缺乏主动性,期望别人主动亲近自己,在感情上包容、接纳自己。因此,与内向型性格的人交往,要表现得热情、关切、亲密,以消除其疑惧心理和回避倾向;同时也要多征求对方的意见和看法,对他们的言辞多作肯定的评价,使对方能感觉到自己有一种"被重视感",这对于交往的深入和巩固是至关重要的。

外向型的人,性格开朗而外露,反应敏锐,喜欢交际,不拘小节,具有主动沟通、参与的热情。在交往中,他期望自己是个居于主导地位的"领导者"。与外向型性格的人交往,要表现出对等的主动、开朗和大度,表现出信任、友好和包容,既要满足对方的心理需要,又要不失自主和自尊。同时,外向型的人大多在随和的言谈下,有明确而长远的交际目标。在交往中应善于思考,确定其目的,从而使交往更富有实效。

2.3　巧妙暗示

苏联心理学家曾做过这样一个实验,他们从一班大学生中挑出一个最蠢、最愚笨、最不招人喜欢的姑娘(她很自卑,不愿与人交往),并要求她的同学改变以往对她的看法。在一个风和日丽的日子里,大家都争先恐后地照顾这位姑娘,向她献殷勤,护送她回家。大家以假乱真地从心里认为她是位漂亮、聪慧的姑娘。结果怎么样呢?不到一年,这位姑娘出落得很好,连她日常举止也同从前判若两人。她高兴地对人们说:她获得了新生。这种变化有什么原因呢?原来,这就是心理暗示的结果。她的同学给她造成"她是一位漂亮、聪慧的姑娘"的暗示,她受到了这种暗示的影响,从而改变了自己的行为,变得活泼、开朗了。

所谓暗示,是指在无对抗态度的条件下,采用一定的方法含蓄间接地对人的心理与行为产生影响,使人按一定的方式行动,或接受一定的意见、信念和行为规范。有人比喻说:暗示不是从正门,而是从后门进入人的意识的,常常不会遭到人们意识的抵制和批判,使人不知不觉、自然而然地在心理与行为上接受他人的影响。一般我们称暗示的主体为暗示者,被暗示的客体为受暗示者。从人的心理因素上看,人的感觉、知觉、记忆、思维、情感、意志、注意等心理现象都可以受暗示的影响。在复杂的人际交往中,可以从以下几方面发挥暗示的作用。

1. 克服恐惧

患了"社交恐惧症"的人,一站在交际对象面前就不知所措,表现得很不自然,其中有个主要原因就是缺乏自信心。而暗示可帮助其增强自信心,克服"社交恐惧症"。

在交际中,每当自卑感袭上心头,使自己感到腼腆、害羞时,便可以用暗示心理来安慰、诱导自己,以摆脱自卑的情绪。如对自己说:"大家都是人,有什么可怕的呢?""我能行,别人能干的我也能干,我也能从容地交往。"以此可增强自信。一个人每天睡前和睡醒后都对自己说:"我在交际方面一天比一天成熟、进步了,越来越敢于与人交谈了。"果然,时间不长,他真的克服了"社交恐惧症",变得开朗、自信、落落大方了。

2. 说服教育

20世纪50年代,美国军队的军营里接收了一批缺少教养,沾染了吃、喝、嫖、赌等不良习惯的士兵。如何训练他们,使军官们大伤脑筋,暗示心理帮了他们大忙。他们发出一些家信给士兵们读,并且要求他们学着写。信的内容无非是告诉家人,他们在军队中养成了新的习惯,讲卫生、懂礼貌、守纪律。不久,这批士兵真的大为改观,改变了诸多不良习惯,成了标准的军人。军官们没有用强制命令的方式,却让这些士兵塑造出了良好的品格,可见暗示在说服教育他人方面的巨大作用。

3. 委婉拒绝

革命先烈邓中夏在北大读书时,每天给自己严格规定了学习时间。但是,有不少学生学习不刻苦,还喜欢找人天南海北地摆"龙门阵",邓中夏为谢绝他们,就在书桌旁贴了一张纸条,上书:"五分钟谈话。"这既是对闲聊者的一种谢绝暗示,也是对自己的一种鞭策。

日常交际中，学会利用暗示有礼貌、婉转地拒绝，要远远胜过直截了当地说"不"，这对协调人际关系大有好处。例如，自己正在伏案写作或写信时，朋友想聊天，这令人感到为难，又不便当面开口推辞，这时一旦发现他走来，便最好用眼光注视天花板或向远处眺望，皱着眉头不停地眨着眼睛，从而向对方暗示：我正在集中精力思考问题，请以后再聊天吧。一般在这种情况下，对方是会走开的。

4. 含蓄表达

在交际中，人们往往会遇到不方便直言或难以启齿的事，就应巧妙地利用暗示，用隐约闪烁之词进行暗示不失为一种高明之举。

1972年尼克松访华时，周恩来在一次酒会上说："由于大家都知道的原因，中美两国隔绝了20年。"真是绝妙，这句话既让人体会到造成这一事实的原因是美国侵略和干涉的结果，又不伤美国客人的面子，听者皆会发出会心的微笑。政治生活中如此，人际交往中更是如此。学会在讲话时不直陈本意，而以委婉含蓄之词加以烘托，让人思而得之，揣摩其中潜台词，会使你更具吸引力和感染力，因此大思想家培根说："交谈时的含蓄和得体，比口若悬河更可贵。"

5. 洞察内心

心理学家珍·登布列顿在一篇名为《推销员如何了解顾客心理》一文中说道："假如一个顾客的眼睛向下看，而脸转向旁边，表示你被拒绝了，而他的嘴是放松的，没有机械式的微笑，下颌向前，他可能会考虑你的提议；假如他注视你的眼睛几秒钟，嘴角乃至鼻子部位带着浅浅的笑意，笑容放松，而且看起来很热心，这个买卖便做成了。"这段话告诉我们，优秀的推销员是很善于从顾客的暗示中捕捉到各种信息。

值得注意的是，这里的顾客发出的暗示是一种无意的暗示，它是指暗示者在不自觉的情况下，无意将某种信息传递给他人，他人接收并做出相应的反应。这里暗示的发出者实际上是一个不自觉的暗示者，他主观上并不想暗示什么，但客观上却由于别人从他身上获得了暗示而成为暗示者。无意暗示往往能真实地反映一个人的性格和心理状态。比如猜测朋友考试的成绩，当从远处看到他那轻盈的步伐，立即明白他考得不错，这叫"人未开口身露意"。人们常常就这样而充当了无意的暗示者。

在交际中善于捕捉和利用各种无意的暗示所提供的信息，便能够更好地洞察他人，突破对方深层的心理防线。

2.4 学会倾听

有人曾向日本的"经营之神"松下幸之助请教经营的诀窍，他说："首先要细心倾听他人的意见。"松下幸之助留给拜访者的深刻印象之一就是他很善于倾听。一位曾经拜访过他的人这样描述："拜见松下幸之助是一件轻松愉快的事情，根本没有感到他就是日本首屈一指的经营大师，反而觉得像是在同中小企业经营者谈话一样随便。他一点儿也不傲慢，对我提出的问题听得十分仔细，还不时亲切地附和道'啊，是吗'，毫无不屑一顾的神情。"见到他如此的和蔼可亲,我不由地想探询:松下先生的经营智慧到底蕴藏在哪里呢?调查之后,我终于得出结论:"善于倾听。"可见,倾听真不失为成功的秘诀。与人交谈不但要善于表达自己的意思,而且还要善于聆听对方的说话,这在社会交往活动中是个不容忽视的问题。

倾听貌似简单,其实不易。"听"的繁体字为"聽",它由"耳""王""十""目""一""心"6个字组成的,代表着"听"首先是用耳朵接收他人的声音,但仅此却远远不够,还需"十目一心"地仔细观察对方说话的神态,用心揣摩对方话中之话。只有这样,才能真正感受到对方所要传递的信息。倾听是一种本能,也是一门技术,更是一门艺术,它源自本能,修自后天。

听是人类最基本的能力之一,使用耳朵接收声音,除了少数人听不到声音之外,我们大多数人都享有这种与生俱来的天赋。如今,国际倾听协会这样对倾听定义:倾听是接收口头及非语言信息、确定其含义和对此做出反应的过程。口语交际中,听的重要性并不被多数人认同。很多人认为听是一种被动的行为。他们很可能会感到烦闷,如果他们不参与谈话还可能会感到无精打采。这种认识显然存在着很大的误区。

古今中外很多谚语和传说表明听的重要性,如"听君一席话,胜读十年书",又如"沉默是金,说话是银"。

1. 倾听的作用

对大多数人来说,倾听是从听到别人讲话声音开始的,但倾听与听有什么区别呢?一般学者认为:"听"是人体感觉器官接收到的声音;或者换句话说,"听"是人的感觉器官对声音的生理反应。只要耳朵听到的谈话,我们就在听别人。但只要回想在听到电影中的外语对话时的感受就会明白,听到并不意味着理解,"听而不闻"就是说的这种情况。

倾听虽然以听到声音为前提,但更重要的是我们对声音必须有所反应,必须是主动参与的过程,在这个过程中,人必须思考、接收、理解,并做出必要的反馈。同时,倾听的对象不仅仅局限于声音,还包含理解别人的语言、手势和面部表情等。在此过程中,绝不能闭上眼睛只听别人说话的声音,而且还要注意别人的眼神及感情表达方式。

倾听的作用概括起来,主要包括以下几个方面。

(1) 倾听是获取信息、开阔视野的重要途径。"听君一席话,胜读十年书",这句俗语从倾听的角度说明了倾听是获取信息的重要途径。有数据显示:在人们获取信息的途径中,听、说、读、写所占的时间是不同的,听占到了53%。虽然现在是网络化时代,面对面沟通被有些人所忽视,由此产生的"宅男""宅女"现象越来越引起人们的担忧。这从另一个角度说明倾听的缺失对现代人造成的不良影响。与其将自己封闭在一个狭小的空间里,还不如走出家门倾听来自各界的声音,那样对未来才更有帮助。

(2) 倾听是对别人尊重和鼓励的特殊方式。根据人性特点,人们往往对自己的事更感兴趣,对自己的问题更关注,更喜欢自我表现。当有人专心倾听自己的话时,就会感到自己被重视。在交往中真诚投入地倾听他人的倾诉,有恰到好处的反应,是对他人尊重和鼓励的最好方式。

(3) 倾听是为自己争取主动的关键。在时机未到时选择倾听并保持沉默是一种"大智若愚"的艺术。在商业活动中多听、少说甚至不说,是为了获得最大的利益。少开口,不做无谓的争论,对方就无法了解自己的真实想法;反之,则可以探测对方的动机,逐步掌握主动权。因此"雄辩是银,倾听是金"。

（4）倾听可增进彼此的理解与信赖。表露内心的事,可以消除两人之间的误会、隔阂、不信任与敌对,使两人之间关系更为密切。由此来看,倾听可谓是彼此沟通的桥梁,误解与愤恨都会随着有效的倾听而化为乌有,感情也会伴着彼此的倾听更进一步。

（5）倾听可改善周围环境的气氛,有利于获得身心健康与成功。心理学家们指出,善于倾听的人容易克制冲动,控制愤怒,拥有一个较为平和的人际环境,对于成功与健康是百益而无一害的。

2. 有效倾听的策略

听和说是谈话交流的两个方面,倾听是语言表达的前提,那么应该怎样倾听呢？

（1）创造良好的倾听环境。不良的倾听环境中如果存在干扰因素,这些干扰因素就会干扰信息的传递过程,消减、歪曲信号,转移人的注意力,从而影响人们专心地倾听。所以,应从以下方面创造良好的倾听环境,消除干扰因素。

① 选择合适的场所。场所是否合适直接关系到沟通双方的心理感受。在公众场合下,应避免在噪声比较大的地方交谈,如施工场所、十字路口。应尽量寻找安静、舒适、典雅、有格调的咖啡厅、茶室等,同时力求避免电话、手机和他人的干扰。如果是在家中聚会,应将电视音量关小,保证室内空气清新、舒适；假如邻近街道,可以将门、窗关紧,同时注意室内家具的摆放、颜色的搭配等细节问题。

② 选择恰当的时间。公众场所都有自己的高峰期,像公园、商场、节假日、风景区等场所人都比较多,咖啡厅晚上人会比较多,而餐馆则在中午或下午6点以后客人较多。选择场所时还应考虑时间不同,谈话的效果也将不同。

③ 保持一定的距离。说话者跟听话者感情好,私下交谈时则相互挨得很近,恋人更是如此。但如果在正式场合,无论亲疏,都应保持一定的距离,过远,则不容易听清；过近,容易使说话者感到紧张。

（2）做好倾听的心理准备。倾听,要求倾听者有良好的精神状态,集中精力,随时提醒自己交谈到底要解决什么问题,听话时应保持与谈话者的眼神接触,但在时间的长短上应适当把握好,如果没有语言上的呼应,只是长时间盯着对方,会使双方都感到局促不安。另外,要努力维持大脑的警觉,保持身体警觉则有助于使大脑处于兴奋状态。

倾听时,保持开放的心态是提升倾听技巧的指导方针之一。这样做不但能使自己考虑到事情的各个方面,还能减少与说话者之间的防御意识,而这种意识会极大地阻碍沟通。回应说话者时,即使不同意他的观点,也应对其信息保持积极的态度。

（3）正确的态势语言。人的身体姿势会暗示出他对谈话的态度,自然开放性的姿态,代表着接受、兴趣与信任。根据达尔文的观察,交叉双臂是日常生活中最普遍的姿势之一,一般应表现得优雅且富于感染力,让人看上去会显得自信心十足,但这常常自然地转变为防卫姿势,当倾听意见的人采取这种姿势,大多是持保留的态度。向前倾的姿势是集中注意力、愿意听对方倾诉的表现。所以说两者是相容的。倾听时交叉双臂、跷起二郎腿也许很舒服,但往往让人感觉这是种封闭性的姿势,容易让人误认为不耐烦或高傲。

（4）对主题或说话者产生兴趣。这样做有助于倾听者以积极的态度进行倾听。倾听时,目的应当是从每个说话者那里获取知识,但如果你对他们不感兴趣,就很难集中注意力。因此,应当消除自己对主题或是说话者的偏见,使自己对其产生兴趣。倾听时,应该关注说话者提供的信息,而不是他们的外表、性格或是说话方式,不要因为这些因素而对他们下定论,应该根据他们所提供的论据来判断信息的价值。另外,也不要仅因为说话者的出色表达就立即对他们作出肯定的判断。出色的表达并不意味着说话者传递的信息有价值。因此,应该等到说话者完整地传递了信息之后,再作出判断。

(5) 积极关注自己不熟悉的信息。要提升自己的倾听技巧,还应该学会积极关注自己所不熟悉的信息。如果在倾听时遇到此类信息,就更需要高度集中注意力。因为如果不这样做,就有可能抓不住信息中的重点。当对方传递的是自己不熟悉的信息时,可以采取下列方法来改变自己：①不要因为信息复杂而气馁；②使自己对学习产生兴趣；③通过提问来确认说话者的观点。

(6) 专注于说话者的主要观点。倾听时,一定要专注于说话者的主要观点,为了全面理解说话者言语中包含的内容和情感,倾听者要集中精力努力捕捉信息的精髓。这样做可以避免混乱和沉闷,并且能帮助自己集中精力理解说话者所述观点中的重点。

(7) 不要过早下结论。要提升自己的倾听技巧,倾听者在倾听时就不要过早下结论。当不同意说话者的看法时,最自然的反应就是立即不再理会他所传递的信息。尽管你不需要同意说话者的所有观点,但是在下结论之前,还是应该听完他的话。只要听完了全部的信息,就可以彻底地检验并公正地评估说话者的观点、论据和论证过程。

(8) 复述说话者所传递的信息。通过复述,倾听者可以确定自己是否完全理解了该信息。复述时,倾听者可以用自己的话向说话者概括信息的主要内容,这样能减少对信息的误解和错误的推测。

(9) 不到必要时,不打断他人的谈话。善于听别人说话的人不会因为自己想强调一些细枝末节、想修正对方话中一些无关紧要的部分、想突然转移话题,或者想说完一句刚刚没说完的话,就随便去打断对方。经常打断别人说话就表示我们不善于倾听,个性激进、礼貌不周,很难和人沟通,所以除了在不得不说的情况下,是不应打断对方说话的。

(10) 尊重说话者的观点。每个人都有自己的观点,要鼓励别人说出自己的看法,而不能因为自己的主观意愿否定自己不同意的观点,如果无法接受说话者的观点,那可能会错过很多学习的机会,而且无法和对方建立起融洽的关系。

(11) 换位思考。站在对方的角度去考虑他所说的话,以客观的心态去面对说话者,用心去感受说话者的心情,感受他的喜悦或悲伤,这也是做到最高层次倾听的体现。这样做可以避免因心理定式和偏见等产生的障碍。

(12) 倾听者不应该过于拘谨。倾听者在倾听时过于拘谨,会使倾听变成一种被动行为,此时,倾听者绝不会表达自己的观点,他们根本不参与交流,常常只是以"很好"和"我明白你的意思"之类的话来回应说话者。倾听者在倾听时太过于拘谨可能是因为害羞,也可能仅仅出于不想给说话者带来麻烦。无论是什么原因,他们的行为都会阻碍有效的沟通。要避免在倾听时过于拘谨,应当遵循以下几个原则：①善于表达自己的想法；②通过提问参与对话；③回答问题要干脆；④与说话者进行眼神交流。

(13) 善于运用其他形式沟通。只是听他人讲话,所能记住的信息会比较有限,这时候就需要借助一些其他的方式来帮助自己更好地记忆。比如做笔记,这样能更有效地记住对方所说的话。通过做笔记也能有选择地记下自己认为更重要的信息,从而避免认为什么都要记下而费时费力。

2.5　成功切入

我们在与交际对象打交道的过程中,必须注意交际的切入,因为交际的切入,对交际的结果起着至关重要的作用。切入得好,交际圆满成功;切入得不好,就不能取得期望的效果。那么,交际应该怎样切入呢?

1. 寻求亲近与认同

一个人的第一外印象让人记忆深刻。别人也可从这上面大致看出一个人的内在品质,同样一个人是否招人喜爱,就看他能不能获得别人的认同,看他怎样恰到好处地适应别人的感情需求。

(1) 关心交际对象最亲近的人。任何人总是关心自己最亲近的人,如果发现别人也在关心着自己关心的人,就会产生一种无比亲近的感觉。交际时可以利用人们这种共同的心理倾向,从关心他最亲近的人切入,拉近交际的距离。

(2) 在交际对象心中建立起"同胞"意识。"同胞"意识也就是亲近意识。《三国演义》中,关羽、张飞何以对刘备如此忠贞不渝呢?主要原因就是,刘皇叔在与关羽、张飞相识之初就和他们义结金兰,结拜"同胞兄弟"了,"同胞"意识在关羽、张飞心目中牢牢扎下了根。能在交际之初迅速建立起"同胞"意识,就可以使对方放松对自己的警戒心,接受为"自己人"。

(3) 满足交际对象的心理需求。人们在交际中既有明显的个性心理,也有普遍的共性心理。如果能针对交际对象的共性心理切入交际活动,就可以获得满意的交际效果。一般地,人们的共性心理有称许心理、成就心理、自炫心理、尊敬心理等,把满足交际对象的心理需要作为交际的切入点,是交际活动取得成功的捷径。

首先,满足交际对象的称许心理。人们都有一种显示自我价值的需要。真诚的赞扬不仅能激发人们积极的心理情绪,得到心理上的满足,还能使被赞扬者产生一种交往的冲动。

其次,满足交际对象的成就心理。人们都希望尽量做好自己喜爱的工作并取得令人称道的成就,这种成就心理如果能得到别人的激励,就必定能引发他的感激心理。

再次,满足交际对象的自炫心理。人们对于自己具备的技能都有一种引以为荣的心理,如果想同这些人结识相交,针对交际对象的技能,虚心求教是最有效的切入点。

最后,满足交际对象的尊敬心理。社会交往中,获得尊重既是一个人名誉地位的显示,也表明了他的德操、品行、学识、才华得到了认可。无论是年长者还是年轻者,位尊者与位卑者都期望别人尊重自己。因此,那些懂得尊重别人的人,人们对他产生好感就是情理之中的事了。而主动问候就是最便捷、最简单地表达一个人的敬意的交际行为。从问候切入交际活动,十有八九会有一个圆满的结果。

(4) 为交际对象助上一臂之力。热情相助,最能博得他人的好感。日常生活中,那些具有古道热肠、为人厚道、不吝啬、好助人的人,总能在邻里之间、同事之间获得好名声,因为人们一般都乐意与这些热心肠的人相识、交往。比如帮助正在上楼的邻居抬一下煤气罐,就可以成为他家中的常客;替一个刚刚上车的旅客摆放好行李,旅途就多一个伙伴;为忙碌的同事沏一杯热茶,就会得到善意的回报。

(5) 用温情暖化交际对象心中的坚冰。人们一般都认为,双方的矛盾爆发之后的一段时间,是交际的冰点。但如果一方能主动做出一个与对方预期截然相反的善意举动,就会使对方在惊愕、感叹、佩服、敬意之中认同他,从而化敌为友。交际的冰点成了成功交际的切入点。

美国开国总统华盛顿还是一位上校的时候,他率领着部队驻守在亚历山大,在选举弗尼亚议员时,有一位名叫佩恩的人反对华盛顿所支持的候选人。同时,在关于选举问题的某一点上,华盛顿与佩恩形成了对抗,华盛顿出言不逊,冒犯了佩恩;佩恩一怒之下将华盛顿一拳打倒在地。华盛顿的部下,闻讯群情激奋,部队马上开了过来,准备教训一下佩恩,华盛顿当场加以制止,并劝说他们返回了营地。就这样一场干戈暂时避免了。第二天一早华盛顿就派人送给佩恩一张便条,要求他尽快赶到当地的一家小酒店来。佩恩怀着凶多吉少的心情如约而至,他猜想华盛顿一定想要和他进行一场决斗,然而出乎意料的是,华盛顿在那里摆开了丰盛的宴席。华盛顿见佩恩到来,立即站起来迎接他,并笑着伸过手来,说道:"佩恩先生,犯错误乃人之常情,纠正错误是件光荣的事。我相信昨天是我不对,你已经在某种程度上得到了满足。如果你认为到此可以解决,那么握住我的手,让我们交个朋友吧。"华盛顿热情洋溢的话语感动了佩恩。从此以后,佩恩成了一个热烈拥护华盛顿的人。

2. 消除生疏感

初次见面,交际双方都希望尽快消除生疏感,缩短相互间的人际距离,建立融洽的关系,同时给对方一个良好的印象。那么,怎样才能通过交谈而较好地做到这一点呢?

(1) 通过亲戚、老乡关系拉近距离。由于亲戚、老乡这类较为亲密的关系会给人一种温馨的感觉,使交际双方易于建立信任感。特别是突然得知面前的陌生人与自己有某种关系,更有一种惊喜的感觉。因而,若得知与对方有这类关系,寒暄之后,不妨直接讲出,这样很容易拉近两人的距离,使人一见如故。现在许多大学里,都存在一些老乡会、联谊会等组织,这些老乡会、联谊会就是通过老乡关系把同一地方的学生召集在一块儿,组织起来。同时也通过老乡会来相互帮助、联络感情、加强交流。从人的心理上来讲,每个人的潜意识中都有一种排他性,对自己或跟自己有关的事物往往表现出更多的兴趣和热情;跟自己无关的则有一定的排斥性。因而在交谈中将这类关系指出来,就使对方意识到两人其实很"近",便能较好地形成坦诚相待的气氛,打通初次见面由于生疏造成的心理上的"设防"。毛泽东就常用这种"拉关系"的技巧,在中华人民共和国成立后接见民主人士时,凡是与他通过师生、故友的关系有些瓜葛的,往往是刚一见着面,没出两三句话,他就爽直地和盘托出其间丝丝缕缕的关系,在"我们是一家子"的爽朗笑声中,气氛亲热了许多,使被接见者备感亲切。

(2) 以感谢方式加深感情。在某大学里一个低年级学生在跟一个高年级学生接触时的头一句话就是:"开学时就是你帮我安置床铺的。""是吗?"那个同学惊喜地说。接着两人的话题就打开了,气氛顿时融洽了许多。那个高年级同学的确帮过我们许多人,不过开学之初人多事杂,他也记不得了。而这个低年级同学则恰到好处地指出这些,给对方很大的惊喜,也使两人关系拉近了一层。一般来说,每个人都对自己无意识中给别人很大的帮助而感到高兴。见面时若能不失时机地指出,无疑能引起对方的极大兴趣。因此,初次见到曾帮过自己的人时,不妨当面讲出,一方面向对方表示了谢意;另一方面在无形中也加深了两人的感情。

(3) 从对方的外貌谈起。每个人都对自己的相貌或多或少地感兴趣,恰当地从外貌谈起就是一种很不错的交际方式。有个善于交际的朋友在认识一个不喜言谈的新朋友时,很巧妙地把话题引向这个新朋友的相貌上。"你太像我的一个表兄了,刚才差点儿把你当作他,你们俩都高个头、白净脸,有一种沉稳之气;穿的衣服也太像了,深蓝色的西服,我真有点儿分不出你们俩了。""真的?"这个新朋友眼里闪着惊喜的光芒。当然,他们的话匣子都打开了。不得不佩服这个朋友谈话的灵活性,他把对方和自己表兄并提,无形中缩短了两个人之间的距离,在叙说两人相貌时,又巧妙地给对方以很大的赞扬,因而使这个不喜言谈的新朋友也动了心,愿意与其倾心交谈。

(4) 剖析对方的名字来引起兴趣。名字不仅是一种代号,在很大程度上是一个人的象征。初次见面时能说出对方的名字已经不错了,若再对对方的名字进行恰当的剖析,就更上一层楼。譬如一个叫"建领"的朋友,你可以谐音地称道:"高屋建瓴,顺江而下,可攻无不克,战无不胜,可谓意味深远呀!"对一位叫"细生"的朋友们,可随口吟出"随风潜入夜,润物细无声"。或者用一种算命者的口吻剖析其姓名,引出大富大贵、前途无量之类的话,这也未尝不可。总之,适当地围绕对方的姓名来称道对方,不失为一种好方法。

案例分析

1. 孩子们愿意合作了

古德是一个普通的美国人,他喜欢散步,对花草、树木爱护有加,他就像关心自己的家人一样关心花草、树木。当古德听到火烧树林的消息时,心里会感到非常难受。这些火,有些是吸烟者不小心造成的,而多数则是孩子们在野外野餐造成的。

古德家附近有个公园,公园边上,有一个布告牌上写着:凡引起树林火灾的人,将受到罚款或监禁的处罚。

可是那块布告牌立在很偏僻的地方,人们几乎看不见。有一位骑马的警察,似乎是负责管理这个公园的,可是他对工作并不认真,所以公园里经常失火。

有一次,古德正在散步,发现公园里又着火了,而且火势蔓延很快,他急忙找到在公园巡逻的警察,让他马上通知消防队。可是警察的反应极冷淡,并且说那不是他管的事,因为不是他的管区。后来还是古德亲自打电话到消防队,才把火扑灭。

自那次以后,古德来公园除了散步之外,还担负起保护树林的职责。

每当古德看见孩子们在公园里生火的时候,就走上前去,告诉孩子们不要在这里点火,这样做非常危险。他还吓唬孩子们,说如果他们还在公园生火,就会被警察抓走。

结果如何呢?孩子们当时按照古德的话去做了,可是心里并不服气,等古德一离开,孩子们又生起火来,甚至有几个胆大的孩子扬言要把公园烧掉。

这让古德很烦恼。他不知道该怎么和孩子们交流,才能阻止他们不会在公园里生火野炊。后来,古德掌握了一种与人相处的技巧,那就是从别人的角度看问题。明白这一点后,古德在公园里看到孩子们玩火时,他就这样和孩子交流:

小朋友,你们玩得高兴吗?你们的晚餐打算做些什么?我小的时候,也喜欢野餐,那真是太有意思了!

可是你们也知道,在公园里生火是很危险的。不过我知道你们都是好孩子,不会惹出什么麻烦的。可是别的孩子们,我相信就不会像你们这样小心了。他们如果看到你们生火,以为你们是在玩火,也会跟着玩起火来,回家时忘记把火弄灭,就很容易把干的树叶烧着,结果连树林也烧了。如果我们再不好好地爱护树木,这个公园就没有树了。

你们知不知道,公园里是不能玩火的,如果因为玩火而导致公园失火的话,是要坐牢的。我不是干涉你们的游戏,我希望你们玩得很高兴。只是你们别把火靠近干的树叶,还要注意,你们回家时一定要等到火完全熄灭了再走。

如果你们下次再野炊时,我建议你们去那边沙滩上生火,那里就不会有危险。小朋友,再见了,希望你们玩得开心。

古德说了这番话以后,这些孩子马上熄灭了火,转移到沙滩上去了。

(资料来源:佚名. 一个创造奇迹的公式[EB/OL]. [2020-07-09]. https://zhuanlan.zhihu.com/p/157686459.)

思考与讨论:

(1) 古德运用了怎样的交际技巧使孩子们变得愿意合作了呢?

(2) 本案例对你有哪些启示?

2. "我还要回来!"

美国知名主持人林克莱特有一天访问一名小朋友,问他说:"你长大后想要当什么呀?"小朋友天真地回答:"嗯……我要当飞机的驾驶员!"林克莱特接着问:"如果有一天,你的飞机飞到太平洋上空,所有引擎都熄火了,你会怎么办?"小朋友想了想:"我会先告诉坐在飞机上的人都绑好安全带,然后我挂上降落伞跳出去。"

当现场观众笑得东倒西歪时,林克莱特继续注视着这孩子,想看他是不是自作聪明的家伙。没想到,接着孩子的两行热泪夺眶而出,这才使林克莱特发觉这孩子的悲悯之情远非笔墨所能形容。于是林克莱特问他说:"为什么要这么做?"小孩的答案透露出一个孩子真挚的想法:"我要去拿燃料,我还要回来! 我还要回来!"

(资料来源:佚名. 美国知名主持人[EB/OL]. [2018-02-20]. https://guba.eastmoney.com/news/gssz,746719984.html.)

思考与讨论:

(1) 那些笑得东倒西歪的观众犯了怎样的错误?为什么?

(2) 本案例对你有什么启示?

实践训练

1. 沟通游戏:找到合适的距离

游戏目的:让游戏者知道沟通应该需要合适的距离;使双方通过沟通确定他们的最

佳距离。

游戏人数：10 人。

游戏场地：不限。

游戏时间：30 分钟。

游戏用具：无。

游戏步骤：

(1) 两人一组，让其面对面站着，间隔 2 米。让两个人一起向对方走去，直到其中有一方，如 A，认为是比较合适的距离（即再往前走，他会觉得不舒服）就停下。

(2) 让小组中的另一个，如 B，继续往前走，直到他认为不舒服为止。

(3) 现在每个小组都至少有一个人觉得不舒服，而且事实上，也许两个人都不舒服，因为 B 觉得他侵入了 A 的舒适区，没有人愿意这样。

(4) 现在请所有人回到座位上去，给大家讲解四级自信模式（见后面）。

(5) 将所有的小组重新召集起来，让他们按照刚才的站法站好，然后告诉 A（不舒服的那一位），现在他们进入自信模式的第一级，即很有礼貌地劝他的同伴离开他，例如，"请你稍微站远一点儿好吗？这样让我觉得很不舒服！"注意，要尽可能地礼貌，面带微笑。

(6) 告诉 B，他们的任务就是对 A 笑一笑，然后继续保持那个姿势，原地不动。

(7) A 中现在有很多人已经对他的搭档感到恼火了，他们进入第二级，有礼貌地重申他的界限，例如："很抱歉，但是我确实需要大一点儿的空间。"

(8) B 仍然微笑不动。

(9) 现在告诉 A，他们下面可以自由选择怎么做来达到目的，但是一定要依照四级自信模式。要有原则，但是要控制你的不满，尽量达成沟通和妥协。

(10) 如果你们已经完成了劝服的过程，就回到座位上。

四级自信模式具体包括以下几个方面。

(1) 第一级　通过有礼貌地提出请求，设定你个人的界限。你可以使用下面的表述："你介意往后退一步吗？""我觉得我们的距离有点儿近。"

(2) 第二级　有礼貌地再次重申你的界限或边界。你可以使用下面的表达："很抱歉，我真的需要远一点儿的距离。"

(3) 第三级　描述不尊重你界限的后果。你可以使用下面的表述："这对我很重要，如果你不能往后退一点儿，我就不得不离开了。"

(4) 第四级　实施结果。你可以使用下面的表述："我明白，你选择不接受，正如我刚刚所说的，这意味着我将不得不离开。"

问题讨论：

(1) 当别人跨越到你的区域时，你是否会觉得很不舒服？如果别人不接受你的建议，你会有什么感觉？

(2) 是不是每一组的 B 都退到了让 A 满意的地步，是不是有些是 A 和 B 妥协以后的结果？

(3) 有多少人采用了全部的四级自信模式？有没有人只采用了一级，对方就让步了？有没有人直接使用了第四级或直接转身离开？

培训师语录：

只要大家心平气和地沟通，总会找到双方合适的距离。

人与人之间要保持合适的沟通距离，距离太远，不利于及时沟通和深入沟通；距离太近，会让人产生紧张感和压迫感，影响沟通效果。

(资料来源：邹晓春.沟通能力培训全案[M].北京：人民邮电出版社，2014.)

2．倾听技能实训

形式：集体参与。

时间：10分钟。

场地：教室。

材料：任何一则包含一些数字或确切事件的新闻。

程序：

(1) 事先从报纸或文摘上选取一则200～300字的故事。注意最好是有简单情节的故事，而不是评论性文章。在课上很不经心地向学员提起，告诉他们你要为他们念一段很有意思的故事。

(2) 大声朗读这则故事。

(3) 结束后，你会发现学员们对这个故事毫无兴趣，露出厌倦和疲惫的表情。

(4) 这时拿出一个精致的礼品，说："故事念完了，现在我会就这个故事的内容提几个问题，谁能答对，我就把这个礼物送给他。"

(5) 再问5～7个问题，都是一些关于故事的时间、地点、名字和简单情节的问题。

(6) 尽管问题简单，你会发现还是几乎没有一个人能全部答对。

分享：

(1) 既然大家都是具有一定素质的人，并且都听了这个故事，为什么却没有人能记得非常清楚？

(2) 我们不去认真听的原因是什么呢？我们该怎样改进倾听技巧？

(3) 如果事先把奖品拿出来，学员们的倾听效果会不会不一样？这是为什么？在没有物质刺激的情况下，我们应怎样提高自己的倾听效果？

(资料来源：谢玉华.管理沟通[M].大连：东北财经大学出版社，2017.)

自主学习

(1) 善于记住别人的姓名，既是一种礼貌，也是一种感情投资，请问怎样记住别人的姓名？

(2) 了解喜、怒、哀、乐、惊、恐等基本的表情变化，以及在交往中如何使用表情。

(3) 性格一般可分为内向型和外向型两种，试对你的交际对象作总体上的性格判断。

(4) 结合交际实际，谈谈暗示心理的作用。

(5) 练习题。

与人交谈时，要带着发掘尽可能多的信息的目的去倾听，要准备提出一系列探究性问题以获取必要的信息。

例如，你可以提出以下问题。
① 你是怎么发现那人的？
② 还发生了什么？
③ 你为什么这样认为？
④ 结果怎样？
⑤ 你还会这么做吗？
⑥ 你觉得从这一经历中有何收获？

不要用你的问题打断对方。要倾听，你的问题才会贴切地与对方讲话内容对应起来，询问时你要保持积极、合作的态度。

假如我们花费比通常更多些的时间做这些练习，不也是挺有趣的事情吗？我们不仅将成为一个善听者，同时还将成为更有恒心的好学者。

(6) 到养老院做义工，陪老人聊聊天，注意运用有效倾听的技巧，看看效果到底如何。

(7) "听"的能力训练。

尽管"听"是我们与生俱来的能力，但是并不是一件容易的事情。以下练习就是最好的说明。

① 教师对学生说："请拿出一支铅笔、一张纸。在纸上画一条约10厘米长的垂直线。把你姓氏的第一个字母和最后一个字母写在直线的上方和下方。"注意不要强调最后一个句子中的两个"和"字。教师会发现大多数人会把第一个字母写在线上方而最后一个字母写在线下方。

② 教师让学生迅速回答下列问题。

"有的月份31天，有的月份30天。那么有多少个月份有28天？"

不少学生会回答："一个。"而事实上所有的月份都有28天。

(资料来源：史振洪，朱贵喜. 秘书人际沟通实训[M]. 北京：人民大学出版社，2008.)

问题：
① 以上两个小练习分别说明了倾听中的什么问题？
② 从以上练习中我们应该吸取哪些倾听经验？

(8) 利用双休日走出校园，走进超市、饭店、茶楼、公园、广场等公共场所，接触不同的人群并和他们进行交谈。对每次实践均应进行人际交往倾听技巧的总结，最后依据多次的实践形成一份倾听能力实训报告上交任课老师，任课老师针对具有共性的问题进行课堂分析和具体指导[①]。

(9) 从自身做起，努力使自己成为善于主动交际的人。

---

① 麻友平. 人际沟通艺术[M]. 北京：人民邮电出版社，2012.

任务 3
人际交往方式

任务目标

- 掌握联谊活动的相关规范；
- 掌握专题会议的相关规范；
- 掌握仪式活动的相关规范；
- 掌握参观游览的相关规范。

案例导入

参　会

张宇所在的企业应邀参加一个大型交流研讨会。这次研讨会邀请了很多该领域的知名人士以及行业人士参加。企业有意培养张宇，安排张宇和他所在的部门经理一同去参会。会议当天由于路上堵车，等张宇赶到会场，会议已经进行了五分钟。张宇先整理了衣着，关掉手机，轻轻推开会议室的门，向主办方接待人员致歉并说明情况，在会场就近坐下。会议茶歇时，张宇向部门经理解释迟到原因，并回到自己的座位上准备会议研讨材料。会后，张宇对会议迟到的事情向企业做了检讨，但他在会场的行为举止得到了领导的肯定。

（资料来源：程洪莉.实用文明礼仪——职场礼仪故事51则[M].北京：机械工业出版社，2018.）

人际交往的方式多种多样，主要可以分为联谊活动、专题会议和参观游览等，只要掌握要领，运用恰当，它们都有助于加强联系，广结良缘，扩大交际面，赢得交往对象的好感和支持，取得良好的交际效果。

3.1 联谊活动

举办各种联谊活动有助于加深社会组织与公众的感情，缩短与公众的心理距离，密切联系，协调关系，赢得社会公众的支持。这类活动主要有联欢会、舞会、沙龙等。

1. 联欢会

联欢会是一个宽泛的概念，它包括社会组织举办的节日联欢会（如新年联欢会、春节联欢会)、各种文艺晚会(如歌舞晚会、电影晚会、戏曲晚会、相声小品晚会、游艺晚会)等。联欢会对于提高组织凝聚力、向心力,活跃员工的文化生活,加强与外部公众的文化沟通,提高组织形象具有积极的作用。联欢会重在娱乐,但也不可忽视其规范,否则会事倍功半。

(1) 联欢会的准备。

① 确定主题。为了使联欢会起到"教人"和"娱人"的双重作用,要精心确定联欢会的主题,使其有明确的指导思想和预期的目标。在此基础上选择联欢会的形式,适宜的形式对联欢会的成功意义重大,可以不拘一格,可以不断创新。

② 确定时间、场地。联欢会的时间一般会选在晚上,有时也可根据情况选择在白天。其时间一般在两小时左右为宜。联欢会的场地选择是非常重要的,最好选择宽敞、明亮,有舞台、灯光、音响的场地。场地应加以布置,给人以温馨、和谐、喜庆、热烈之感。联欢会的座次要事先安排好,一般应将领导安排在醒目位置,其他公众最好穿插安排,以便于交流沟通。

③ 选定节目。要从主题出发来选定节目,尤其是开场和结尾的节目一定要精彩、有吸引力。节目应多种多样,健康而生动,各种形式穿插安排,不可头重尾轻,更不可千篇一律。正式的联欢会上,要把选定的节目整理编印成节目单,开会时发给观众,可为观众提供方便。

④ 确定主持人。主持人是联欢会的关键人物,应选择仪表端庄、表达能力强,有一定的组织能力和应变能力,且熟悉各项事物的人担当主持人。一场联欢会的主持人最好不少于两人(通常为一男一女)。主持人也不可过多,以免给人以凌乱、无序之感。

⑤ 彩排。正式的联欢会一定要事先进行彩排。这样有助于控制时间、堵塞漏洞,增强演职人员的信心。非正式的联欢会也要对具体事宜逐项落实,做到万无一失。

(2) 观众的规范。观众在参加联欢会观看演出时应严守礼仪规范,这主要包括以下三个方面。

① 提前入场。一般情况下,在演出正式开始前一刻钟左右,观众即应进入演出现场,注意不要迟到。入场后要对号入座,在自己的座位上就座时,要保持安静,坐姿优雅。切勿将座椅弄得直响,或坐姿不端。

② 专心观看。参加联欢会观看节目时要专心致志,全神贯注。不能交头接耳、窃窃私语;不能进行通信联络,要自觉关闭手机等移动通信设备,或处于"静音"状态;不要吃东西、吸烟,更不能随意走动或大声讲话、起哄等。总之,要自觉维护全场的秩序,保持安静,使联欢会顺利进行。

③ 适时鼓掌。当主要领导、嘉宾入场或退场时,全场应有礼貌地鼓掌。演出至精彩处时也应即兴鼓掌,但时间不宜太长,演出结束时可鼓掌以示感谢。对表演不佳的演员,要予以谅解,不要喝倒彩,更不能吹口哨、扔东西等,因为这些做法是非常没有修养的表现。演出结束时,全体演员登台谢幕时,观众应起立鼓掌,再次感谢演员的表演,不能没有任何表示就扬长而去。

2. 舞会

跳交谊舞是人们喜闻乐见的一种社交活动。它不仅可以使人们因紧张劳作而紧绷的神经得以松弛,益于健康,而且还可以陶冶情操、广交朋友。舞会的形式多种多样,主要有正式舞会、交谊舞会、化装舞会和家庭舞会等。通常所指的舞会多指交谊舞会,其表现形式一般是男女对舞。

(1) 筹办舞会的注意事项。

① 确定舞会的基本事项。首先要确定舞会的时间、地点、规模、邀请对象和范围等基本事项。组织舞会应尽早确定时间,尽早发出通知。舞会一般安排在晚餐后 7—11 点为宜,时间一般不超过 3 小时,否则会使客人感到疲劳以至于影响休息和工作。舞会的场地要宽敞、雅洁。舞场的选择应视舞会的规模来确定。舞会邀请的男女客人应大致相等。被邀请的对象一经确定,就应及时发出请帖。正式舞会的请帖至少要提前一个星期发出,以便于客人及早做出安排或回复。举办舞会,最好准备一些茶点、水果、饮料等,以备客人休息时取用。

② 邀请乐队,布置舞场。舞会的音乐伴奏十分重要。节奏明快、旋律优美的音乐,会使人心旷神怡。因此,舞会最好请一支乐队伴奏,有条件的也可以请两支乐队轮流伴奏。若一支乐队,也可以准备一些唱片及音响设备,以便于乐师们休息时使用。如受条件限制,也可采用放音乐的形式,但应注意音响效果,这与舞会的成功与否有着直接的关系。

舞场除了应有一个足够客人跳舞的舞池外,还应有衣帽间、饮料室及场外停车的地方。舞场应宽敞、雅洁,在场边应安放桌椅,供客人交谈、休息。舞场的灯光应柔和、暗淡,不宜明亮。

③ 确定主持人和接待服务人员。大型较正式的舞会或有特定内容的舞会需要确定一名主持人,一般舞会可不设主持人,但必须有接待服务人员,做好迎送、接待、引导、协调等方面的服务工作。

(2) 舞会的要求。交际舞会会场是高雅文明的场所,是较能充分表现和体验一个公关人员风采和修养的地方,所以应该注意自己的行为举止。具体要求如下。

① 注重仪表。好的仪表和着装,既体现自己的优雅风度,也是对他人的一种尊重。在西方,男士参加正式的交谊舞会的传统服装是白领结、燕尾服。如果没有燕尾服,一般都穿半正式晚礼服。女性的礼服一般为很长的裙装,而且极其高雅。在我国,一般来说,男士可穿笔挺的西装,夏天可穿衬衫配西裤,庄重整洁;女士可穿裙装,不能穿工作服、牛仔裤、背心、短裤等过于休闲的衣服,这会与整个舞会的气氛不和谐。

② 口气清新。应邀参加舞会前的饮食,要避免气味强烈的食物,如大蒜、酒等有异味的东西。已经吃了应设法进行必要的处理,以清洁口腔。参加舞会要有一份好的心情,好的精神,悦人悦己。跳舞时,男女双方要面带微笑,说话和气。

③ 邀舞有礼。男女即使彼此不相识,但只要参加了舞会,无论是男士还是女士,都可以互相邀请。通常是由男士主动去邀请女士共舞,体现绅士风度。同时,男士要有意识地照顾在场的每一位女士,尽量不要让某一位女士孤寂地坐在舞场一角,郁郁寡欢。当男士有意邀请一位素不相识的女士跳舞时,必须先观察她是否已有男友伴随,如有,一般不宜去邀请,以免发生误解。当男士邀请舞伴时,要整理好自己的服装,把手擦干净,庄重地走到女士面前,面带笑容、表情自然、举止大方、弯腰鞠躬,做个"请"的手势,同时轻声说:"想请您跳支舞,可以吗?"征得同意后,共同步入舞池。不要在对方未同意时,就伸手去拉对方。参加舞会时,受邀请者也应当落落大方,如果决定拒绝别人的邀请,更要注意文明

礼貌，不要伤害对方的自尊心，千万不要不理不睬或恶语伤人。如果女士已经答应和别人跳这支舞，应当向迟来邀请的男士真诚地表示歉意，说："对不起，已经有人邀请我跳了，您等下一场吧。"如果女士决定谢绝男士邀舞时，应当婉转地说："对不起，我累了，想休息一下。"或者说："我不太会跳，真对不起。"以此来求得对方的谅解。已经婉言谢绝别人的邀请后，在一曲未终时，女士不宜同别的男士共舞，否则，会被认为是对前一位邀请者的蔑视，这是很不礼貌的。

3. 沙龙

"沙龙"一词原是法语"会客室"的译音，到17世纪便成了"社交集会"的代名词。

沙龙一般在室内举行。其特点是无任何具体、明确的题目或活动程序，只为大家提供一个相互认识、相互交流、建立联系的机会。

沙龙主人需要将各位来宾逐一向大家介绍，然后由客人自由交流。主人应使聚会轻松随便，不给客人来去时间作严格限制，可以穿插些轻松愉快的音乐及准备一些茶点。

总之，参加沙龙应注意给人留下良好的印象，重视结识朋友，自然地收集信息。

3.2 专题会议

会议是为实现一定的目的，由主办或主持单位召集组织的、由不同层次和不同数量的人参加的一种事务性活动。其目的多种多样，如表扬批评、布置任务、解决问题、交流经验、调查情况、沟通信息、纠正错误等。会议主要有以下几种。

1. 座谈会

邀请有关人员就某一个或某些问题召开会议，收集对某一个问题的反映，就某些方面的问题发表看法，是座谈的形式。举行座谈会要注意以下几点。

（1）发送通知。会议通知要发送及时，至少在开会的前一天发到与会者手中，因为座谈会大都要求与会者发言，早一天接到通知可以稍作准备。会议通知上要写明召开座谈会的时间、详细地点、座谈内容、举办单位名称。如果用电话通知，最好找到参加者本人接电话，表示郑重；如果托人转告，则不要忘记告知座谈会的主题，以免与会者懵懂而去，打无准备的仗，发生尴尬，这对与会者是失礼的。

（2）会前安排。座谈会座位的安排，一般是与会者围圈而坐，主持人也不例外，以便创造一种平等的气氛。如果参加座谈会的互相有不熟悉的，主持人应该一一进行介绍，或引导他们做自我介绍，以融洽会议气氛。

（3）会中引导。座谈会开始时，主持者应首先讲明会议的主题及被邀请者的类别，为什么邀请在座的来参加座谈会，以便使与会者了解自己与这个座谈内容的联系，明确自己对座谈会的重要性，更积极主动地进入角色。如果开始有冷场现象，主持者可以引导大家先从比较容易作为话题的稍远处或外围谈起，然后逐步逼近座谈会主题。采取点名的方法让某人先发言，是不得已而为之的。

座谈会请一定的对象来参加，就是希望大家来了之后能畅所欲言，知无不言，言无不尽。话不在长短，而在于能包容较大的信息量。讲话的时候也不要求具有严格次序，允许你一言,我一语,鼓励大家插话和讨论。但插话时,切忌不着边际的言论,也不要用反唇相讥、唯我独尊的方法和态度发言。要多用探讨、商榷的口气,即使有争论,也是冷静的,而不是使用冲动和粗暴的语言。

(4) 结束总结。座谈会结束时,主持者应总结归纳大家的发言,并对大家发言提供的内容(信息)、态度(表现)作出肯定,表示座谈会对于某项工作有积极的作用。最后,要向大家表示感谢。

2. 洽谈会

洽谈会又叫磋商会、谈判会,是指有关各方代表充分阐述己方的各种设想,听取他方的不同意见,并通过详细陈述己方的理由,反复同对方交换看法或做出某种让步,消除相互间的距离,最后各方取得一致,达成协议。

(1) 洽谈会的准备。洽谈会前准备得如何是影响洽谈成败得失的关键。在准备过程中,人员的配备、信息的搜集、目标的选择、计划的拟订都很重要,必须认真准备。

① 人员配备。为了使洽谈能顺利进行,必须按照对等原则配备相应的洽谈班子。洽谈班子中既要有精通业务,有经济、法律头脑,能拍板成交的主谈人员,又要有懂业务、懂技术的人员和有洽谈经验的翻译人员,一般以私人为宜。一个精干的,具备 T 形知识结构而又注重仪表、谈吐自如、举止得体的洽谈班子,不仅会给洽谈创造有利的条件,同时也是对对方的尊重。

② 信息准备。"知己知彼,百战不殆",为了取得洽谈的主动权,必须进行信息准备。要做好市场调研,了解对方的业务情况、对对方参与洽谈人员的基本情况、谈判风格、对己方的态度等要了如指掌,以便制订相应的策略,涉外谈判中还要对对方的文化背景和礼仪习俗等有所把握,以便于更好地沟通。

③ 议程准备。洽谈议程是决定洽谈效率高低的重要一环,每次洽谈,谈什么、何时谈、何地谈、如何谈、达到什么目的,事前都要有周密安排,以免有不周之处。例如,洽谈地点的安排就很重要,因为它对洽谈效果会有一定影响。洽谈地点如选择在己方进行,作为东道主必须注重礼貌待客,邀请、迎送、接待、洽谈的组织等必须符合规范要求。洽谈地点如选择在洽谈对手所在地,到客场洽谈必须入乡随俗,了解当地的风俗人情,并要审时度势,灵活反应,争取主动。

(2) 洽谈会的规范。洽谈是一场知识、信息、心理、修养、口才乃至风度的较量,为了取得洽谈的成功,在洽谈会上要遵循一定的规范。

① 座位安排。一般洽谈会以椭圆桌或长桌为宜,双方人员各自在桌子的一边就座。倘若将谈判桌横放,那么洽谈室正对门的一侧为上座,应请客方就座。背对谈判室正门的另一侧则为下座,应留主方就座。如谈判桌是竖放的,进门时的右侧为上座,由客方就座;进门时的左侧为下座,由主方就座。双方主谈人员应各自坐在己方一侧的正中间。副手或翻译则坐在主谈人员右边的第一个座位,其他参谈人员以职位高低为序,依次"右一个,左一个,右一个,左一个……"地分别坐在主谈人员的两侧。小规模的洽谈,可不放谈判桌,在室内摆放几把沙发或圈椅,按"以右为尊"的原则,客右主左,就座即谈。也可以交叉而坐,以增添合作、轻松、友好的气氛。

② 谈吐举止。洽谈人员的谈吐要轻松自如,举止文雅大方,谦虚有礼,不可拘谨慌

张。见面后可略事寒暄,进入正题之前,宜谈些轻松的话题,如旅途经历、季节气候、文体表演、各自爱好或以往合作的经历等,但开头的寒暄不宜太长,以免冲淡洽谈气氛。

③ 衣着打扮。参加的洽谈者在衣着打扮上要正式一些,以表示对洽谈的重视和做了充分的准备;如果是非正式洽谈,也可以穿得休闲一些,给人以轻松、随和的感觉,这样显得更容易接近,有助于交流,取得共识。一般到豪华宾馆去洽谈,西装革履能够证明自己的身份和气度,使自己感到心理与环境的和谐,而不是自惭形秽;在普通的办公场所进行洽谈,可以穿得和平时上班一样,不用刻意打扮。

④ 语言使用。洽谈人员在洽谈过程中要注意语言的规范性和灵活性,用语要清晰易懂,口语要尽可能标准,注意使用文明礼貌用语,体现自身的职业道德和商业形象,洽谈中无论出现什么情况都不能使用粗鲁、污秽的语言或带有攻击性的语言。洽谈时应注意抑扬顿挫、轻重缓急,避免吐舌挤眼、语句不断、嗓音微弱或大吼大叫。

⑤ 提问方式。在洽谈中要礼貌地提问,问话方式要委婉,语气要亲切平和,用词要斟酌,不能把提问变成审问和责问,或变成咄咄逼人的提问,否则容易给对方居高临下的感觉,使其产生防范心理,不利于洽谈。对需要提问的问题,应事先列好提纲,越详细越好,如果不做准备,贸然提问,是不尊重对方的表现。一般提问的时机应选择在对方发言完毕之后、对方发言停顿间歇时、在自己发言前后及在议程规定的辩论时间等进行提问。当对方回答问题时,作为提问者应耐心倾听,不能因为对方的回答没有使自己满意,就随便插话或任意打断对方的话。在一般情况下,插话应借助一些特定的套话来实现,如"对不起,我能打断您一下吗?"或"请停一下"等。

有提问就有回答,洽谈过程中,作为被提问者答话时,要本着真诚合作的态度,针对提问者的真实心理,实事求是地回答对方的问题,不能闪烁其词,态度暧昧,"顾左右而言他"。如果对方对某个问题不甚了解,应以浅显易懂的语言进行解释,切不可流露出不耐烦的神情。如有些问题涉及商业秘密和技术机密,则应委婉说明,避免出现令人尴尬的局面。

3. 发布会

发布会一般指新闻发布会,又称记者招待会。政府、企业、社会团体或个人都可公开举行,邀请各新闻媒体的记者参加。举行发布会主要是为了把较为重要的成就及信息报告给所有新闻机构,所以,在发布会上发布的消息对于产品和产品形象、组织和组织形象、先进人物和重要人物的宣传有较为重要的价值。

(1) 发布会的准备。筹备发布会,要做的准备工作有很多,其中最重要的是要做好时机的选择、人员的安排、记者的邀请、会场的布置和材料的准备等。

① 时机的选择。在确定发布会的时机之前,应明确两点:一是确定新闻的价值,即对某一消息,要论证其是否具有专门召集记者前来予以报道的新闻价值,要选择恰当的新闻"由头"。二是应确认新闻发布紧迫性的最佳时机。以企业为例,新产品的开发、经营方针的改变或新举措的提出、企业首脑或高级管理人员的更换、企业的合并、逢重大纪念日、发生重大伤亡事故等事件时,都可以举行发布会。如果基于以上两点,确认要召开新闻发布会的话,要选择恰当的召开时机:要避开节日与假日,避开本地的重大活动,避开其他单位的发布会。恰当的时机选择是发布会取得成功的保障。

② 人员的安排。发布会的人员安排关键是要选好主持人和发言人。发布会的主持人应由主办单位的公关部部长、办公室主任或秘书长担任。其基本条件是仪表端正,年富力强,见多识广,反应灵活,语言流畅,幽默风趣,善于把握大局、引导提问和控制会场,具有丰富的主持会议的经验。

新闻发言人由本组织主要负责人担任,除了在社会上口碑较好、与新闻界关系较为融洽之外,对其基本要求是修养良好、学识渊博、思维敏捷、能言善辩、彬彬有礼。

发布会还要精选一批负责会议现场工作的礼仪接待人员,一般由相貌端正、工作认真负责、善于交际应酬的年轻女性担任。

值得注意的是,所有出席发布会的人员均需在会上佩戴统一制作的胸卡,胸卡上面要写清姓名、单位、部门与职务。

③ 记者的邀请。对出席发布会的记者要事先确定其范围,具体应视问题涉及范围或事件发生的地点而定,一般情况下,与会者应是与特定事件相关的新闻界人士和相关公众代表。组织为了提高单位的知名度,扩大组织的影响而宣布某一消息时,邀请的新闻单位通常多多益善;而在说明某一活动、解释某一事件,特别是本单位处于劣势而举行发布会时,邀请新闻单位的面则不宜过于宽泛。邀请时要尽可能地先邀请影响大、报道公正、口碑良好的新闻单位。如事件和消息只涉及某一城市,一般只请当地的新闻记者参加即可。另外,确定邀请的记者后,请柬应提前一星期发出,会前还应该用电话提醒。

④ 会场的布置。发布会的地点除了可考虑在本单位或事件所在地举行外,还可考虑租用大宾馆、大饭店举行,如果希望造成全国性的影响,则可在首都或某一线城市举行。发布会现场应交通便利、条件舒适、大小合适。会议地点确定后,应实地考察,在会议召开前应认真进行会场布置,小型会议的桌子最好不用长方形的,而要用圆形的,大家围成一个圆圈,显得气氛和谐,主宾平等。大型会议应设主席台席位、记者席位、来宾朋友席位等。

⑤ 材料的准备。在举行发布会之前,主办单位要事先准备好以下材料:一是发言提纲。它是发言人在发布会上进行正式发言时的发言提要,它要紧扣主题,体现全面、准确、生动、真实的原则。二是问答提纲。为了使发言人在现场正式回答提问时表现自如,可在对被提问的主要问题进行预测的基础上,形成问答提纲及相应答案,供发言人参考。三是报道提纲。事先必须精心准备一份以相关数据、图片、资料为主的报道提纲,并认真打印出来,在发布会上提供给新闻记者。在报道提纲上应列出本单位的名称、联系方式等,便于日后联系。四是形象化视听材料。这些材料供与会者利用,可增强发布会的效果,包括图表、照片、实物、模型、录音、录像、影片、幻灯片、光盘等。

(2) 发布会进行过程中的规范。

① 组织会议签到。会前应让记者和来宾在事先准备好的签到簿上签下自己的姓名、单位、联系方式等内容,随后按事先的安排把与会者引到会场就座。

② 严格遵守程序。要严格遵守会议程序,主持人要充分发挥主持者和组织者的作用,宣布会议的主要内容、提问范围及会议进行的时间,一般不要超过两小时。主持人、发言人讲话时间不宜过长,过长了则影响记者提问,对记者所提的问题应逐一予以回答,不可与记者发生冲突。会议主持人要始终把握会议主题,维护好会场秩序,主持人和发言人

会前不要单独会见记者或提供任何信息。

③ 注意相互配合。在发布会上,主持人和发言人要相互配合。为此首先要明确分工,各司其职,不允许越俎代庖。在发布会进行期间,主持人和发言人通常要保持一致的口径,不允许公开相互拆台。当主持人邀请某位记者提问之后,发言人一般要给予对方适当的回答,不然,对那位新闻记者和主持人都是不礼貌的。当新闻记者提出的某些问题过于尖锐难以回答时,主持人要想方设法转移话题,不使发言者难堪。

④ 态度真诚主动。发布会自始至终都要注意对待记者的态度,因为接待记者的质量如何直接关系到新闻媒介发布消息的成败。作为个人,记者希望接待人员对其尊重热情,并了解其所在的新闻媒体及其作品等;作为专业人,希望提供工作之便,如一条有发表价值的消息,一个有利于拍到照片的角度等,记者的合理要求要尽量满足。对待记者千万不能趾高气扬、态度傲慢,一定要温文尔雅、彬彬有礼。

(3) 发布会的善后事宜。发布会举行完毕后,主办单位应在一定的时间内,对其进行一次认真的评估善后工作,主要包括以下内容。

① 整理会议资料。整理会议资料有助于全面评估发布会的会议效果,为今后举行类似会议提供借鉴。发布会后要尽快整理出会议记录材料,对发布会的组织、布置、主持和回答问题等方面的工作进行回顾和总结,从中吸取经验,找出不足。

② 收集各方反映。首先,要收集与会者对会议的总体反映,检查在接待、安排、服务等方面的工作是否有欠妥之处,以便今后改进。其次,要收集新闻界的反映,了解一下与会的新闻界人士有多少人为此次新闻发布会发表了稿件,并对其进行归类分析,找出舆论倾向,同时,对各种报道进行检查。最后,若发现不正确或歪曲事实的报道,应立即采取行动,说明真相;如果是由于自己失误所造成的问题,应通过新闻机构表示谦虚接受并致歉意,以挽回声誉。

4. 展览会

组织通过举办展览会,运用真实可见的产品和热情周到的服务,全面透彻的资料、图片介绍和技术人员的现场操作,吸引大量的参观者,使其留下深刻的印象。它是组织重要的交际活动之一。

(1) 展览会的特点。

① 形象的传播方式。展览会是一种非常直观、形象、生动的传播方式。展览会通常以展出的事物为主,并进行现场示范表演,如在产品展览会上,由专人讲解和示范产品的使用方法。这种直观、形象的活动,容易给参观者留下深刻的印象。

② 极好的沟通机会。展览活动给组织提供了与公众直接沟通的极好机会,通常展览会上都有专人解答参观者的问题,并就他们感兴趣的问题进行深入讨论。这样参展单位在让公众了解本组织的同时,还能及时了解公众对本组织传播内容的反映,参展单位可以根据公众反馈的信息进一步做好工作。

③ 多种传媒的运用。展览会是一种复合的传播方式,是同时使用多种媒介进行交叉混合传播的过程,它集多种传播媒介于一体,有声音媒介,如讲解、交谈和现场广播,也有文字媒介,如印刷的宣传手册、资料,还有图像媒介,如各种照片、录像、幻灯片等。这种复合性的沟通效果是其他传播媒介无法比拟的。

（2）展览会的组织。举办展览会要精心组织，做好以下细致全面的工作。

① 明确展览会的主题。每一次、每一种类型的展览会都应有明确的主题和目的。只有主题明确，才能提纲挈领，对所有展品进行有机的排列组合，充分展示展品的风采。若主题不明，眉毛胡子一把抓，便很难把展品和各类资料有机结合起来，势必影响展览效果。

② 搞好展览整体设计。任何一项展览都是一项系统工程，要求必须有一个详细的整体设计。包括展览场地、标语口号、展览徽志、参展单位及项目、辅助设备、相关服务部门的设置和人员安排、信息的发布与新闻界的联络、对工作人员的培训等，都需要全面设计，周密安排。在任何一个环节上安排不当都会影响整个展览的效果。

③ 成立对外新闻发布机构。成立对外新闻发布的专门机构，负责与新闻界进行密切的联系，展览过程中往往会发生许多有新闻价值的东西，这就需要有关人员以敏锐的观察力去挖掘、去分析并写成各种新闻稿件发表，以扩大影响，同时，要组成专门的机构，专门负责新闻发布的计划，如确定发布内容、发布时机、发布形式等。

④ 进行展览的效果测定。展览的效果一般体现在观众对展品的反映，对组织形象的认识，以及对整个展览会从内容到形式的总体看法等方面。为了检验展览会的效果，检验举办各类展览活动的目的是否达到，必须对展览效果进行检测。测定的方法有很多，如设立观众留言簿、召开座谈会听取反映、检验公众对展品的留意程度等。

（3）展览会的规范。展览会的工作人员应当具备良好的素质，明确办展览的目的和主题，了解展览的知识和技能，具备与展览产品有关的专业素质，还应遵守各类规范，从各自不同的角度影响公众，使公众满意。

① 对主持人的要求。主持人是一个展览会的操纵者，应该表现出决定性人物的权威性。在着装上，要穿西服套装、系领带、拿一个真皮公文包，以显示专业与气派，由此使公众对其主持的展览会和产品产生信赖感。主持人的形象就是组织实力的一种体现。与宾客握手时，主持人应先伸出手，等宾客先放手后再放手。

② 对讲解员的要求。讲解员应热情礼貌地称呼公众，讲解流畅，不用冷僻字，让公众听得懂。介绍的内容要实事求是，不弄虚作假，不愚弄听众。语调清晰流畅、声音洪亮悦耳、语速适中。解说完毕，应对听众表示谢意。讲解员着装要整洁大方，打扮自然得体，不因怪异和过于新奇而喧宾夺主。举止庄重，动作大方。

③ 对接待员的要求。接待员站着迎接参观者时，双脚略开，与肩同宽，双手自然下垂或在身后交叉，这种站姿不仅大方而且有力。站立时切勿双脚不停地移动，表现出内心的不安稳、不耐烦，也不要一只脚交叉于另一只脚前，因为这是不友善的表示。接待人员不可随心所欲地趴在展台上或跷着二郎腿、嚼着口香糖，充当"守摊者"，而应随时与参观者保持目光交流，目光要坚定，不可游移不定，也不可眼看别处，以表示坦然和自信。

3.3 仪式活动

仪式是指在人际交往中，特别是在一些比较重大、庄严、隆重、热烈的正式场合里，为了激发起出席者的某种情感，或者为了引起其重视，而参照合乎规范与管理的程序，按部就班地举行某种活动的具体形式。在现实生活里，人们可能接触到的仪式有很多，诸如签字仪式、剪彩仪式、交接仪式、庆典仪式等。

从根本上讲,仪式是现代社会发展的产物。因为利益与仪式作为人们生活中的行为模式和行为规范,是属于社会的上层建筑,是由社会经济基础决定的,并随着经济基础的变化而变化,随着社会实践的发展而不断地丰富发展,而社会生产力水平决定了一个社会的经济基础,所以礼仪及仪式的产生和发展最终是由社会生产力水平所制约和决定的,随着现代社会生产力水平的提高而提高,人们物质文化水平的提高,社会所固有的仪式也在不断地发展和臻于完善。

当今社会,仪式对组织有着重要的作用,它有利于提高组织的知名度和美誉度,塑造组织形象;有利于鼓舞员工的士气,激发员工对本组织的热爱,培育组织员工的价值观念,增强组织的凝聚力;有利于传递组织的信息,使组织赢得更多的成功机会和合作伙伴;有利于沟通情感,传达意愿,增进友情。讲究仪式礼仪是现代交际的一项重要内容,也是组织成功的关键。

1. 签字仪式

签字仪式是组织与对方经过会谈、协商,形成了某项协议或协定,再互换正式文本的仪式。它是一种比较隆重的活动,礼仪规范也比较严格。

(1) 签字仪式的准备。签字仪式是组织具有"里程碑"意义的大事,组织应予以充分准备,做到万无一失。

① 准备待签文本。洽谈或谈判结束后,双方应指定专人按谈判达成的协议做好待签文本的定稿、翻译、校对、印刷、装订、盖印等工作。文本一旦签字就具有法律效力,因此,对待文本的准备应当郑重、严肃。

在准备文本的过程中,除了要核对谈判协议条件与文本的一致性以外,还要核对各种批件,主要是项目批件、许可证、设备分交文件、用外汇证明、订货卡等是否完备,合同内容与批件内容是否相符等。审核文本必须对照原稿件,做到一字不漏,对审核中发现的问题要及时互相通报,通过再谈判达成一致的意见,并相应调整签约时间。如果在协议或合同上签字的有几个单位,就要为签字仪式提供几份样本。如有必要,还应为各方提供一份副本。与外商签订有关的协议、合同时,按照国际惯例,待签文本应同时使用宾主双方的母语。

待签文本通常应装订成册,并以仿皮或其他高档质料作为封面,以示郑重。其规格一般为大八开,所用的纸张务必高档,印刷务必精美。作为东道主的一方应为文本的准备提供热情、周到的服务。

② 布置签字场地。签字场地有常设专用的,也有临时以会议厅、会客室来代替的。布置总的原则是要庄重、整洁、清净。

一间标准的签字厅,应当室内铺满地毯,除了必要的签字用桌椅外,其他一切的陈设都不需要,正规的签字应为长桌,其上面最好铺设深绿色的台呢。

按照仪式礼仪的规范,签字桌应当横放。在其后,可摆放适量的座椅。签署双边性合同时,可放置两张座椅,供签字人就座。签署多边性合同时,可以仅放一张座椅,供各方签字人签字时轮流就座;也可为每位签字人各自提供一张座椅。

在签字桌上,应事先安放好待签文本,以及签字笔、吸墨器等签字时所用的文具。

与外商签署涉外商务合同时,须在签字桌上插放有关各方的国旗。插放国旗时,在其位置与顺序上,必须依照礼宾序列而行。例如,签署双边性文本时,有关各方的国旗须插放在该方签字人座椅的正前方。如签署多边性合同、协议等时,各方的国旗应依一定的礼宾顺序插在各方签字人的身后。

③ 安排签字人员。在举行签字仪式之前,有关各方应预先确定好参加签字仪式的人员,并向有关方面通报。客方尤其要将自己一方出席签字仪式的人数提前给主方,以便主方安排。签字人要视文件的性质来确定,可由最高负责人签,但双方签字人的身份应该对等。参加签字的有关各方事先还要安排一名熟悉签字仪式详细程序的助签人,并商定好签字的有关细节。其他出席签字仪式的陪同人员,基本上是双方参加谈判的全体人员,按一般礼貌做法,人数最好大体相等。为了表示重视,双方也可对等邀请更高一层的领导人出席签字仪式。

由于签字仪式的礼仪性极强,签字人员的穿着也有具体要求。按照规定,签字人、助签人及随员,在出席签字仪式时,应当穿着具有礼服性质的深色西装套装或西装套裙,并且配以白色衬衫与深色皮鞋。

签字仪式上的礼仪、接待人员,可以穿自己的工作制服,或是旗袍一类的礼仪性服装。

签字人员应注意仪态、举止,要落落大方,得体自然,既不要严肃有余,也不要过分喜形于色。

(2) 签字仪式的程序。虽然签字仪式的时间不长,但它是合同、协议签署的高潮,其程序规范、庄重而热烈。主要有以下几项。

① 签字仪式开始。有关各方人员进入签字厅,在既定的位次上坐好。签字者按照主居左、客居右的位置入座,对方其他陪同人员分主客两方各自职位、身份高低为序,自左向右(客方)或自右向左(主方)排列站于各签字人之后,或坐在己方签字者的对面。双方助签人分别站在己方签字者的外侧,协助翻揭文本,指明签字处,并为已签署的文件吸墨。

② 签字人签署文本。签字人签署文本通常的做法是先签署己方保存的合同文本,再接着签署他方保存的合同文本,这一做法在礼仪上称为"轮换制"。它的含义是在位次排列上,轮流使有关各方有机会居于首位一次,以显示机会均等,各方平等。

③ 交换合同文本。双方签字人正式交换有关各方正式签署的文本,交换后,各方签字人应热烈握手,互致祝贺,并相互交换各自方才使用过的签字笔,以示纪念。这时全场人员应该鼓掌,表示祝贺。

④ 共同举杯庆贺。交换已签订的合同文本后,礼仪小姐应用托盘端上香槟酒,有关人员,尤其是签字人当场喝一杯香槟酒,这是国际上通用的旨在增添喜庆色彩的做法。

⑤ 有秩序地退场。文件签署完成后,请双方最高领导者及客方先退场,然后东道主再退场。整个签字仪式以半小时为宜。

2. 开业仪式

开业仪式是指在单位创建、开业,项目完工、落成,某一建筑物正式启用,或是某工程正式开始之际,为了表示庆贺和纪念,而按照一定的程序隆重举行的专门仪式。筹备和举行开业仪式始终应按着"热烈、隆重、节约、缜密"的原则进行。

(1) 开业庆典的准备。

① 做好舆论宣传。举办开业仪式的主要目的是提高组织的知名度和美誉度,塑造良好的组织形象,吸引社会各界对组织的重视与关心,因此必须运用传播媒介,广泛刊登广告,以引起公众的注意。这种广告的内容一般应包括:开业仪式举行的日期、地点、企业的经营特色,开业时对顾客的优惠等。同时别忘了邀请新闻界的记者光临开业仪式,对组织的开业仪式进行采访、报道,进一步扩大组织的影响。

② 拟定宾客名单。开业仪式成功与否,在很大程度上与参加典礼的主要宾客的身份、人数有直接关系。因此,在开业典礼前应邀请上级领导、知名人士、有关职能部门、社区负责人、社团代表及新闻媒介等方面的人士参加。对邀请出席的来宾,应将请柬送达,以示对客人的敬重。请柬要精美、大方,一般用红色、白色、蓝色,填写好的请柬,应放入信封内,提前一周左右邮寄或派人送到有关单位和个人。

③ 布置现场环境。举行仪式的现场可以是正门之外的广场,也可以是正门之内的大厅。在现场应悬挂开业仪式的会标,以及庆祝或欢迎词语等。由于开业仪式一般是站立举行的,所以要在来宾站立处铺设红色地毯,以示尊敬和庄重。会场两边可放置来宾赠送的花篮,四周悬挂彩带和宫灯。还要准备好音响和照明设备,使整个场地显得隆重、热烈。对于音响和照明设备,以及开业仪式举行之时所需使用的用具、设备,必须事先认真进行检查、调试,以防其在使用时出现差错。

④ 安排接待服务。对来宾的接待服务工作一定要指派专人负责,重要来宾的接待应由组织负责人亲自完成。要安排专门的接待室,接待室要求茶杯洁净,茶几上放置烟灰缸,如不允许吸烟,应用礼貌标语标牌放置在接待室中,提示来宾;要准备好来宾的签到处,准备贵宾留言簿,最好是红色或金色锦缎面高级留言簿,同时准备好毛笔、砚、墨等留言用的文具。为了便于来宾了解组织的情况,可以印刷一些材料,如庆典活动的内容和意义,来宾名单和致辞,组织经营项目和政策等。

⑤ 拟定仪式程序。为了使开业仪式顺利进行,在筹备之时必须草拟具体程序,并选定好称职的主持人。开业仪式的程序包括确定主持人,介绍重要来宾,组织负责人或重要来宾致辞,剪彩或参观、座谈、联欢等。

⑥ 准备馈赠礼品。开业仪式上向来宾赠送的礼品是一种宣传性传播媒介,只要准备得当,往往能产生很好的效果。礼品要具有一定的纪念意义,让人珍惜,同时也要突出其宣传性,可以在礼品的包装上印上组织标志、庆典开业日期、产品图案、企业口号和服务承诺等。

(2) 开幕仪式礼仪。开幕仪式是开业仪式常见的形式之一,通常它是指公司、企业、宾馆、商店、银行等正式启用前,或各类商品的展示会、博览会、订货会正式开始之前,正式举行的相关仪式。每当开幕仪式举行之后,公司、企业、宾馆、商店、银行等将正式营业,有关商品的展示会、博览会、订货会将正式接待顾客与观众。一般举行开幕式要在比较宽敞的活动空间中进行,如门前广场、展厅门前、室内大厅等处,都是较为合适的地点。

开幕式的主要程序为:①宣布仪式开始,全体肃立,介绍来宾;②邀请专人揭幕或剪彩。揭幕时揭幕人行至彩幕前恭敬地站立,礼仪小姐双手将开启彩幕的彩索递交对方。揭幕人随之目视彩幕,双手拉起彩索,展开彩幕。全场目视彩幕,鼓掌并奏乐;③在主人的亲自引导下,全体到场者依次进入幕门;④主人致辞答谢;⑤来宾代表发言祝贺;⑥主人陪同来宾参观,开始正式接待顾客或观众,对外营业或对外展览宣告开始。

(3)奠基仪式礼仪。奠基仪式是指一些重要的建筑物,如大厦、场馆、亭台、纪念碑等,在动工修建前,正式举行的庆贺性活动。其举行地点应选择在动工修建建筑物的施工现场,一般在建筑物的正门右侧,在奠基仪式的举行现场设有彩棚,安放该建筑物的模型、设计图、效果图,并使各种建筑机械就位待命。

用来奠基的奠基石应是一块完整无损、外观精美的长方形石料。在奠基石上,文字应当竖写,在其右上侧,写上建筑物的名称,正中央应有"奠基"两个大字,左下侧刻有奠基单位的全称及举行奠基仪式的具体年、月、日。奠基石上的字体大多是用楷体字刻写,并且最好用白底金字或黑字。在奠基石的下方或一侧还应安放一只密闭完好的铁盒,内装与该建筑物相关的各有关资料及奠基人的姓名。届时,它将同奠基石一道被奠基人等培土掩埋于地下,以示纪念。

奠基仪式的程序为:①仪式正式开始,介绍来宾,全体起立;②奏国歌;③主人对建筑物的功能、规划设计等进行介绍;④来宾致辞道贺;⑤正式进行奠基,奠基人双手持握系有红绸的新锹为奠基石培土,再由主人与其他嘉宾依次为之培土,直至将其埋没为止。奠基时应演奏喜庆乐曲或敲锣打鼓,营造良好的气氛。

(4)落成仪式礼仪。落成仪式礼仪也称竣工仪式,它是指本单位所属的某一建筑物或某项设施建设、安装工作完成之后,或是某一纪念性、标志性建筑物,诸如纪念碑、纪念塔、纪念堂等建成之后,以及某种意义特别大的产品生产成功之后,专门举行的庆贺性活动。落成仪式一般应在现场举行,如新落成的建筑物之外、纪念碑、纪念塔的旁边等。参加落成仪式要注意情绪,在庆贺工厂大厦落成、重要产品生产等应表现出欢乐和喜悦,在庆祝纪念碑、纪念塔落成时应表现出庄严而肃穆。

落成仪式的程序是:①宣布仪式开始,全体起立,介绍各位来宾;②奏国歌,并演奏本单位标志性乐曲;③本单位负责人发言,以介绍、回顾、感谢为主要内容;④进行揭幕或剪彩;⑤全体人员向刚刚落成的建筑物行注目礼;⑥来宾致辞;⑦全体人员进行参观。

3. 剪彩仪式

剪彩仪式是有关的组织为了庆贺其成立开业,大型建筑物落成,新造的车、船和飞机出厂,道路桥梁落成首次通车,大型展销会、展览会的开幕而举行的庆祝活动。

剪彩作为一种庆典仪式,可以在开业典礼中举行,也可以举行专门的剪彩仪式,以期引起社会各界的重视。

(1)剪彩仪式的由来。剪彩仪式起源于生意的开张。据说美国人做生意时有一种习俗,即一清早必须把店门打开,为了使人们知道这是一个新开张的店铺,还要特地在门前横系上一条布带。因为这样做既可以防止店铺未开张前闯入闲人,又可以起引人注目、标新立异的作用。等店铺正式开张时,店主才会将布带取走。

1912年,美国的圣安东尼州的华狄密镇上有一家大百货公司将要开张,老板威尔斯严格地按照当地的风俗办事,在早早开着的店门前横系着一条布带,万事俱备,只等开张。这时,老板威尔斯10岁的女儿牵着一只哈巴狗从店里匆匆跑出来,无意中碰断了这条布带。这时在门外等候的顾客及行人以为百货公司正式开张营业了,蜂拥而入,争先恐后地购买货物,真是生意兴隆。不久,当威尔斯的一个分公司又要开张时,想起第一次开张时的盛况,又如法炮制。这次是他故意让女儿把布带碰断,果然财运又不错。于是,人们认为让女孩碰断布带的做法是一个极好的兆头,因而争相效仿,广为推行。此后,凡是新开张的商店都要邀请年轻的姑娘来撕断布带。

后来,人们又用彩带取代色彩单调的布带,并用剪刀剪代替用手撕,有的讲究用金剪子。这样一来,人们就给这种正式做法取了个名字——"剪彩"。剪彩的人也逐步由一些德高望重的社会名流甚至是国家元首担任。

(2) 剪彩仪式的礼仪规则。

① 邀请参加者。参加剪彩仪式的人员主要分为:主办单位负责人和组织仪式的人员,上级领导、主管单位负责人、知名人士、记者等来宾;主办单位企业的员工;有关管理人员和技术人员。通过参加仪式,参加者身临其境,感受项目或展览的重要,从而形成深刻难忘的印象。对仪式的参加者应做好接待工作,当宾客到达时,接待人员要请宾客签到,然后引领他们到指定的位置上。

② 准备工作。剪彩仪式的主席台要事先布置好,主席台要铺好台布,摆放茶水和就职人员的名牌。为了增添热烈而隆重的喜庆气氛,可以邀请礼仪小姐参加仪式。礼仪小姐可从本组织中挑选,也可到礼仪公司中聘请。对礼仪小姐要求仪容、仪表、仪态文雅、大方、端庄。着装宜选择西式套装或红色旗袍,穿高跟鞋,配长筒丝袜,化淡妆,并以盘起发髻的发型为佳。人员确定后,要进行必要的分工和演练。剪彩仪式的用品如剪刀、白纱手套、托盘等应按剪彩者人数配齐,系有花结的大红缎带长约 2 米,馈赠的纪念性小礼品也应准备好。

③ 剪彩者形象。剪彩者是剪彩仪式的主角,其仪表举止直接关系到剪彩仪式的效果和组织形象。因此作为剪彩者,要有荣誉感和责任感,衣着大方、整洁、挺括,容貌要适当修饰,剪彩过程中要保持稳重的姿态、洒脱的风度和优雅的举止。

④ 仪式开始。仪式主持人在宣布仪式开始时,声音要高亢洪亮,应向到会者介绍参加剪彩仪式的领导人、负责人与知名人士,并对他们表示谢意,同时,也对在场的其他与会者表示感谢。感谢还要用掌声表示,主持人把两手高举起一些,以作为引导在场各位鼓掌的暗示。仪式上可以安排简短发言,言简意赅,充满热情,2~3 分钟即可,发言者一般为东道主的代表,或向东道主表示祝贺的上级主管部门、地方政府及其他协作单位的代表。

⑤ 进行剪彩。主持人宣布正式剪彩之后,剪彩者应在礼仪小姐的引导下,步履稳健地走向剪彩位置,如有多位剪彩者,应让中间主剪者走在前面,其他剪彩者紧随其后走向自己的剪彩位置。主席台上的人员一般要尾随至剪彩者之后 1~2 米处站立。当礼仪小姐用托盘呈上白纱手套、新剪刀时,剪彩者可用微笑表示谢意并随即接过手套和剪刀。剪彩前要向手拉缎带的礼仪小姐点头示意,然后全神贯注、表情庄重地将缎带剪断。如果几位剪彩者共同剪彩,要注意协调行动,处在外端的剪彩者应用眼睛余光注视处于中间位置的剪彩者的动作,力争同时剪断彩带。还应与礼仪小姐配合,让彩球落入托盘中,剪彩者在放下剪刀后,应转身向周围的人鼓掌致意,并与主人进行礼节性的谈话,然后在礼仪小姐引导下退场。

⑥ 参观庆贺。剪彩后,一般要组织来宾参观工程、展览等,有时候还要宴请宾客,共

同举杯庆祝。

3.4 参观游览

参观游览是常见的交际方式之一,它可以增进我们与交际对象之间的相互了解,从而产生好感,深化情谊。任何组织或个人都要努力做好参观游览,给交际对象留下深刻而美好的印象,促进和谐人际关系的建立。

1. 内部参观

参观是指邀请外部公众或内部公众参观本组织的工作现场、设施等,是颇为流行的一种公关活动。当年"揭丑运动"时杜邦集团就是通过组织记者参观来扭转形象的。

(1) 参观的目的和效果。组织公众前来参观具有以下目的和效果。

① 扩大组织知名度。通过组织参观,增加组织的透明度,让公众了解组织的宗旨、功能、优点、特色,显示组织的存在是有利于社会、有利于公众的。

② 促进业务拓展。通过组织公众参观组织的厂区、生产流程、产品,让公众产生信任感,便于推销产品、谋求投资或相互协作、拓展业务。这类参观要着重表明组织设备精良、技术先进、管理严格、产品质量优良。如建筑单位为了承接业务,可邀请招标单位参观本组织的设备和已建成的建筑物。

③ 和谐社区关系。组织社区公众参观本组织完善的设施、优良的工作环境、可靠的安全系统,表明组织对社区公众不产生危害,以求得社区公众的理解与支持。

④ 增强员工或家属的自豪感。规模很大、地位重要的组织可组织某一所属部门的员工或家属参观组织的全局性设施、先进的设备,使他们感到组织规模的宏大、地位的重要,从而产生自豪感,激发工作热情,或使家属全力支持员工的工作。

值得注意的是,参观的目的要突出,不能要求一次参观达到多种目的。贪多求快反而会让公众难以捉摸,影响参观的效果。

(2) 参观活动的组织。

① 准备宣传小册子。这类小册子一般以简明扼要、深入浅出的语言介绍参观内容,要注意配有一定的图表或数据,少涉及深奥的专业术语,要广泛发放给公众,使公众快速阅读后对参观内容有大致的了解,参观时还可边看实物边对照,集中精力观看,免去记录的麻烦,并可供公众日后查考。

② 放映视听材料。有些组织结构复杂、技术尖端,为了帮助公众理解,观摩实物前可放映有关的录像片、幻灯片或电视片,作简洁的介绍。

③ 观看模型。有的组织规模庞大、设施分布很广,公众不可能每处都去、每处都看,或者有些设施不便于公众进入,可以事先制作模型,让公众观看。公众观看后,只需选择几处认为重要的地方实地观看。

④ 可引导观看实物。由专人引导公众沿着一定路线参观,逐一观摩实物。在重要的实物前,引导者要作讲解,或配备专门的讲解员讲解,讲解时要抓住公众关心的或不易理解的重点,避免长篇大论、滔滔不绝,给人以吹嘘之感,使参观者产生逆反心理。参观主要应以物来传递信息,以让公众目击为主、讲解为辅,不能本末倒置。

⑤ 中途休息。参观的时间不宜太长,以一天完成为好。在参观途中,最好设有休息室,备好茶水,供参观者小憩。

⑥ 分发纪念品。参观过程中可向公众分发一些小型纪念品,最好是本组织制造的或刻印有本组织名称的纪念物,让公众一见到它就想起本组织,引起美好的回忆。

⑦ 征求意见。参观结束,宜在出口处设置公众留言簿或意见簿,有条件的话,最好请参观者座谈观感、提出意见,便于组织改进工作。

参观除了平时可进行外,还可以结合一些特殊的时机进行,如在开幕式、周年庆典之后组织来宾参观。

2. 陪同外出参观游览

陪同参观游览不要怕麻烦,具体应该注意以下几点。

(1) 时间安排适中。不要将时间安排得太紧,尤其是游玩时,应预留一点自由活动时间。有的单位组织外出活动时安排2小时爬泰山,或者20分钟游西湖,天下奇景还未来得及看就返回宾馆了,这种做法根本没有替客人着想。

(2) 让客人知晓计划。如果是派公关人员陪同客人参观游览,应先将情况介绍清楚,如要参观几个项目景点,各用多少时间,去重点项目用多少时间,建议去哪些地方,共有多少时间供参观,便于共同订出计划。有的单位陪同外出参观游览,集合地点说不清,有时竟使队伍走散,大家等一个人或几个人。因此,注意事项应一次说清,临时不要改时间,如果商量后一定要改,则一定要反复强调,否则有人可能记住第一次宣布时间以后就不再注意了。是否原路返回也应讲清,因为有的旅游点是另有出口的。游览场所较大的,应发交通图(可放在资料袋中)。

(3) 向客人介绍情况。公关人员要把陪同参观当作打活广告、自我推销、联络感情、塑造形象的好机会。公关人员在介绍或说明时,要观察客人的表情,揣摩他们的心态,尽量把话说得准确无误、通俗生动,使参观者看得清、听得明、信得过。请看上海一机床厂公关人员的介绍:"各位请随我来,我们先从这边看起。这是数控机床,是我厂自行设计和制造的,性能好、功效高,加工效率是同类普通机床的2倍,产品优质率几乎是百分之百,目前处于世界先进水平,价格只是国外产品的30%。大家不仅可以仔细看,还可以开起来试一试。"这段介绍做到了既引导又讲解,边看边讲,语气肯定,充满自信。外行听得懂,内行也欢迎。

千万不要因为陪同者对参观内容毫无新鲜感便无精打采,表现出不屑一顾的神情,或只顾自己低着头在前面走,不管客人是否对参观的事物感兴趣。有的陪同还催促对方,说没什么好看的;或站在一旁表现出不耐烦的样子,不为客人介绍,却同当地或现场其他熟人聊天,这都是非常不礼貌的表现。

(4) 帮助客人留影。如果客人携带照相机,应介绍组织或现场中的最佳摄影点,讲明哪些部门不允许照相,请对方谅解并表示歉意。如客人需要留影或照集体合影,应主动配合。因此,陪同人员、办公室或公关人员应学会照相,照相之前问清相机使用注意事项,要突出的主题是什么,特别是留影时的背景、景点、企业牌匾、会议横幅上重点的字与内容应尽可能完整保留。照之前还要问一下机内胶卷是否已经装好,以免浪费时间与感情。尤其应避免因操作不当将相机弄坏,若出现这种情况,赔偿相机事小,因此影响对方后半程的参观游览情绪就不好了。

案例分析

1. 会场的"明星"

小刘的公司应邀参加一个研讨会,该研讨会邀请了很多商界知名人士及新闻界人士参加。老总特别安排小刘和他一道去参加,想让小刘见识一下大场面。

开会这天小刘早上睡过了头,等他赶到,会议已经进行了 20 分钟。他急急忙忙推开了会议室的门,"吱"的一声脆响,他一下子成了会场上的焦点。刚坐下不到 5 分钟,肃静的会场上响起了摇篮曲,是谁放的音乐?原来是小刘的手机响了!这下子小刘可成了全会场的"明星"……

听说,小刘没多久就离开了该公司。

(资料来源:佚名.社交礼仪[EN/OL].[2017-06-18]. http://www.doc88.com/p-8925671147664.html.)

思考与讨论:

(1) 小刘失礼的地方表现在哪里?

(2) 参加各种会议应该注意哪些礼仪?

2. "请张市长下台剪彩!"

某公司举行新项目开工剪彩仪式,请来了张市长和当地各界名流嘉宾参加,请他们坐在主席台上。仪式开始时,主持人宣布:"请张市长下台剪彩!"却见张市长端坐没动;主持人很奇怪,重复了一遍:"请张市长下台剪彩!"张市长还是端坐没动,脸上还露出一丝恼怒。主持人又宣布了一遍:"请张市长剪彩!"张市长才很不情愿地勉强起来去剪彩。

(资料来源:佚名.仪式礼仪[EB/OL].[2019-04-30]. https://www.taodocs.com/p-238750203.html.)

思考与讨论:

(1) 请指出本案例中的失礼之处。

(2) 本案例对你有哪些启示?

实践训练

1. 模拟新闻发布会

实训目标:掌握新闻发布会的组织,锻炼提问能力和回答问题能力。

实训学时:1 学时。

实训地点:实训室。

实训准备:采访用话筒、桌牌、发言提纲、录像机等。

实训方法:某班刚刚组建班委会,准备一次"新闻发布会"活动,会上班委会将要发布"施政纲领",还将接受班级同学的提问,请进行现场演练。要求:

(1) 进行会场布置。

（2）挑选主持人、发言人，其余同学扮演各"媒体"记者。

（3）每位发言人都以相应的身份和角色发言，每位记者都应提问。

（4）新闻媒体的名称由学生自拟，采访用的话筒、身份牌由学生自行准备。

（5）发言材料及提问自行设计。

（6）将新闻发布会录像，待实训结束后，在班里播放，进行评价。

2．举行舞会

实训目标：掌握舞会举办的礼仪，在舞会上表现得体，符合礼仪要求。

实训学时：1学时。

实训地点：活动中心。

实训准备：准备一篇致辞、一份舞曲目录单、一套音响等。

实训方法：模拟练习参加舞会的礼仪。要求：

（1）举办舞会前，培训练习国标舞慢三、慢四、快三、快四、探戈和伦巴的舞步。

（2）推选一位女主持人。

（3）每个人为参加舞会做好精心准备。

3．举办企业标识展览会

实训目标：通过模拟训练让学生掌握展览会的组织和相关礼仪。

实训学时：1学时。

实训地点：实训室。

实训准备：企业标识、展板、实物、文字说明等。

实训方法：5～6人为一组，分组进行准备。经过一周的准备后，进行展示，每组绘制一块展板，安排一名学生进行讲解。要求：

（1）尽可能收集一些企业的标识。

（2）设计布置展台。

（3）设置签到席。

4．模拟开业庆典

实训目标：掌握开业庆典的组织和相关礼仪规范。

实训学时：1学时。

实训地点：实训室。

实训准备：布置会场、挂横幅、准备致辞等。

实训方法：模拟某企业开业庆典仪式，使仪式落实在某个商业组织上。要求：

（1）编制一份庆典仪式程序，仪式按照程序进行。

（2）重要领导和来宾名单的单位、职务可由学生自己拟定，分别扮演相关角色。

（3）编制一份庆典仪式程序。

（4）庆典结束后，学生评析，教师总结。

（5）实训可分组进行，让学生轮流模拟演示各个角色。

5．模拟签字仪式

实训目标：掌握签字仪式的程序及相关礼仪。

实训学时：1学时。

实训地点：实训室。

实训准备：准备有关签字仪式的道具,有文本、文件夹、旗帜、签字笔、签字单、吸水纸、酒杯、香槟酒、横幅、照相机、摄像机、会议桌子等。

实训背景：中国清泉饮品公司将迎来一批来自美国的摩尔集团商务考察团,清泉饮品公司准备向摩尔集团订购2条先进的罐装流水线设备。在这次考察活动中将要进行谈判,签订合同,举行签字仪式。

实训方法：草拟一份签字仪式的准备方案,布置签字厅并模拟演示签字仪式。要求：

(1) 实训分组进行,学生分别扮演相关角色。

(2) 参加实训的双方需简单演示见面礼仪,在着装上适当修饰。

自主学习

(1) 五湖四海商贸公司准备召开客户咨询联谊会。如果让你组织,你准备怎样开好这次联谊会？

(2) 某职业技术学院为推荐毕业生就业,专门邀请了10家企业的领导来进行会谈。请模拟演示这次会谈程序,最后安排企业领导与师生合影。

(3) 五湖四海公司为了答谢新老顾客对公司的厚爱,决定在公司会议室举办一次座谈会。如果让你来组织,你将怎样做？

(4) 五湖四海饮品有限公司一直热心社会公益事业。最近,公司董事会决定对洪水灾区恢复重建进行赞助,请策划这次赞助活动并说明社会赞助的程序和注意事项。

(5) 你所在的单位要进行十周年庆典活动,如果负责人把庆典活动的组织工作交给你,你该如何来做呢？

(6) 寻找机会参加一次企业的庆典活动,并谈谈你的切身感受。

(7) 中国五湖四海饮料公司将迎来一批来自美国的华尔集团商务考察团,五湖四海饮料公司准备向华尔集团订购2条先进的罐装流水线设备。在这次考察活动中将要进行谈判,签订合同,举行签字仪式。请模拟这次签字仪式。

(8) 在全班模拟组织一次新闻发布会,以最近学校或系发生的较大新闻事件为主题,同学们分别扮演发言人、记者、会议服务行业从业人员。

(9) 如果你是一位舞会的参加者,你觉得应该遵循哪些礼仪规范？根据你所在地区的习惯,逐条列出。

项目二　人际沟通

课程思政要求：
- 进行社会主义核心价值观教育；
- 进行爱国主义教育；
- 开展诚信教育、法律意识教育和道德意识教育；
- 塑造职业形象，提高职业素养；
- 促进学生全面发展。

沟通是把一个组织中的成员联系在一起，以实现共同目标的手段。

——[美]巴纳德

与你的合作伙伴尽可能多地进行沟通，他们对你了解得越多，就会越重视你。一旦赢得他们的重视，那么与他们之间的合作就不会有什么障碍了。

——[美]萨姆·沃尔顿

聪明的人，借助经验说话；而更聪明的人，根据经验不说话。

——古希腊民谚

任务 4
语言沟通

任务目标

- 明确有声语言的特性和要求；
- 能够运用语言沟通的基本原则开展人际沟通；
- 熟练掌握并运用语言沟通的技巧；
- 能够以良好的声音质量进行人际沟通。

案例导入

"我请诸君笑一笑"

1956年，当时的印度尼西亚总统苏加诺到清华大学的操场演讲，台下听众除清华的学生以外还有北大的学生，陪同的是戴着墨镜和白手套的外交部部长陈毅。苏加诺是世界名人，步入清华时，学生队伍的秩序一度有些激动性的骚乱，在台上的陈毅显然不悦，气氛有点儿紧张。有经验的苏加诺总统当然看出来了。他在演讲一开头就说了两句题外的话："我请诸君向前移动几步，我愿更靠近你们。"话一说完，学生队伍活跃了，很快往前移动了几步。接着苏加诺又说："我请诸君笑一笑，因为我们面临着一个光辉的未来。"青年们轻松地笑了起来，气氛变得十分和谐，在此之后苏加诺的演讲不断被热烈的掌声打断。

（资料来源：孙绍振. 孙绍振幽默文集[EB/OL]. [2019-02-23]. https://max.book118.com/html/2019/0223/8042104122002007.shtm.）

4.1 有声语言的特性与要求

1. 有声语言的特性

有声语言是用语音表达或接受思想、感情，以说、听为形式的口头语言。从语言运用看，有声语言在传情达意的过程中最直接、最普遍、最常用。有声语言具有以下特性。

（1）有声性。有声语言是靠语音来表情达意的，其中各个语言单位均有声音。有声语言根据表达的需要对声音的高低、升降、快慢作语调变化。有声性是有声语言的本质属性。

（2）自然性。有声语言通俗、平易、自然。它保留了生活中许多语音、词汇和语法现象，如方言、俚语、俗语、儿化、象声、叠音等词汇，以及省略、易位现象，表达时生动、自然。

(3) 直接性。有声语言的传达和交流以面对面为主要形式,信息传递直接、快捷,还包含了丰富的态势语。

(4) 即时性。有声语言突发性、现场性强,现想现说,可舒缓、可急迫、可重复、可更正、可补充。

(5) 灵活性。有声语言的表达可根据所处的语言环境随时调整、变化。表达者在不同的地点、场合,面对不同的任务对象,对谈论的话题、选择的角度、切入的深度等都可以随机应变。

2. 有声语言的基本要求

有声语言表达的目的是实现人与人之间思想和感情的交流,表达者都希望对方能明白、理解和接受自己的意思。这就要求有声语言符合口语表达的基本要求。

(1) 准确流畅。说出的有声语言如果词不达意、前言不搭后语,很容易被人误解,达不到交际的目的。因此在表达思想感情时,应做到口音标准、吐字清晰,说出的语句应符合规范,避免使用似是而非的语言。应去掉过多的口头语,以免语句割断;语句停顿要准确,思路要清晰,谈话要缓急有度,从而使交流活动畅通无阻。语言准确流畅还表现在能让人听懂,因此言谈时尽量不用书面语或专业术语,因为这样的谈吐让人感到太正规,受拘束或是理解困难。

(2) 词汇丰富。要想把话说好、说贴切,充分发挥有声语言的表意功能,还要有丰富的词汇储备,只有在这个基础上才能精心选择最确切、最恰当的词汇,正确地反映客观事物,真切地表达自己的思想感情。为此就要努力学习词汇,掌握丰富的词汇,以及成语、格言、歇后语、惯用语、谚语等,并以它们为原料,根据不同场合的需要,精心加以选用,增强说话的艺术效果。毫不生动活泼的语言,难免让人觉得枯燥无味,味同嚼蜡。

(3) 清亮圆润。有声语言音色优美,如黄莺鸣叫般清凉、朝露般晶莹圆润,善于变化,富有磁性,充满艺术魅力,令人心情舒畅。这是针对有声语言运用提出的进一步要求,是使日常用语艺术化,从而达到最佳的表达效果。为此首先要注意声音的情感变化,说话内容庄重,应用严肃的声音;内容平和,应用舒缓的声音;情感悲切,应用沉郁的声音;情感亢奋,应用高亢的声音;情感急骤,应用短音;情感惬意,则用长音。其次要自觉克服大喊大叫、漏气、带有喉音、鼻音太重和发音抖动等毛病,正确使用呼吸器官和共鸣腔,加强对声音的控制能力,使呼吸、声带闭合与咬字两者协调起来,从而达到声音和谐、适度、清亮、圆润的目的。

(4) 热情自然。热情是对表达内容的兴奋之情或激情,使声音听起来富有表现力,表现力是热情的最大信号,通过改变音高、音量、语速等使声音与语言内容、思想情感相吻合,使听众更加理解,哪怕是表达者语意上的细微差别。而完全缺乏热情则会造成声音单调,使交流的气氛沉闷又压抑,使听众昏昏欲睡。热情的声音就好像是一盆火,听众即使是一块冰也会被融化的。自然意味着在讲话时对语言的内容和意图要有回应,使语言富有活力,真实动人。要想做到声音自然,对语言内容的熟悉非常重要,还有不要死记硬背语言内容,学会自然地表述语言内容,使它听起来好像讲话者在用心考虑语言内容和他的听众。卡耐基认为,演讲时声音自然,才能把意念表达得更为清楚、更为生动;否则,难以引起听众的共鸣。

4.2 语言沟通的技巧

在沟通过程中,人们常常会遇到一些矛盾的、顾此失彼、难以两全的情况,处于两难的境地。例如,人们常会碰到下列情境:既想拒绝对方的某一要求,又不想损伤他的自尊心;既想吐露内心的真情,又不好意思表述得太直截了当;既不想说违心之言,又不想直接顶撞对方;既想和陌生的对方搭话,又不能把自己表现得太轻浮和鲁莽……凡此种种,难以一一列举。但概而言之,都是一种矛盾:行动和伤害对方的矛盾,自己利益和他人利益的矛盾,自己近期利益和长远利益的矛盾。

适应这些情况,产生了各种各样的语言表达艺术,它缓解了这些矛盾。这种表达的语言艺术从表面上看,似乎违背了有效口头表达的清晰、准确的要求,但实际上是对清晰、准确原则的一种必要的补充,是在更全面考虑了各种情况之后的清晰和准确,是在更高阶段上的清晰和准确。

语言艺术的具体方法因人、因事、因时、因地而异,没有绝对的适用任何情况的方法。这里介绍一些沟通技巧,仅供参考。

1. 积极表达期望

心理学中的"皮格玛利翁效应"具有这样的启示:赞美、信任和期待具有一种能量,它能改变人的行为。当一个人获得另一个人的信任、赞美时,他便感觉获得了社会支持,获得一种积极向上的动力,从而增强自我价值,变得自信,并尽力达到对方的期待,以避免对方失望,从而维持这种社会支持的连续性。语言沟通中,积极的语言反应表达出积极的心理期望。皮格玛利翁效应也验证了积极的心理期望和暗示所产生的强大影响。要做到评议比较中肯,可从以下几个方面来把握。

(1) 避免使用否定字眼或带有否定口吻的语气。例如,双重否定句不如用肯定句来代替,必须使用负面词汇时,则尽量使用否定意味最轻的词语。"我希望""我相信"这两种说法有时表明说话者没有把握,或者有些盛气凌人;而赞扬现在的行为可能暗示对过去的批评。

(2) 强调对方可以做的而不是自己不愿或不让他们做的事情,以对方的角度讲话。例如说"我们不允许刚刚参加工作就上班迟到"(消极表达),就不如说"刚刚参加工作的人保证按时上班很重要"(积极表达)。

(3) 把负面信息与对方某个受益方面结合起来叙述。可以说"你可免费享用20元以内的早餐"(积极表达),而不是说"免费早餐仅限20元以内,超出部分请自付"(消极表达)。

(4) 如果某些话语是消极的或根本不重要的,便可以省去,如对方决策时不需要这方面的信息,或信息本身无关紧要,或以前已经提供了这方面的信息。

(5) 低调处置消极面,压缩相关篇幅。篇幅大,表明在强调信息。既然不想强调消极信息,就尽量少用篇幅,出现一次即可,不必重复。

2. 注意推论与事实

在观察外界的时候,人们通常会在获得所有的必要事实之前就开始进行推论,推论的形成相当快,以致很少有人仔细考虑它们是否真的代表事实。"他未完成工作,因为偷懒。""如果你听了我的建议,你就明白我的意思了。"这些语句表示的并非是事实,而是推论,因此不良的沟通就产生了。徐丽君、明卫红主编的《秘书沟通技能训练》(科学出版社,2008年版)中对此进行了分析。他们认为有6种基本方法可以分辨事实陈述和推论陈述(见表4-1)。

表 4-1 事实陈述和推论陈述

事 实 陈 述	推 论 陈 述
1. 根据第一手资料下断言	1. 在任何时间下断言——根据事前、事后、事情发生时的经验
2. 根据观察下断言	2. 根据任何一个人的经验下断言
3. 必须根据所经历的经验	3. 超出自己所经历的经验之外
4. 根据经验的陈述	4. 无界限地根据经验推论陈述
5. 达到最大的可信度	5. 仅有很小程度的可信度
6. 得到具有相同经验的人士认同	6. 有此经验的人士不认同

为了避免妄下推论,在与人沟通过程中应当注意以下情况。

(1) 学会区分哪些是事实,哪些是推断。

(2) 当根据从别人那里得到的信息做出决策时,要评估推断的准确性,并获得更多信息。

(3) 听取别人的汇报时,让其陈述事实而不是听取他人的评价。

(4) 在说服别人时要使用具体的事实而非个人的价值判断。

(5) 使用文字沟通时,要表明自己的推断以便别人了解自己的看法。

(6) 意识到事情的复杂性,不要将其简单化。

(7) 当只看到两种选择结果时,有意识地寻找第三种甚至更多种可能出现的情况。

(8) 意识到自己所获得的信息是经过过滤的,自己并没有得到所有的事实。

(9) 尽量向别人提供背景信息,以便别人能够准确地解释自己的观点或看法。

(10) 以具体的证据、事实和事例来支持笼统的陈述和评价,避免诸如"这个人的素质很不高"这样的论断。

(11) 检查自己的反应,保证自己的决策建立在合理的证据之上。

3. 进行委婉表达

"委婉"一词人们并不陌生,在修辞学中,它又是修辞格的一种。但"委婉"并不仅指修辞的方法,在书面语中,它主要表现为一种语言的表达方式;在沟通中,它又是一种处理问题的态度和方法。恰当地运用委婉,能够鲜明地表明人们的立场、感情和态度。这样做,既能让对方乐于接受,达到说话的目的,又可增强语言的形象性和生动性。

(1) 直意曲达。语言总要表达某种意思,也即说话者要达到表明自己态度和感情的目的。但这个意思是通过迂曲委婉的说法来表达的,这利用了人们思维的曲折性和复杂性。

传说汉武帝晚年时很希望自己长生不老。一天,他对侍臣东方朔说:"相书上说,一个人鼻子下面的'人中'越长,命就越长;'人中'长一寸,能活一百岁。不知是真是假?"东方朔听了这话,知道皇上又在做不老的梦了。皇上见东方朔面有不悦之色,喝道:"你怎么敢笑我?"东方朔脱下帽子,恭恭敬敬地回答:"我怎么敢笑话皇上呢?我是在笑彭祖的脸太难看了。"汉武帝问:"你为什么笑彭祖呢?"东方朔说:"据说彭祖活了800岁,如果真像皇上刚才说的,'人中'就有8寸长,那么他的脸不是有丈把长吗?"汉武帝听了,也哈哈大笑起来。东方朔要劝谏皇上不要做长生梦,但又不好直言去规劝,只能用旁敲侧击的方法,委婉地表达自己的意思。这种批评使汉武帝愉快地接受了。

要达到沟通的最佳效果,不一定要直言不讳,用委婉的说法可能会达到意想不到的效果。

(2) 易于接受。人们总是希望对方能够接收自己所发出的信息,并作出相应的反应。这就首先要让对方能够接收到你发出的信息。委婉的语言就可以帮助你达到这个目的。

例如,美国小说家马克·吐温到某地旅馆投宿,人家早就告诉过他此地蚊子特别厉害。他特别担心晚上是否能安稳睡觉,本想事先让服务员采取驱蚊措施,又觉得这样做效果未必好,服务员不一定愿意接受。他在服务台登记房间时,一只蚊子正好飞过来。马克·吐温灵机一动,马上对服务员说:"早听说贵地蚊子十分聪明,果然如此,它竟然会预先看我的房间号码,以便夜晚光临,饱餐一顿。"服务员听了不禁大笑起来,结果就记住了他的房间号码,并相应地采取了一系列防蚊措施,使马克·吐温这一夜睡得很好。马克·吐温如果生硬地告诉服务员要怎样赶蚊子,就不一定能达到这种效果了。马克·吐温的话很委婉,让服务员易于接受,当然也就愿意尽心服务了。

在日常生活中也常有这样的例子:当要求别人做一件事,或者指责别人哪里有过失的时候,要尽量选择让对方感到有回旋的话语,把主动权交给对方。例如,某一员工的衣帽不整有碍企业形象,可以说:"这样还算挺精神的,但如果能够再把衣帽调整一下会更好些。"这样的话语会使员工乐于接受,也就心悦诚服地愿意改正。

委婉的语言是曲折地表达自己的意思,让听者感到对方是为他着想,或者感到合情合理,这就容易达到交流的目的,也给人以教育和启迪。

(3) 言简意赅。委婉的语言表达形式是婉转温和,这就形成了它隐约、含蓄的特点,也就使委婉的语言容量较大,语言虽然很简洁通俗,含义却是相当深刻的。

请看下面一段对话。

问:你有过感叹吗?

答:感叹是弱者的习气,行动是强者的性格。

问:扬州大明寺一进门有尊大肚佛,两侧有副对联。上联是"大肚能忍忍尽人间难忍之事",下联是"慈颜常笑笑尽天下可笑之人"。你能做到吗?

答:我如果能做到我就成佛了。

问:你有烦恼与痛苦吗?

答:越有追求的人,烦恼与痛苦就越多。成功之后将是快乐。

答话者回答问题时,总是用迂曲的方式作答,语言浅显通俗,含义却值得回味。

（4）手法新颖。委婉表达产生于人际沟通中一些不能直言的情况。其原因一是总会存在一些因为不便、不忍或不雅等原因而不能直说的事和物，只能用一些与之相关、相似的事物来烘托要说的本意。二是总会存在接受正确意见的情感障碍，只能用没有棱角的软化语言来推动正确意见被接受的过程。还有一些其他类似的情况。黄漫宇在其编著的《商务沟通》（机械工业出版社，2006年版）中列举了以下新颖的委婉手法，值得我们在人际沟通中一试。

① 用相似相关的事务取代本意要说的事物。如恩格斯《在马克思墓前的讲话》中说"3月14日下午两点三刻，当代最伟大的思想家停止了思想……他在安乐椅上安静地睡着了——但已经是永远地睡着了。"恩格斯用"停止了思想""睡着了""永远地睡着了"来取代"死"的概念。又如在餐厅中人们谈到上厕所，一般都用"洗手间"来取代"厕所"这一概念。

② 用相似相关事物的特征来取代本意实物的特征。在一次记者招待会上，一位美国记者问周总理："请问中国人民银行有多少资金？"周总理说："中国人民银行现有18元8角8分。"——直接回答，涉及国家机密；拒绝回答损害招待会和谐气氛；不予回答，有损总理个人风度。借用人民币面值总额取代资金总额这一特征，真可谓三全其美，妙不可言。

③ 用于相似相关事物的关系类推与本意事物的关系。《人到中年》中的作者谌容访美时，用"能与老共产党员的丈夫和睦生活了几十年"来间接回答关于她与共产党关系的提问。有人问："听说您至今还不是中共党员，请问您对中国共产党的私人感情如何？"谌容回答："你的情报很准确，我确实还不是中国共产党党员。但是我的丈夫是个老党员。而我同他共同生活了几十年尚无离婚迹象，可见……"

④ 用某些语气词如："吗、吧、啊、嘛"等来软化语气。这样可以使对方不感到生硬，试比较下列三组句子。

　　别唱了！　　　　今天别去了！　　　　你不要强调理由！
　　别唱了好吗？　　今天别去了吧！　　　你不要强调理由嘛！

无疑每组中的第二句都显得比较客气、婉转，会使对方易于接受，有更大的说服力。

⑤ 用个人的感受取代直接的否定。例如，把"我认为你这种说法不对"用"我不认为你这种说法是对的"，把"我觉得你这样不好"用"我不认为你这样好"来取代。

⑥ 以推托之词行拒绝之实。例如，别人求你办一件事，你回答说办不到会引起不快。你最好说："这件事目前恐怕难以办到，今后再说吧，我留意着。"——推脱给将来和困难。再如，别人请你去他家玩，你要说没空，来不了，会令人扫兴，你最好说："今天恐怕没有时间，下次一定来。"——推脱给将来和没空。又如，别人向你借钱，你手头也不宽裕，你可以说："这件事我将同我的内当家商量商量。"——推脱给将来和爱人。

⑦ 以另有选择行拒绝之实。例如，有人向你推销一件产品，你不想要，你可以说："产品还可以，不过我更喜欢另一种产品。"又如，有人要求下星期一进行一次洽谈，你不想在这天洽谈，你可以说："定在星期五怎么样？"

⑧ 以转移话题行拒绝之实。例如，甲问："星期天去不去工厂参观？"乙答："我们还是先来商量一下，下次推销的安排怎样准备吧？"又如，甲问："我们明天去展销大厅再见

面好吗?"乙答:"好吧,不过我想时间定在展销前还不如定在展销后。"

4. 使用模糊语言

人们在客观世界里所遇到的各种各样的客观事物,绝大多数都没有一个明确的界线。作为客观世界符号表现的语言也必然是模糊的。巧妙地利用语言的模糊性,使语言发挥它神奇的效用,是人际沟通追求的目标之一。

(1) 化难为易。"化难为易"也称"化险为夷"。在人际沟通中,常会遇到难以应付的棘手场合,也会有非说不可却难以启齿的局面。成功的沟通者往往会用模糊语言,使自己摆脱这种尴尬的处境。

例如,在某大商场,有一位顾客拿了几个西红柿,混杂在已经称好重量并交款的蔬菜中转身就走。售货员发现了这一情况,但如果她高喊"捉贼",势必会影响商场的秩序,损害商场的声誉,可能会大吵大闹一番。而富有经验的售货员会两手一拍说:"哎呀!请您慢走一步。我可能刚才不注意,把蔬菜的品种拿错了,您再回来查查看。"这位顾客无奈也只能回来,售货员把蔬菜重新过秤,随手就将西红柿拣了下来。售货员此时说"可能""查查看"都是模糊词语,收到了神奇的公关效果。

(2) 缓和语气。在某些情况下,对方可能故意挑衅,使自己怒发冲冠、情绪激动,气氛顿时紧张起来。在这种情况下,注意使用模糊语言,易于控制自己的情绪,缓和气氛,使事态朝好的方向发展。

例如,在我国南方一个城市,正值下班时间,乘车的人特别多,车已爆满。乘客们把车堵得严严的,车内乘客很难看到车已行驶到了哪一站。尽管乘务员大声报告站名,但总有乘客错过站。有一位错过站的乘客慌慌张张地擂门大叫:"乘务员下车!"乘务员也非常生气,正要酝酿几句奚落挖苦的话,正巧这时有一位公关人员在车内,及时地插嘴说:"乘务员不能下车。乘务员下车了,谁来售票?"这时,不仅那位错过站的乘客情绪缓和下来,连乘务员也和颜悦色起来。这位公关人员就利用"乘务员下车"一句话的模糊性来为乘务员解了围,剑拔弩张的气氛缓和了,一场争吵避免了。如果我们用模糊语言来淡化紧张气氛,就可以控制情绪。它能使我们与他人交往时不致紧张,在公关时能摆脱困境。即使在一触即发的关键时刻,它也可以使我们从容地脱身出来,离开不愉快的窘境或矛盾旋涡。

(3) 点到为止。模糊语言要有分寸,要点到为止。不该说的不说,能把自己意思表达明白,却不伤害别人,不能直言不讳,要把自己的意思曲折地表达出来,并且要让对方明白。

例如,我国著名的一位播音员到精神病院采访,采访提纲中原本写的是:"您什么时候得的精神病?"这位播音员感到这种话会刺激病人,就临时改口问道:"您在医院待多久了?住院前感觉怎么不好呢?"委婉含蓄的提问,采取的是模糊语言,使对方易于接受,不致产生反感。在采访结束时,这位播音员说:"您很快就要出院了,真为您高兴。""精神病"这个词对于精神病患者而言是十分忌讳的,播音员在采访时自始至终都在注意回避这个词。

模糊语言的运用要掌握分寸,过于模糊,对方不了解自己的意思,就失去了交际的作用。过于直露,又会伤害别人。只有既模糊又适度,在模糊语言中透露出自己真实的语意,才能达到公关的目的。

(4) 增大容量。模糊语言的一个重要特征在于它能把难以表述的道理表达出来,大大地丰富了表达效果。模糊语言是"犹抱琵琶半遮面",这样更能引起人们联想推断,包含着广博的内容。

例如,我国某城市一个广播电台的直播节目中,一位女士误把听众点给别人的歌曲认为是点给自己的歌,在直播节目中向播音员询问。只是播音员明知不是点给这位女士的,但又不好明白地指出来。如果说出来,不仅扫了这位女士的兴,也使广大听众感到不愉快。播音员说:"可能是点给您的吧?其实呀,人间是一个温暖的大家庭,人人相处都应该以友相处。只要以诚相待,以友善之心相待,我们的朋友遍天下,又何必非要去计较是哪一位朋友呢?"播音员随机应变,巧舌如簧,从女士询问点播节目一事引申出一番处世人生哲学。播音员使用了模糊语言,使节目的内容深化了。

(5)手法新颖。语言沟通的模糊法就是使输出的信息"模糊化",以不确定的语言进行交往,以不精确的语言描述事物,以达到既不伤害或为难别人,又保护自身的目的。除了上述模糊方法外,以下方法值得我们借鉴。[1]

① 以大概念取代小概念。例如,苏联驻加拿大商务贸易代表在加拿大进行间谍活动,加拿大政府发出通令,限令他们10日之内离开加拿大,因为他们进行了与其身份不符的活动。出于外交礼仪上的需要,用与其身份不符的活动来代替间谍活动这一概念。

② 以弹性概念取代精神概念。例如,1978年黄文欢同志因不满黎笋集团的倒行逆施,辗转到中国,他要回避"到中国有多久"和"还要住多久"的问题。当一名英国记者问他何时到达北京时,他回答说:"我到北京的时间距今天不久。"用"不久"这一有伸缩性概念取代精确的时间长短描述,既回避了敏感的问题,也没有失去真实性。

③ 回避。例如,有人问:"你说广州产品好还是上海产品好?"但自己并没有这种经验,也不宜表现自己无知,可以回答:"各家有自己的特点。"例如一个法国人问一个中国女孩:"你喜欢中国人还是喜欢外国人?"因为是社交场合,女孩回答:"谁喜欢我,我就喜欢谁。"避免了说喜欢外国人可能招致不爱国的指责以及回答喜欢中国人会招致的让外国友人扫兴的难堪。

④ 运用答非所问。电影《少林寺》中,觉远对法师不近色、不酗酒的要求都以"能"作答。法师:"尽形寿,不杀生,汝今能持否?"觉远难以回答。法师高声再问:"尽形寿,不杀生,汝今能持否?"觉远:"知道了。"这样模糊的回答,既能在法师面前过关,又不违背自己要惩治世间恶人的决心和本意,真正做到了两全其美。

⑤ 以选择式代替指令式。1944年毛泽东同志致信丁玲、欧阳山:"……除了谢谢你们的文章之外,我还想知道一点,如果可能,今天下午或傍晚拟请你们来我处,不知是否可以?""还想知道""可能""拟请""是否可以"等多个词语充分体现了毛主席谦和的作风。

使用模糊法时,一定要注意不同民族对模糊意义的理解是各有不同的,在跨民族、跨国界使用时要慎重。例如,在1972年9月,周总理为田中角荣首相举行的招待会上的一幕就是很典型的事例。田中角荣致答谢词:"……过去的几十年间,日中关系经历了不幸的过程。其间我国给中国国民添了很大的麻烦,我对此再次表示深切的反省之感。"周恩

---

[1] 黄漫宇.商务沟通[M].北京:清华大学出版社,2016.

来看到田中角荣不了解"麻烦"这一模糊用语在汉语中语气太轻了,不了解在中国人看来,这是对日本过去的侵犯罪行所采取的一种轻描淡写的态度,就问道:"你对日本给中国造成的损失怎么理解?"田中角荣不得不再次表白:"给您添麻烦这句话包含的内容并不那么简单。我们是诚心诚意地如实表达自己赔罪的心情,这是不加修饰的,很自然地发自日本人内心的声音……我认为,前来赔罪是理所当然的。"由这精彩的一幕,可以得出一个教训:在社交中运用模糊法仍然需要准确地运用模糊语言。

4.3 提高声音质量

1. 认识声音

有人把人的发声器官比作一架管风琴。肺是风箱,由它提供发声的原动力。气流从肺中自下而上,通过气管上升到喉头,声音就由喉部产生。当人们呼气时,使保护气管开端的肌肉(即声带)紧密地挨在一起,以使空气通过声带时能够产生振动。这种振动产生了微弱的声音,然后该声音再穿过咽部(喉咙)、口,以及在某些情况下上升到鼻腔时被抬高产生的共振。在这里,口和鼻腔就成了管风琴的两个管,它们不但可以起到扩大音量的作用,还可以任意变换音色。这样,共振后的声音被舌头、嘴唇、腭和牙齿这些发音器官改造,从而形成了语言体系中的声音。

认识发声器官,了解声音如何产生,目的是要在有声语言的训练中遵循其活动规律,正确发挥其功能和作用,从而有效地利用它来发出富有表现力和感染力的声音,增强语言表达的效果。

2. 影响声音质量的因素

现实生活中,去除语言的内容,人们经常能够通过一个人的声音判断出对方的许多信息,如对方的性格、涵养、情绪等;有时甚至可以从一个人的声音主观地判断这个人的外貌、形象等特征,尽管判断的结果有时与事实不符。因此,声音质量的高低直接影响听众对语言内容和表达者的接受程度。那么,影响声音质量的因素有哪些呢?

(1)音域。音域即每个人的声音从低音到高音的范围。大多数人运用音高的范围超过8度,也就是音阶上的8个全音。音域的宽窄直接影响到声音的质量。人们在平时交谈时,音域大多在一个8度左右,而常用的也只有四五个音的宽度,但是如果要同时与众多听众进行交流,如演讲或是表达强烈的思想感情时,这样的音域就显得过窄。因为这时表达者不得不用到音域的极限,自己会感到吃力,声音会变得不自然,而带给听者的则是极不舒服的感觉。如果一个人的音域过窄而造成表达上的障碍,则需要专门为此进行训练,以拓宽自己的音域。事实上对于大多数人来说,不在于是否拥有令人满意的音域,而在于是否最好地利用了他们的音域。

(2)音量。也就是发出声音的强弱、大小。当人们正常呼气时,横膈肌放松,空气被排出气管。当人们讲话时,就会通过收缩腹肌来增加排出空气对振动声带的压力。这种在排出的空气后面更大的力量提高了声音的音量。感受这些肌肉动作的方法是:将双手放在腰部两侧,将手指伸展放在腹部,然后以平常的声音发"啊",再以尽可能大的声音发

"啊",这时会感觉到提高音量时腹部收缩力量的增强。微弱的声音,缺乏力度,使有声语言没有表现力,难以表达强烈的思想感情;而响亮、浑厚、有穿透力的声音,则能做到高低起伏、轻重有别,可以增强声音的表现力与感染力。因此,如果说话时音量不够大,则可以通过在呼气时提高腹部区域压力的方法加以锻炼。

(3)音长。也就是声音的长短,它同语速、停顿密切相关,可以影响语言节奏的形成,对声音的质量同样有着不可忽视的作用。语速,也就是讲话的速度。大多数人正常交流时语速为每分钟130~150个字,而播音员的语速一般在每分钟180~230个字。可见,对于不同的人、不同的语言环境,语速的差异是比较大的。不需要去统一执行哪一个标准语速,因为一个人的语速是否恰当取决于听众是否能理解他在说什么。通常情况下,当一个人发音非常清楚,并且富有变化、抑扬顿挫时,即使语速很快也能被人接受。

(4)音质。嗓音的音调、音色或声音。它往往是一个人声音的个性。如笛子有笛子的声音,而京胡有京胡的声音。音质决定于共鸣腔的状态和质量的变化。音质直接影响到声音是否优美悦耳和声音的表现力。最好的音质就是一种清楚悦耳的音调。音质上的障碍包括鼻音、呼气声、嘶哑的声音和刺耳的声音。

要学会合理地控制这四个特征,进行良好训练,这样就可以使声音富于变化、轻重有别,从而更加有效地表达语言的思想内容。

3. 发声练习

声音的产生并不是单靠哪一个器官完成的,而是呼吸器官、消化器官相互协同完成了发声。发音效果的好坏,与呼吸、声带、共鸣器官等有直接的关系。因此,要想提高声音的质量,使自己发出的声音更加富有表现力和感染力,就要从以下几个方面多加练习。

(1)控制气息。气乃声之源。一个人气量的大小、能否正确用气,对语音的准确、清晰度和表现力都有着直接影响。唐代文学家韩愈曾说过:"气,水也;言,浮物也。水大而物之浮者大小毕浮。气之与言犹是也,气盛则言之短长与声之高下者皆宜。"因此,必须学会控制好气息,这样才能很好地驾驭声音。在语言交流中要想使声音运用自如、音色圆润、优美动听,就要学会控制气息,掌握呼吸和换气的技巧。

呼吸的紧张点不应放在整个胸部,而应放在丹田,以丹田、胸膛、后胸作为支点,即着力点。力量有支点,声音才有力度。

① 吸气。吸气时,要双肩放松,胸稍内含,腰腿挺直,像闻鲜花一样将气息吸入。要领是:气下沉,两肋开,横膈降,小腹收。这样随着吸气肌肉群的收缩容积立体扩张,有明显的腰部发胀、向后撑开的感觉,注意不要提肩,也不要让胸部塌下去。当气吸到七八成时,利用小腹的收缩力量控制气息,使之不外流。

② 呼气。呼气时,要保持吸气时的状态,两肋不要马上下榻。小腹始终要收住,不可放开,使胸、腹部在努力控制下,将肺部储存的气息慢慢放出,均匀地向外吐。呼气要用嘴,做到匀、缓、稳。在呼气过程中,语音随之一个接一个地发出,从而使有声语言富有节奏。

③ 换气。在语言表达过程中,人们不可能一口气将所要说的内容说完,常需要根据不同内容和表情达意的需要作时间不等的顿歇。许多顿歇之处就是需要换气或补气之处,以保证语气从容、音色优美,防止出现气竭现象。换气有大气口和小气口两种换气方

法。大气口是在类似于朗读、演讲这样的表达时,在允许停顿的地方,先吐出一点气,马上深吸一口气,为下面要说的话准备足够的气息。这种少呼多吸的大气口呼吸一般比较从容,也比较容易掌握。小气口是指表达一段较长的句子时,气息不够,但句子未完而及时补进的气息。补气时,可以在气息能够停顿的地方急吸一点气,或在吐完前一个字时不露痕迹地带入一点气,以弥补底气不足。无声、音断气连,这是难度较大的换气方法。

(2) 训练共鸣。气流从肺部上升到喉头冲击声带发出的声音本来是很微弱的。但经过喉腔、咽腔、口腔、鼻腔的共鸣,声音就扩大了,这不需要经过训练,人人都可以做到。但是,要想使声音洪亮、圆润、悦耳,就需要进行特殊的训练了。

① 鼻腔共鸣。鼻腔共鸣是由"鼻窦"实现的。鼻窦中的额窦、蝶窦、上腭窦、筛窦等,它们各有小小的孔窦与鼻腔相连,发音时这些小孔窦起共鸣作用使声音响亮、传得更远。运用鼻腔时,软腭放松,打开口腔与鼻腔的通道使声音沿着硬腭向上走,使鼻腔的小窦穴处充满气,头部要有振动感。这样,发出的声音才会震荡、有弹力。但要注意,鼻腔色彩不能过量,过量就会形成"鼻囊鼻音"。

② 口腔共鸣。口抬起,呈微笑状,使整个口腔保持一定张力,口腔壁、咽腔壁的肌肉处于积极状态。这样,声带发出的声音随气流的推动流畅向前,在口腔的前上部引起振动,形成共鸣效果。共鸣时要把气息弹上去,弹到共鸣点。声音必须集中,同时还要带上感情,兴奋起来。这样才会达到一个好的共鸣效果。

③ 胸腔共鸣。胸腔是指声门以下的共鸣腔体,属于下部共鸣腔体,它可以使声音结实浑厚、音量大。运动胸腔共鸣时,声带振动,声音反着气流的方向通过骨骼和肌肉组织壁传到肺腔,这时胸部明显感到振动,从而产生共鸣。有了这个底座共鸣的支持,声音才会真实、稳重。

在进行共鸣训练时,扩大共鸣腔要适度,不能无限制,要以不失本音的音色为前提。同时,应该学会控制共鸣腔肌肉的紧张度,保持均衡的紧张状态。另外共鸣腔各部位包括肌肉要协同动作,这样声音的质量才能真正提高。

(3) 吐字归音。吐字归音是汉语(汉字)的发声法则,即"出字"和"收字"的技巧。一个字可分为字头、字腹和字尾三部分,"吐字"是对字头的要求,"归音"是对字腹尤其是对字尾的发音要求。

① 吐字。吐字也叫咬字。一是注意口形,口形该大开时不能半开,该圆唇的时候不能展唇,尽量使声音立起来;二是注意字头,字头是字音的开始阶段,要求叼住弹出。要做到吐字清晰,发音有力,摆准部位,蓄足气流,干净利落,富有弹性。只有这样吐字才能使声音圆润、清楚。

② 归音。字尾是字音的收尾部分,指韵母的韵尾。归音是指字腹到字尾这个收音过程。收音时,唇舌的动作一定要到位,字腹要拉开立起,即在字腹弹出后口腔随字腹的到来扯起适当开度,共鸣主要在这儿体现。然后收住,要收得干净利落,不拖泥带水,但也不能草草收住。如"天安门"三个字收音时舌位要平放,舌尖抵住上齿龈,归到前鼻韵母"n"音上,这样才能使声音饱满,富有韵味。

案例分析

1. 成功的推销

某单位原考虑买一辆某厂的 4 吨卡车,后来为了节省开支,又打消了念头,准备购买另一家工厂的 2 吨小卡车。厂家闻讯,立刻派出有经验的推销员专访该单位的主管,了解情况并争取说服该单位仍旧购买该厂的产品。这位推销员果然不负众望,获得了成功。他是怎样说服买方的呢?请看:

推销员:"你们需要运输的货物平均重量是多少?"

买方:"那很难说,2 吨左右吧!"

推销员:"有时多,有时少,对吗?"

买方:"对!"

推销员:"究竟需要哪种型号的卡车,一方面要根据货物数量、重量;另一方面也要看常在什么公路上、什么条件下行驶,您说对吗?"

买方:"对。不过……"

推销员:"假如您在丘陵地区行驶,而且在冬天,这时汽车的机器和本身所承受的压力是不是比平时的情况下要大一些?"

买方:"是的。"

推销员:"据我所知,您单位在冬天出车比夏天多,是吗?"

买方:"是的。我们夏天的生意不太兴隆,而冬天则多得多。"

推销员:"那么,您的意思就是这样,您单位的卡车一般情况下运输货物为 2 吨;冬天在丘陵地区行驶,汽车就会处于超负荷的状态。"

买方:"是的。"

推销员:"而这种情况也正是在您生意最忙的时候,对吗?"

买方:"是的,正好在冬天。"

推销员:"在您决定购买多大马力的汽车时,是否应该留有一定的余地比较好呢?"

买方:"您的意思是……"

推销员:"从长远的观点来说,是什么因素决定一辆车值得买还是不值得买呢?"

买方:"那当然要看它能正常使用多长时间。"

推销员:"您说得完全正确。现在让我们比较一下。有两辆卡车,一辆马力相当大,从不超载;另一辆总是满负荷甚至经常超负荷。您认为哪辆卡车的寿命会长呢?"

买方:"当然是马力大的那辆车了!"

推销员:"您在决定购买什么样的卡车时,主要看卡车的使用寿命,对吗?"

买方:"对,使用寿命和价格都要加以考虑。"

推销员:"我这里有些关于这两种卡车的数据资料。通过这些数字您可以看出使用寿命和价格的比例关系。"

买方:"让我看看。"(埋头于资料中)

推销员:"怎么样,您有什么想法?"

买方自己动手进行了核算。这场谈话是这样结尾的：
买方："如果我多花 5 000 元，我就可以买到一辆多使用 3 年的汽车。"
推销员："一部车每年赢利多少？"
买方："少说也有 5 万～6 万元吧！"
推销员："多花 5 000 元，3 年赢利超过 10 万元，还是值得的。您说是吗？"
买方："是的。"
(资料来源：陈秀泉. 实用情境口才——口才与沟通训练[M]. 北京：科学出版社，2007.)

思考与讨论：
(1) 根据本案例信息，谈谈推销员为什么能够成功地实现推销。
(2) 在推销员与客户沟通的过程中，推销员运用了哪些语言沟通的方法和技巧？
(3) 本案例对你有哪些启示？

2. 妙答

在南朝时期，齐高帝曾与当时的书法家王僧虔一起研习书法。有一次，高帝突然问王僧虔说："你和我谁的字更好？"这问题比较难回答，说高帝的字比自己的好，是违心之言；说高帝的字不如自己，又会使高帝的面子搁不住，弄不好还会将君臣之间的关系弄得很糟糕。王僧虔的回答很巧妙："我的字臣中最好，您的字君中最好。"皇帝就那么几个，而臣子却不计其数，王僧虔的言外之意是很清楚的。高帝领悟了其中的言外之意，哈哈一笑，也就作罢，不再提这事了。在人际沟通中，有时候运用委婉的方法能更容易或更好地达到沟通目的。
(资料来源：许玲. 人际沟通与交流[M]. 北京：清华大学出版社，2007.)

思考与讨论：
(1) 请对书法家王僧虔的妙答进行评价。
(2) 本案例对你有何启示？

实践训练

1. 口头语言沟通训练

实训目的：通过实训掌握书面语言及口头语言沟通中的各种技巧要领；提高运用相关知识解决实际问题的信心和能力；养成良好的沟通习惯和风格，形成得体的沟通综合能力。

实训情境：
(1) 职业情境1：你是公司办公室陈主任，公司曾向某家饭店租用大舞厅，每一季用 20 个晚上，举办员工培训的一系列讲座。可是就在即将开始的时候，公司突然接到通知，要求必须付高出以前近 3 倍的租金。当你得到这个通知的时候，所有的准备工作已经就绪，通知都已经发出去了。单位领导派你去说服对方不要违约，你怎么办？请模拟场景，扮演角色。
(2) 职业情境2：于雪的上司吴总是公司负责营销的副总，为人非常严厉。吴总是南方人，说话有浓重的南方口音，经常"黄"与"王"不分。他主管公司的市场部和销售部，市场部的经理姓"黄",销售部经理又恰好姓"王",由于"黄"和"王"经常听混淆,于雪非常苦恼,这天,于雪给吴总送邮件时,吴总让她"请黄经理过来一下",是让王经理过来还是让黄经理过来?于雪又一次没听清吴总要找的是谁。面对这种情况,于雪该怎样处理?

实训内容:

(1) 根据职业情境1,模拟演示陈主任的沟通协调过程。

(2) 根据职业情境2,为秘书于雪找出一个两全其美的办法,并演示沟通过程。

实训要求:本实训可在教室或情境实训室进行;先分组讨论,再进行角色模拟演示;分组进行,每组3~5人,一人扮演对方公司经理,一人扮演秘书于雪,一人扮演公司吴副总经理。分角色轮流演示,每组分别演示以上两个情境;要求编写演示角色的台词与情节,用语规范,表达到位。

实训提示:利用口语交流的技巧;注重沟通的目的与策略。

实训总结:个人畅谈沟通体会,教师总评,评选出最佳沟通者。

(资料来源:徐丽君,明卫红.秘书沟通技能训练[M].北京:科学出版社,2008:71-72.)

2. 答记者问演练

苹果公司公共关系部为配合新近推出的 iPhone 12 的推广拟举行一次新闻发布会。

假如你是苹果公司公共关系部的工作人员,请为苹果公司 iPhone 12 上市组织一次模拟新闻发布会。具体如下。

实训地点:模拟会议实训室。按新闻发布会要求进行现场布置。

实训步骤:

(1) 全班同学分为3组,每组指定一个组长。由组长扮演苹果公司公共关系部的部长,其他同学扮演苹果公司公共关系部的成员。

(2) 请各公共关系部分别制定新闻发布会的程序,并挑选主持人和发言人;拟写发言提纲。

(3) 其他各组扮演受邀的各新闻单位,并挑选记者,准备提问。

(4) 由其中一组担任苹果公司公共关系部,举行新闻发布会,其他各组的成员担任记者。进行现场演练。

(5) 各组对本次活动进行总结,指导教师进行点评。

实训要求:本项目可选择在教室进行,但应对环境作适当的布置;每组进行演练的时间应控制在20分钟以内;条件允许的情况下可以将新闻发布会的过程制作成录像,在训练结束后进行讨论。

自主学习

(1) 运用语言沟通的知识和技巧,由3~4名同学自由组成小组,其中一人为讨论组织者,任选以下问题进行讨论,5~8分钟完成讨论,并派一人当众综述沟通结果。

① 几位同学都是电影爱好者,打算成立一个校内影迷协会,作为发起者请讨论它的可行性方案。

② 几位同学是超级数码影迷,一直想自导、自拍、自演一部DV,现在商量实施方案。

③ 如果班中有一名同学因经济困难假期无钱回家,几个好朋友想帮助他,但他的自尊心很强,讨论一个最得体的办法。

④ 假设本班得到优秀班集体的奖金1 000元,你们几个是班干部,现在商议一下这笔奖金的处置方案。

(2) 结合实际分析如何成为一个善于言辞的人。

(3) 向听众讲述个人经历中印象深刻的一件事,要求不要照本宣科,并使自己的声音热情、自然、有表现力。

(4) 根据气息控制、共鸣训练、吐字归音的训练要求,长期进行这三项训练,提高自己的声音质量。

任务 5

非语言沟通

■ 任务目标

- 明确语言沟通与非语言沟通的联系和区别;
- 了解非语言沟通的作用;
- 运用非语言沟通的表现形式做好非语言沟通。

■ 案例导入

审 讯

以下是第二次世界大战时期著名反间谍专家奥莱斯特·平托上校是如何审讯一个纳粹间谍的。

当时盟军部队已经进入比利时,德军仓皇溃退。一天,两名士兵在驻地附近逮捕了一个叫艾米里约·布朗格尔的人。平托上校感觉到:这个人的穿着和谈吐虽然是典型的北方农民,口音也是地道的瓦隆地区(比利时某地区)的土音,但他粗壮的颈部和魁梧的运动员体形,与当地常见的惰性十足的人截然不同,于是决定对他进行审讯。

第一次审讯如下。

问:你是农民吗?

答:过去是,现在不是。德国鬼子抢走了我的牲畜,杀死了我的家人。

问:会数数吗?

答:数数?

问:对,把桌上这盘豆子数一数吧。

答:一、二、三……(慢慢地用法语数)

在第一次审讯中,上校未发现任何破绽,但仍不气馁,决定进行第二次审讯。这次审讯换用了特殊的方式:他派人在布朗格尔的住处放了几捆草,一个士兵点着了后,烟从门的下面进到了屋里,值勤的士兵用德语大喊:"着火了!"布朗格尔惊醒,动了动,又睡了。接着平托上校用法语大声喊道:"着火了!"布朗格尔一下子跳了起来,绝望地敲打着门。这一次,上校仍未发现破绽。

第三次审讯,上校又用了新的方案。在布朗格尔被带来时,上校拿起一支从他身上搜出的铅笔。

问：你带这个干什么？

答：不就是支铅笔吗？

问：用他来写情报？

答：……（流露出不屑回答的样子）

"可怜的家伙，"上校用德语向身边的军官说，军官也用德语反问："为什么？"上校说："他还不知道明天上午就要被绞死，已经21点了。他肯定是个间谍，不会有别的下场。"

平托上校一边说一边用眼睛斜视布朗格尔，特别注意他的眼睛和喉头。但布朗格尔没有任何表示，他以神态证明自己不懂德语。很明显，第三次审讯还是没有结果，到此为止，上校几乎绝望了，开始怀疑自己以前的判断。但直觉让他进行最后一次审讯——第四次审讯。如果再没有突破，就决定立即释放了。

最后一次审讯是这样进行的：当布朗格尔像平时一样走进平托上校的办公室时，上校装作正在看一份文件，看完后拿起铅笔在上面签了字，然后抬起眼睛突然用德语对布朗格尔说："好啦，我满意了，你自由了，现在就可以走了。"布朗格尔长长地出了一口气，动了动肩膀，像是卸了一个沉重的包袱，他仰起脸，眼睛放着光，愉快地呼吸着自由空气。当他发现平托上校嘲笑的眼光时，一切都已经晚了，身后的士兵已紧紧地抓住了他。

（资料来源：李平收. 青年演讲能力训练教程[M]. 北京：知识出版社，2001.）

5.1 什么是非语言沟通

所谓非语言沟通，是指不通过口头语言和书面语言，而是通过其他的非语言沟通技巧，如声调、眼神、手势、空间距离等进行沟通。因为非语言沟通大多通过身体语言体现出来，所以通常也叫身体语言沟通。在沟通过程中，非语言沟通与语言沟通关系密切，而且经常相伴而生。据研究，高达93%的沟通是非语言的，其中55%是通过面部表情、身体姿态和手势传递的，38%是通过声调传递的。

1. 非语言沟通的作用

（1）代替语言。经过人类社会历史文化的积淀而不断地传递、演化，大多数非语言沟通已经自成体系，具有一定的替代有声语言的功能。许多用有声语言所不能传递的信息，通过非语言沟通却可以有效地传递。另外，非语言沟通作为一种特定的形象语言，它可以产生有声语言所不能达到的交际效果。在日常工作中，人们也在自觉或不自觉地使用各种非语言沟通来代替有声语言，进行信息的传递和交流。在传递交流信息的过程中，既省去过多的"颇费言辞"的解释和介绍，又能达到"只可意会，不可言传"的效果。例如，方纪的《挥手之间》描述了在抗日战争时期，毛泽东去重庆谈判前与延安军民告别时的动作。"机场上人群静静地站立着，千百双眼睛随着主席高大的身影移动。""人们不知道怎样表达自己的心情，只是拼命挥着手。""这时，主席也举起手来，举起他那顶深灰色盔式帽，举得很慢，很慢，像是在举一件十分沉重的东西，一点一点地，一点一点地，等举过头顶，忽然用力一挥，便在空中一动不动了。""举得很慢，很慢"体现了毛泽东在革命重要关头做重大决策时严肃认真的思考过程，同时，也反映了毛泽东和人民群众的密切关系和依依惜别之情。"忽然用力一挥"表现了毛泽东的英明果断和一往无前的英雄气概。毛泽东在这个欢送过程中一句话也没有讲,但他的手势和动作却胜过千言万语。

非语言沟通代替有声语言在舞台表演中的作用最为突出。在表演时,完全凭借手、脚、体形、姿势、表情等身体语言,就能够准确地传递特定的剧情信息。需要指出的是,在管理工作中所采用的非语言沟通与舞台表演时的身体语言应当有所区别。在商务沟通中运用非语言沟通,要尽量生活化、自然化,与当时的环境、心情、气氛相协调,如果运用非语言沟通时过分夸张或矫揉造作,则只会给别人造成虚情假意的印象,影响沟通的质量,甚至会起到反作用。

(2)强化效果。非语言沟通不仅可以在特定的情况下替代有声语言,发挥信息载体的作用,而且在许多场合,还能强化有声语言信息的传递效果。例如,当领导在会上提出一个远大的计划或目标时,他必须用准确的非语言沟通来体现这个目标的重要性。他应该用沉着、冷静的目光扫视全体人员,用郑重有力的语调宣布,同时脸上表现出坚定的神情。在表达"我们一定要实现这个目标"时,要有力地挥动拳头。在表达"我们的明天会更好"时,要提高语调,同时,右手向前有力地伸展,等等。这些非语言沟通大大增强了说话的分量,体现出决策者的郑重和决心。

(3)体现真相。非语言沟通大多是人们的非自觉行为,其所荷载的信息往往都在交际主体不知不觉中显现出来。它们一般是交际主体内心情感的自然流露,与经过人们的思维进行精心组织的有声语言相比,非语言沟通显得更直接。非语言沟通在交际过程中可控性较小,它所传递的信息更具有真实性,正因为非语言沟通具有这个特点,所以非语言沟通所传递的信息常常可以印证有声语言所传递信息的真实与否。在现实交际中常出现"言行不一"的现象。正确判断一个人的真实思想和心理活动,要通过观察他的身体语言,而不是有声语言。因为有声语言往往会掩饰真实情况。日常工作中,同事之间的一个很小的助人动作,就能验证谁是真心诚挚的。在商务谈判中,可以通过观察对方的言行举止,判断出对方的合作诚意和所关心的目标,等等。

(4)表达情感。非语言行为主要起着表达感情和情绪的作用,例如,相互握手表示着良好人际关系的建立,父母摸摸小孩子的脑袋表示爱抚;夫妻、恋人、朋友间的拥抱表示相互的爱恋和亲密。在历史上,管宁通过"割席"这个无声行动拉开了同不专心学习的伙伴华歆的距离;汉文帝垂询贾谊时,"夜半虚前席"则缩小了君臣之间的距离。例如,吴敬梓的《儒林外史》第五回和第六回中写严监生病入膏肓,弥留之际已不能说话,但是还不咽气,把手从被单里拿出来,赵氏慌忙揩揩眼泪,走近上前道:"爷,别人都不相干,只有我晓得你的意思!你是为那灯盏里点的是两茎灯草不放心,恐费了油。我如今挑掉一茎就是了。"说罢,忙走去挑掉一茎。众人看严监生时,点一点头,把手垂下,当时就没有了气。这段描写固然是夸张地刻画了严监生吝啬的性格特点,但更说明了人在不能说话的情况下能用体态语言来表情达意。

2. 语言沟通和非语言沟通的区别

语言沟通和非语言沟通也有很大的区别。惠亚爱主编的《沟通技巧》(人民邮电出版社,2008年版)一书中对此进行了专门论述。

(1)沟通环境。在非语言沟通中,我们只运用到了眼睛,因此可以不必与人直接接触。比如,可以通过一个人的着装、动作判断他的性格与喜好,可以通过他的收藏品判断他的业余爱好,也可以通过他的表情看出他与朋友的关系程度。通过约会的地方也可以看出他对约会的重视程度。非语言沟通可以不被观察者所知。而语言沟通必须是面对面进行。

(2) 反馈方式。除了语言外,对于它所给予的信息,我们给予大量的非语言反馈。我们的很多感情反应是通过面部表情和形体位置的变化表达的。通过微笑和点头来表示对别人说的内容感兴趣,通过坐立不安或频频看手表来表示缺乏兴趣。

(3) 连续性。语言沟通从词语开始并以词语结束,而非语言沟通是连续的。无论对方是沉默还是在说话,只要他在我们的视线范围内,他的所有动作、表情都传递着非语言信息。比如在一家商店里,一个妇女在面包柜台旁徘徊,拿起几样,又放下,还不时地问面包的情况,这表明她拿不定主意。客户在排队时,他不停地把口袋里的硬币弄得叮当响,这清楚地表明他很着急。几个小孩试图确定自己的钱能买收款处附近糖果罐中的多少糖果,收款员皱着眉头叹了口气,可以看出她已经不耐烦了。商店中所有人都传递着非语言信息,并且是连续的,直到他们从人们的视线中消失。

(4) 渠道。非语言沟通经常不止利用一条渠道。例如,想象一个球迷在观看一场足球赛时所发送的信息,任何人都会知道他喜欢哪支球队,因为他穿有该队代表色的衣服,或者举着牌子。当该队得分时,他跳起来大声喊叫。这样,在他的非语言沟通中,他既使用了视觉渠道,又使用了声音渠道。又比如一次会议,地点在五星级饭店,配有最好的食物,高层领导出席,着装正式。这些都表明此次会议是非常重要的。

(5) 可控程度。人们很难控制非语言沟通,其中控制程度最低的领域是情感反应。人们在高兴时会不由自主地跳起来,愤怒时会咬牙切齿。绝大多数非语言信息是本能的、偶然的,这与语言沟通不同,在语言沟通时,人们可以选择词语。

(6) 结构。因为非语言沟通是在无意识中发生的,所以它的顺序是随机的,并不像语言沟通那样有确定的语言和结构。如果与人交谈,会计划自己要说的话,但不会计划什么时候跷腿、从椅子上站起来或看着对方,这些非语言动作对应着交谈期间所发生的情形。仅有的非语言沟通规则是一种行为在某种场合是否恰当或容许。例如,在一些正式场合,即使遇到不高兴的事,也不能随意表露出来,要喜怒不形于色。

(7) 掌握。语言沟通的许多规则,如语法、格式,是在结构化、正式的环境中得以传授的,如学校。而很多非语言沟通没有被正式教授,主要是通过模仿学到的,小孩子模仿父母、兄弟姐妹和同伴,下属模仿上司等。

5.2 非语言沟通的表现形式

1. 副语言

副语言又称类语言,是有声音而没有固定语意的语言。有声是相对于无声而言的。从发声的角度讲,人类的交际活动主要分为有声语言交际和无声语言交际两类。无声类主要包括体态语言,如表情、眼神、动作等。有声类主要包括常规语言和副语言。常规语言是指人们平时交谈时运用的分音节语言。副语言与常规语言的区别在于:其一,常规语言是分音节的语言,而副语言的语音形式诸如重音、语调、笑声、咳嗽等都不是正常的分音节语言;其二,常规语言绝大多数有较为确定的语意,而副语言本身没有固定的语意,只有在具体的语境中才能表达出特定的意义。正因为副语言的语意的不确定性,所以,在交际过程中适当地运用副语言能产生特殊的表达效果。

  副语言主要包括两类:一是伴随有声语言而出现的声音特性,如停顿、重音、语速、语调等;二是功能性发声,如笑声、哭声、呻吟、叹息、咳嗽等。前者往往与常规语言同时发生,表现为常规语言的表达方式。后者可以单独使用,在具体的语境中有相对独立的语意。相比常规语言,副语言更加依赖语境。脱离语境,副语言只剩下了一些功能性的发声,是纯粹的语音形式而没有确切的语意。副语言在不同语境中的运用使其丰富的语意信息由此产生,副语言的交际功能就是由其丰富的语意信息决定的。概括起来,副语言主要有以下几个方面的交际功能:①强调功能。副语言借助重音、停顿或语速、语调的变化等形式强调所要表达的内容。②替代功能。在交际过程中,副语言有时能直接替代常规语言并产生特别的表达效果。比如,当甲问乙:"你家儿子考上大学没有?"乙一声"叹息",就等于回答了甲:"没有考上,别提了。"③暗示功能。副语言的声音里有特定的含义,常充作一种"声音暗示"。例如,咳嗽声可以表示默契、暗中提醒;打哈欠声可以表示厌烦;打喷嚏声可以表示嗤之以鼻;笑声可以表示蔑视,等等。④否定功能。同样的语句因说话者的语调、语气或重音运用的不同,可能会有截然不同的语意。比如,"你来得真早!"既可以是直接肯定对方早来的事实,也可以是对对方迟到的讽刺。这句话的否定意义就是通过加重"真"字的语音并放慢其语速而表达的。

  (1)音质。音质也叫音色,是声音的特色,是一个声音与其他声音相互区别的根本标志。每个人都有独一无二的音质,可以根据声音来判别其人。比如,隔壁房间有几个熟悉的人在大声说话,便可以根据各人音质的不同来判断是张三还是李四在说话。或者即使是自己不认识的一群人在隔壁说话,也能大概知道是老人还是小孩,是男的还是女的在说话。作为声音的自然特性,音质虽然没有区分语意的功能,但它在语言交际中却能产生特别的表达效果。例如,听到一个明亮、清脆、音调谐婉的女性声音,或者是一个带有磁性浑厚的男中音时,都会感到特别悦耳、动听;相反,如果女的声音宽厚,男的声音尖细,则让人们感到不舒服。

  正因为音质是一个人的声音特征,是每个人特有的说话方式,所以音质有时能够透露出一个人的性格和个性。有学者研究得出:说话带呼吸声的男性年轻并且富有艺术感;女性则长相漂亮,有女人味,但较为浅薄。声音细弱的男性普普通通,没有什么特殊能力,无足轻重;女性则不够成熟。声音紧张的男性年龄较大,不易屈服;女性则大多年龄较轻,容易动感情,智商稍低。声音清晰、有活力的男性身心健康,富有热情,女性则富有朝气,态度随和,人缘好。声调富于变化的男性充满活力,富有同情心和爱美之心;女性声调富有变化则显得充满活力,能体贴人,善于与人沟通,等等。

  音质有时会发生"性别错位"和"年龄错位"。成熟的男性如果说话声音尖细,就是"娘娘腔";女性发音厚重,则被认为没女人味,这是"性别错位"。如果年少而声音苍老,或者年长而声音稚嫩,则属于音质的"年龄错位"。音质错位会给交际带来消极影响,因此,在交流沟通中要注意自己的音质,并改善自己的发声。虽然音质是由一个人发声器官的生理特征决定的,但如果注意自己的发音方法和习惯,有意改变自己自身的发音弱点,音质也是可以得到一定改善的。

（2）音调。音调是指语句的语调。语调是指说话者为了表达意思和感情而表现出来的抑扬顿挫的语句调子。在普通话里，最常见的语调有升调和降调两种。升调是句尾升起的调子，一般疑问句用升调。降调是句尾降低的调子。陈述句、祈使句、感叹句一般用降调。同样的句子，因语调不同，其语意大不相同。如"你们能赢"这句话，如果是用来鼓励对方，或相信对方一定能赢，则用降调表达肯定的语气。反过来，对方已经赢了，但说话者对此表示怀疑，说"你们能赢?"用的是升调，则令对方不愉快。

语调的升降同句意的表达有密切的关系，如果把特定的语意和说话者的感情变化包括在内，则句子升降的类型实际上也并不止两种。比如，你好啊（平直调，说话者平常地问候对方）；你好啊（升调，说话者关切地询问对方的身体或其他情况的变化）；你好啊（高升调，说话者夸赞对方做出了令人惊讶的事情）；你好啊（曲折调，说话者厌恶或讽刺对方）。同样的语句因语调的不同而有多种不同的语意，这一特点说明，在语言交际中，要重视语调的作用，善于运用不同的语调来表达确切的语意和情感。

（3）语速。语速是指说话的快慢。每个人说话都有一个比较恒定的语速。有人说话语速较快，有人说话语速较慢，这与说话者的个性相关。一般来说，性子比较急的人说话速度偏快，慢性子的人说话速度也慢。语速在交际中的作用在于说话者可以利用语速来调整感情，更好地表情达意。一般来说，人在激动、兴奋、喜悦、愤怒时语速较快，在悲伤、沉郁、忧郁、疑虑时语速较慢。在演讲或说话时，为了强调某些特定信息，讲话者有意放慢语速，并加重语气。对于不太重要的信息，则快速带过。比如，电影或书本中常出现的，革命者面对敌人的拷问，一字一句地回答："不—知—道!"或者自豪地说："我是共—产—党—员!"

同样的句子因不同的语速而表达不同的语言信息。例如，召唤某人时，他回答："来啦!"这两个字如果拉长语气即放慢语速说的话，则表示高兴、欢快的情绪；如果是快速的语气，则表示他不情愿、不耐烦的态度。演讲和说话时，讲话者可通过调整语速，调节和控制现场气氛，以达到更好的表达效果。例如，林肯"他会以很快的速度说出几个字，当他希望强调的那个单字或句子时，他会让他的声音拖长，并一字一句，说得很重，然后就像闪电一般，迅速把句子说完……他会把他所要强调的单字或句子的时间尽量拖长，几乎和他在说其余五六句不重要句子的时间一样长。"相反，如果讲话者一直以没有变化的语速和平直的语调发言，听者会感到乏味，气氛也会沉闷，这时可以加快或放慢语速，并结合语调的变化，来引起听者的注意。

（4）停顿。停顿是语流中声音的暂时中断，这是副语言中特殊的一种类型。因为副语言是一种有声的语言，是通过声音来传达信息，人们早已认识；停顿虽然没有声音（这里我们可以理解停顿是一种音量值为零的语言），但在语言交际中，适当地运用停顿，也可传达信息，并产生较好的表达效果，所谓"此时无声胜有声"。这里所讲的停顿是副语言范畴中的停顿。停顿分为常规停顿和超常规停顿。常规停顿是指语法停顿和逻辑停顿，这种停顿并没有产生特殊的语意；副语言中的停顿是一种违反常规的停顿，停顿能传达特殊的信息，并产生特别的表达效果。进行口语交际时，适当地运用停顿可调节言语的节奏，并能控制语速，这样有利于讲话者迅速地调整思维，对自己的言语进行编码，也便于对方能够接受,使谈话达到最佳效果。比如,提出问题以后的停顿,不管是让人回答还是自问自答,都可以给对方提供思考的时间;在句群和段落之间,适当的停顿可提示对方谈话层次的转换。

停顿作为一种辅助性的交际手段,它的作用主要表现为对语言信息的强调。马克·吐温说:"停顿经常产生非凡的效果,这是语言本身难以达到的。"例如,英国政治家赖白斯有一次在伦敦发表一个关于劳工问题的演讲,他讲到中间,突然停顿了27秒之久,正当听众不可思议时,赖白斯突然大声说:"诸位适才所感觉到的局促不安的27秒时间,就是普通工人垒起一块砖所用的时间。"赖白斯的停顿使得听众对停顿之后所说的话引起了特别的注意。停顿在演讲时开场白之前运用能"压场";而演讲即将结束时较长时间的停顿,往往会产生铿锵有力的效果。

(5)重音。重音是指说话和朗读时把句子里的某些词语念得比较重的语言现象。语言学中的重音有语法重音和逻辑重音两种。根据语法结构的特点而把句子的某些部分重读的,叫语法重音。一般短句中的谓语部分以及句子中的修饰、限制成分如定语、状语、补语部分常常要重读。例如,春天到了。("到"是谓语,读重音)她是个很漂亮的姑娘。("很漂亮"是定语,读重音)月亮慢慢地升起来了。("慢慢"是状语,读重音)屋里打扫得很干净。("很干净"是补语,读重音)根据表情达意的需要,对句子中需要突出和强调的词语重读,叫逻辑重音。例如,我知道你会唱歌。("我"读重音,表示别人不知道你会唱歌)我知道你会唱歌。("知道"读重音,表示你不要瞒着我了)我知道你会唱歌。("你"读重音,表示别人会不会我不知道)我知道你会唱歌。("会"读重音,表示你怎么说不会呢)我知道你会唱歌。("唱歌"读重音,表示会不会唱戏我不知道)重音主要通过增加声音的强度来体现。语法重音是一种常规性的重读,其语音强度并不是很强;逻辑重音具有突出强调的作用,其强度比语法重音要强。

此外,在谈话或演讲时,讲者对所讲的内容充满特殊的感情,用重音来表达。有人称为感情重音。比如,京剧《智取威虎山》一段,当杨子荣问小常宝的父亲在深山老林里住了多久时,小常宝父亲满腔悲愤,重重地吐出七个字"八年了,别提它了"。再如,《生的伟大,死得光荣》一文中刘胡兰面对敌人铡刀的威胁,铁骨铮铮地回答道:"怕死不当共产党员!"这句话用饱含强烈感情的重音,表现了刘胡兰对党的无限忠诚和大无畏的英雄气概。

(6)笑声。笑声是一种功能性发声。因为笑声是有声音的传出,且声音本身有一定的含义。功能性发声大多都有相应的文字符号,如哈哈大笑、咯咯地笑等。笑声既是一种生理现象,也是一种心理现象,是人们内心情感的外部显示,同时它还是传递信息的手段。人类的笑多种多样,文字中对笑的形容也丰富多彩。诸如开怀大笑、哈哈大笑、放声大笑、捧腹大笑、笑弯了腰、笑出了眼泪、笑得肚子痛、笑得发抖、狂笑、欢笑、嬉笑、傻笑、耻笑、噬笑、憨笑、奸笑、干笑、冷笑、阴笑、苦笑、哭笑、嘲笑、皮笑肉不笑、怪笑、媚笑、浪笑、假笑,等等,每一种笑声里都有特定的信息。

笑声在交际中的作用是显而易见的。首先,无论是爽朗的笑声还是清脆的笑声都能给人带来愉快的情绪,活跃交际的气氛。其次,人们从各种不同的笑声中能解读出不同的语意,体察笑者真实的情感,比如,面对敌人的威逼利诱,革命者哈哈大笑,那是对敌人极大的蔑视,表明了革命者坚定的信念和开阔的襟怀,同时笑声里传达出革命者讽刺和愤怒的情绪。再次,由于笑声是一种生理和心理复合的现象,即笑声可以是一种条件反射,情不自禁的情绪反应,也可以是一种自觉意识的表现,也即人们可以故意地发出笑声并通过笑声来传情达意。比如,在听了别人一个并不可笑的笑话故事后,人们用笑声来鼓励和安慰讲故事者。最后,诸如假笑、干笑、冷笑、阴笑以及嘲笑等有意而为之的笑,能传达出特殊的信息。

（7）咳嗽声。咳嗽本来只是一种生理现象,嗓子发痒或因呼吸系统病变就会引起咳嗽。但它有时候也是一种功能性发声,人们有意发出咳嗽声并借此传达特定的信息。例如,在发言之前,讲话人习惯咳嗽一两声,一为镇定自己的情绪；二为提示别人安静下来。咳嗽声还可以用来填补语空,如果在说话时出现因一时的思维障碍而可能导致讲话突然中断,则说话人习惯用咳嗽声来填补语言间隙,从而使说话显得连贯。

（8）叹息声。叹息首先是一种生理性的反应,当人们伤感、郁闷时,常不由自主地发出叹息,借以排解内心苦闷的情绪。同时又是一种功能性的发声,它可以作为信息传递的一种方式,在具体的语境中,有其较明确的含义。比如,当别人诉说令人悲伤的事情时,适时地叹息一声,这叹息是表示同情予以安慰的意思。当恰逢生活或工作遇到不如意的情况时,别人问及了自己的近况,一声叹息也等于回答了别人,不愿多说也无须多说。一个经常性地长吁短叹的人,似乎总是在向别人诉苦,时间久了,别人的同情也会转成厌烦。正因为叹息是负面情绪的外化形式,所以,在交际中要注意其使用。当别人高兴之际,叹息会引起别人的不快；而当别人悲伤之时,无动于衷,不作一声,悖于常情,也会令人不满。

（9）嘘声。嘘声表示语意的功能是非常明显的,而且情绪化色彩很强,在公众场合用得较为普遍。嘘声常常表现为观众的一种否定、对抗甚至是反抗的激烈情绪。比如,演员和球员在台上场上表现不令人满意时,观众常发出一片嘘声,促其下台或下场。在交际过程中,嘘声作为交际主体单方面发出的声音信号,虽然传达了特定的语意和情绪,但对交际客体来说是一种伤害,是交际客体主观上不愿意接受的。这样,嘘声就违背了交际中合作、礼貌和协调的基本原则。从这个意义上来讲,它不应该参与到交际过程中来。严格地说,嘘声表现的是一种不文明的行为。

2. 沉默

沉默即言辞、话语间的短暂停顿。沉默常常出现在高信息内容或低概率词项之间,是超越语言力量的一种高超的传播方式。因此,恰到好处的沉默也是一种艺术。比如,有一次,周总理主持记者招待会,有外国记者问:"中国有没有妓女？"回答:"有！"然后停下来。此时全场哗然。几秒钟后,他接下来说:"在中国的台湾。"少顷,掌声大作。这一恰到好处的停顿——默语,使后续的话语产生了惊人的效果。

所谓"沉默是金"是深刻的至理名言。例如,在舌战中适当沉默一会儿,是自信和有力的表现,是迫使对方说话的有效方法。只有缺乏自信,忐忑不安的人才会用喋喋不休来掩饰,只有愚人才不给对方以改变的机会。例如,青年男女之间倾心相爱,双眸含情脉脉,无言以对,这种沉默所传递的信息量要比语言大上几十倍,这绝对可以称得上"此时无声胜有声"。

沉默所表达的意义是丰富多彩的,它以语言形式上的最小值换来了最大意义上的交流,显示了精彩的艺术美。它可以是无言的赞许,也可以是无声的抗议；它可以是欣然的默认,也可以是保留已见;它可以是威严的震撼,也可以是心虚的无言;它可以是毫无主见,附和众议的表示,也可以是决心已定,无须多言的标志。

在一定的语境中,沉默是相对明确的,就像乐曲中的休止符一样,它不仅是声音上的空白,更是内容的延伸与升华。沉默确实是沟通中很厉害的武器,但是必须有效使用。否则,无论是在平时的日常生活中,还是商务沟通中,都会使另外一个沟通者无法判定行为者的真实意图而产生惧怕心理,因而无法达到有效的沟通。

3. 环境布置①

环境布置不仅影响人的工作效率和效果,而且也反映出许多信息。在管理过程中,环境布置的重点主要集中在办公室设计、房间颜色搭配及办公室陈设等方面。

(1)办公室设计。办公室设计主要有两种模式,即传统式与开放式。传统式办公室设计的特点是:四周设有若干办公室,中间有大厅。周边的大办公室供老板使用;有两扇窗户的办公室属于资深主管;而转角办公室——两面墙上带有窗户的房间,通常是高级主管或合伙人的办公室;建筑物内侧的办公室是资历较浅的主管的,那里没有窗户,但有一扇门,因此这里还是一个可以称为自己小天地的地方;中间大厅是属于低层职员和临时工的地方,在这里桌子就好像放在走道里,没有隐私可言,要在这里咒骂或抱怨实在困难,因为人们被置于众目睽睽之下。近年来,开放式办公室的概念已获得大部分公司的青睐。20世纪90年代半数以上的美国公司都采用开放式、大部分空间为员工而非经理所用的办公室。开放式办公室的拥护者声称,开放式办公室有助于建立民主的气氛,加强同事之间的沟通,甚至有研究认为,开放式的办公环境提高了员工的生产力。

(2)房间颜色搭配。研究显示,办公环境的颜色影响着员工和顾客的心理和感情。颜色能被看见,也能被感受到。红色、橙色、黄色会产生侵略性刺激,人们所处房间的地板、墙壁、天花板和家具如果是鲜艳的色彩,则会使人血压增高,心跳加快,并增加脑部活动。清凉的色彩使人的生理器官正常活动,如蓝色具有镇静的效果,而淡绿色则让人觉得安详、平和。

(3)办公室陈设。办公室陈设的摆放能够影响人们在此停留的时间。另外,办公桌的大小、外形也能影响来访者对主人的印象,而且能决定这个办公室开放性沟通的程度如何。

4. 态势语言

人们说话时,态势语言又称为"行为语言""人体语言""动作语言",是一种伴随着自然有声语言而实现交际功能的辅助性无声语言。当然,要完成交际任务,应以自然有声语言为主,态势语言只起强调、修饰、渲染的作用,但在某种特殊情况下,态势语言不但可以单独使用,甚至还可表达出有声语言难以表达的思想感情,直接替代了自然有声语言。成功的语言交际者就在于能将有声语言和态势语言配合得非常默契,将它们有机地协调起来。反之,如果在日常交际中,忽略了态势语言的选择和运用,则不仅会直接影响有声语言的表达效果,而且还会给别人留下不良印象,有损本身和代表组织的形象。

---

① 王建民.管理沟通理论与实务[M].北京:中国人民大学出版社,2005.

（1）面部表情语。在人体语言中，面部表情是最丰富、最有感染力的。"体语学"创立者雷·伯德惠斯特尔指出："光人的脸，就能做出大约 25 000 种不同的表情。"美国著名记者根室在《回忆罗斯福》中写道：在 20 分钟里，罗斯福的面部表情呈现出诧异、好奇、焦虑、同情、坚定、幽默、尊严、无可抵挡的魅力等不同的变化，而在这一段时间里他几乎没有说一句话。人类的面部表情还具有一致性。1957 年，美国心理学家艾斯曼做了一个心理学实验。在这个实验中，他从美国、日本、巴西、阿根廷、智利五个国家选择了受试者，让这些受试者辨认分别表现喜悦、厌恶、惊奇、悲哀、愤怒和恐惧六种情绪的照片。结果，绝大多数的辨认趋向一致。实验结果证明，人类的面部表情有较为一致的表达方式，面部表情可以说是一种"世界语"。面部表情可以从眼神、微笑和眉与嘴三个方面来分析。

① 眼神。在人类的面部表情中，眼神无疑是最具交流能量的了。有研究证明，在信息交流中，人们用 30%～60% 的时间与他人眉目传情。因此，在语言中有"眼睛是心灵的窗户""目成心许""一见钟情"等说法。

王建民教授在其《管理沟通理论与实务》（中国人民大学出版社，2005 年版）中对眼神的功能有如下归纳：一是专注功能，反映一个人的注意程度和感兴趣程度。因此进行商务交流时，要特别注意交流对象眼神的变化，当我们在向交流对象介绍某项业务或产品时，对方眼神无光，可能说明对方对我们的业务、产品没兴趣，或者对我们的介绍方式不感兴趣。此时就要及时地调整，重新激发对方的兴趣。二是说服功能，在劝说过程中，为了使被劝说者感到真诚可信，必须与对方保持较亲密的视线接触。三是亲和功能，与尽可能多的人保持友善的视线接触，是一个人建立良好人际关系的必要前提。我们很多人际关系的建立，正是从眼神交流开始的。屈原《九歌·少司命》中有："满堂兮美人，忽独与余兮目成。"说的就是眼神交流所达到的亲和功能。四是暗示功能，眼神交流的暗示功能最典型的例子，就是《国语·召公谏厉王弭谤》中的"道路以目"。暴虐的厉王严禁百姓议论朝政，违者处斩，于是"国人莫敢言，道路以目"，老百姓在路上不敢再用语言交流了，而是用眼神来暗示内心的不满。除了在这种特殊时期外，我们在一些特殊场合也会用到这种功能，如谈判、重要会议等。五是表达情感功能，人的眼神中可以很准确地表现出喜悦、厌恶、愤怒、悲伤、嫉妒等感情。在进行商务交流时，我们一定要高度关注交流对象眼神中的情感表现，并及时调整自己的交流内容和方式。同时，在用语言传递信息时，我们的眼神所表现出的感情内涵一定要与之密切配合。六是表示地位与能力功能，人的眼神可以表现出它的社会地位、在工作单位的地位及其领导能力。地位高的人、自信的人往往目光坚定有力；反之，则往往目光黯淡、散乱。街头卜卦算命者之所以常常能令接受服务的人信服，就是因为他们通过对对方眼神的探究进行推测而实现的。

眼神交流的方式主要由视线交流的长度、方向和瞳孔的变化三部分组成。视线交流的长度是指说话时视线接触的时间长短。一般来说，除关系特别密切的以外，视线交流的长度为 1～2 秒。视线交流的方向表示着不同的含义：视线向下（俯视），表示"爱抚、宽容"，也可以表示"轻视"；视线平行接触（正视），表示"平等"，也可以表示"欣赏"；视线向上（仰视），表示"景仰、期待"；视线侧面接触（斜视），表示"厌恶、轻视"等。要想对视线交流方向做系统的感觉和体会，不妨仔细观看电影中镜头的拍摄角度，在平拍、俯拍、仰拍等镜头中，都会或隐或显地表现出拍摄者的隐含之意。在古汉语中，有"青眼""青睐""白眼"

等说法,其实说的就是视线交流的方向,"青眼""青睐"就是正眼相看的意思,"白眼"当然就是斜视之意。瞳孔的变化是指视线接触时瞳孔的放大和缩小。交流者在产生共鸣时会兴奋、愉悦,此时瞳孔就会放大,眼睛就会有神采,"神采奕奕""炯炯有神"说的就是这样的眼神。而当痛苦、厌恶时,瞳孔就会缩小,眼神就会黯淡无光。

在沟通过程中,与朋友会面或被介绍认识时,可凝视对方稍久一些,这既表示自信,也表示对对方的尊重。双方交谈时,应注视对方的眼鼻之间,表示重视对方及对其发言感兴趣。当双方缄默不语时,就不要再看着对方,以免加剧因无话题显得冷漠、不安的尴尬局面。当别人说错话或显拘谨时,务必请马上转移视线,以免对方把自己的眼光误认为是对其的嘲笑和讽刺。如果希望在争辩中获胜,那就千万不要移开目光,直到对方眼神转移为止。送客时,要等客人走出一段路,不再回头张望时,才能转移目送客人的视线,以示尊重。

在谈判中也很讲究眼神的运用。一方让眼镜滑落到鼻尖上,眼睛从眼镜上面的缝隙中窥探,就是对对方鄙视和不敬的情感表露。一方在不停地转眼珠,就要提防其在打什么主意。双目生辉,炯炯有神,是心情愉快、充满信心的反映,在谈判中持这种眼神有助于取得对方的信任和合作。相反,双眉紧锁、目光无神或不敢正视对方,都会被对方认为无能,可能导致对自己不利的结果。

眼神还可传递其他信息,已被人注视而将视线移开的人,大多怀着相形见绌之感,有很强的自卑感。无法将视线集中在对方身上或很快收回视线的人,多半属于内向型性格。仰视对方,表示怀有尊敬、信任之意;俯视对方表示有意保持自己的尊严。频繁而急速地转眼,是一种反常的举动,常被用作掩饰的一种手段,或内疚,或恐惧,或撒谎,需据情作出判断。视线活动多且有规则,表明其在用心思考。听别人讲话,一面点头,一面却不将视线集中在谈话人身上,表明其对此话题不感兴趣。说话时将视线集中在对方身上的人,表明渴望得到理解和支持。游离不定的目光传递出来的信息是心神不宁或心不在焉。

眼神表达出异常丰富的信息,但微妙的眼神有时是只可意会,不可言传,只能靠人们在社会实践中用心体察、积累经验、努力把握,方能在沟通中灵活运用眼神。

② 微笑。著名画家达·芬奇的杰作《蒙娜丽莎》是文艺复兴时期最出色的肖像作品之一。画中女士的微笑给人以美的享受,使人们充满对真、善、美的渴望,至今让人回味无穷。

微笑,是一种特殊的语言——"情绪语言"。它可以和有声语言及行动相配合,起"互补"作用,沟通人们的心灵,架起友谊的桥梁,给人以美好的享受。工作、生活中离不开微笑,商务交往中更需要微笑。微笑是世界通用的体态语,它超越了各种民族和文化的差异。微笑是人人都喜爱的体态语,正因为如此,无论是个人还是组织,都充分重视微笑及其作用。美国有一个城市被称为"微笑之都",它就是爱达荷州的波卡特洛市,该市通过一项法令,该法令规定全体市民不得愁眉苦脸或拉长面孔,违者将被送到"欢容遣送站"去学习微笑,直到学会微笑为止。波卡特洛市每年都举办一次"微笑节",可以想象,"微笑之都"的市民的微笑绝不比《蒙娜丽莎》逊色。近年来,日本许多公司员工都在业余时间参加"笑"的培训,他们认为这样可以增强企业内部凝聚力,改善对外服务水平,提高企业效益。根据日本传统,无论男人还是女人,遇到高兴、悲伤或愤怒时,都必须要学会控制情绪,以保持集体和睦。因为日本人认为藏而不露是一种美德。但自从日本经济进入衰退期后,生意越来越难做,商家竞争日趋激烈。于是,为招揽顾客,日本商家,特别是零售业和服务业,新招迭出。其中之一就是让员工笑脸迎客。在今日的日本,数以百计的"微笑学校"应运而生。日本一些公司的员工一般在下班后去学校接受培训,时间为 90 分钟,连续受训一个星期。据称,经过微笑培训,日本不少公司的销售额"直线上升"。日本许多公司招工时,都把会不会"自然地微笑"作为一个重要条件。

微笑是有规范的,一般要注意四个结合:一是口眼相结合。要口到、眼到、神色到,笑眼传神,微笑才能扣人心弦。二是笑与神、情、气质相结合。这里讲的"神",就是要笑出自己的神情、神色、神态,做到情绪饱满,神采奕奕;"情"就是要笑出感情,笑得亲切、甜美,反映美好的心灵;"气质"就是要笑出谦逊、稳重、大方、得体的良好气质。三是笑与语言相结合。语言和微笑都是传播信息的重要符号,只有注意微笑与美好语言相结合,声情并茂,相得益彰,微笑方能发挥出它应有的特殊功能。四是笑与仪表、举止相结合。以笑助姿、以笑促姿,形成完整、统一、和谐的美。尽管微笑有其独特的魅力和作用,但若不是发自内心的真诚微笑,那将是对微笑的亵渎。有礼貌的微笑应是自然的坦诚,内心真实情感的表露。强颜欢笑、假意奉承的"微笑"则可能演变为"皮笑肉不笑""苦笑"。比如,拉起嘴角一端微笑,使人感到虚伪;吸着鼻子冷笑,使人感到阴沉;捂着嘴笑,给人以不自然之感,这些都是失礼之举。

③ 眉与嘴。眉毛也可以表现出情绪、情感的变化。人们在表示疑问、兴奋、惊恐、愤怒时,眉毛会出现不同的变化。嘴的动作也能反映人的内心世界。嘴部的表情是通过嘴形变化呈现的。

(2)肢体语言。肢体语言是指躯干和四肢语言。在沟通中比较重要的有头部语言、手部语言、腿部语言等,莫文虎先生在其《商务交流》(中国人民大学出版社,2008 年版)中对此进行了专门的阐述。

① 头部语言。法国舞蹈教师萨尔特说:"作为表现媒介的人体可以分为三个区域:头部和颈部为精神区域,躯干为精神—情感区域,臀部和腹部为物质区域……"这个说法很有见地。头部处于人际交流最上端的位置,也是交流时对方比较关注的部位,头部语言是否得体,也对交流的成功与否起着重要作用。头部微微抬起,表示自信、自豪。但抬得太高,则容易让人产生骄傲自负的感觉。头部低垂,往往表示情绪低落、沮丧。头部正对着交流者,表示对对方的关注;在谈话中,忽然将正对对方的头部转向其他方向,可能表示对对方话题的回避。《孟子·梁惠王下》中:"王顾左右而言他。"说的就是这种情况。点头,既可表示同意,也可表示理解,还可表示礼貌、问候,依据场合不同而各有变化。摇头则多表示拒绝、否定之意。头部作为精神区域,它比较容易受到理智的控制。在沟通中要考虑交流场合、目的,设计合宜的头部语言。

② 手部语言。手部是人类肢体中最灵活的部位,手和手臂相互配合,可以产生许多姿态和动作,形成丰富多样的手部语言。

手部语言很重要的表现形式是手势语,不同文化的手势语其种类、含义都有较大差别。美国人面对开过来的车辆,右手竖起大拇指向右肩晃动,表示要求搭便车。在其他时候,竖起大拇指,可表示友好、赞赏。但这一手势在澳大利亚和新西兰,则被认为是淫荡之意。前任美国总统布什由于不了解这一文化差异,在结束了对澳大利亚的访问,在机场与澳大利亚欢送者告别时,竖起大拇指,就引起了澳大利亚人的误会。此外不同民族手势的使用频率也不一样,美国人、北欧人对手势的使用比较节制,而中东、南欧和南美人使用得比较多。西欧有一句谚语:"意大利人的双臂如果被截去,他们宁可不说话",说的就是这种情况。美国心理学家麦克·阿尔基对各国手势语的使用进行了调查,结果发现,在1小时的说话中,意大利人做手势80次,法国人120次,墨西哥人180次,而芬兰人只有1次。

手部语言种类繁多,在人际沟通中使用最频繁的就是握手。手势语言在各国有不同的类型和各自的含义,我们在进行跨国文化交流时,要特别注意了解我们与之交流的国家的手势语知识,以避免误会。1959年,赫鲁晓夫访问美国时,把双手举过头鼓掌。这个手势在俄罗斯表示友谊,可是在美国,通常是在战胜对手后表示骄傲的意思。苏、美在20世纪五六十年代本来就是"冷战"的对手,赫鲁晓夫这一举动使许多美国人感到十分不快。

③ 腿部语言。腿部语言也能表现出情绪、情感。站立时双腿交叉,给人以自我保护或封闭防御的感觉。相反,说话时双腿和双臂张开,脚尖指向谈话对象,则是友好交谈的姿势。架腿而坐,表示拒绝对方并保护自己的势力范围。不断变换架腿的姿势,或者无意识地抖动小腿、脚后跟,是情绪不稳定、焦躁的表现。

在人际沟通中,要控制好自己的身体语言,使自己的身体语言的表现与交流目的相一致。同时要注意观察对方的身体语言的表现,"观其言察其行",由身体语言的表现,探究其内心情绪、性格等,为确定合适的交流策略提供信息基础。

案例分析

1. 一个微小举动

某城市电台的一位主持人时常经过一个地下通道,见到一个男孩坐在通道的一角弹着吉他唱歌。男孩总是戴着一副墨镜,显然是个盲人。他的歌唱得很好,并且唱的大多是人们喜欢的歌曲。主持人为了听他唱歌,常常走得很慢,等他一曲唱完,便走到他跟前放下一点零钱再离开。

有一天下雨了,男孩唱的是主持人很喜欢的《光辉岁月》。她就站在那里倾听,男孩唱得很投入,她也被他的投入打动了。他唱完的时候,她像往常一样,在他的琴袋里放下零钱。这时,男孩突然抬起头说:"谢谢你,谢谢你多次给我的帮助。我还要谢谢你,你每一次经过的时候,都是蹲下来往我的琴袋里放钱。我在这里唱了3年的歌,你是唯一一个蹲下来放钱的人。我听得出你走路的声音,你总是轻轻地蹲下来,轻轻地离去,虽然我的眼睛看不到你。"她很吃惊。他摘下墨镜,一双很大的眼睛,却没有光泽。他又说:"我就要离开这座城市了,今天我在这里就是为了等你。我想在我临走的时候唱一首歌给你。"

男孩子调了一下琴弦,轻轻地唱起了《我的眼神》。歌曲很优美,令人感动。

一点点小事,一个微小举动,看起来微不足道,但在人际沟通中所带来的刺激和影响并不小。

(资料来源:张喜春,刘康声,盛暑寒. 人际交流艺术[M]. 北京:北京交通大学出版社,2009.)

思考与讨论：
(1) 非语言沟通在沟通中发挥着怎样的作用？
(2) 本案例对你有什么启示？

2. 徐铸成的采访经历

我国新闻界的前辈徐铸成先生有一次谈到他早年采访中的一段经历：1928年阎锡山和冯玉祥曾经酝酿联合推翻蒋介石，可是当冯玉祥到达太原时，阎锡山却把他软禁起来，借此行动向蒋介石要钱、要枪。后来冯玉祥的部下作了一番努力，才逐步扭转危局。那天徐铸成到冯玉祥驻太原的办事处采访，看到几个秘书正在打麻将，心里一动，估计冯玉祥已经脱身出走了，因为冯治军甚严，如果他在家的话部下是不敢打牌的。徐铸成赶紧跑到冯玉祥的总参议刘志洲家采访，见面就问："冯玉祥离开太原了？"对方大吃一惊，神色紧张地反问："啊？你怎么知道？"这个简短的对答，完全证实了徐铸成的判断。徐铸成就这样通过一桌麻将和采访对象的神色语气，获得了冯玉祥脱身出走的重要信息。以后他又经过深入的访谈，摸清了冯玉祥、阎锡山将再度联合的政治动向，在当时这是一条极其重要的政治新闻。

（资料来源：黄满宇.商务沟通[M].北京：清华大学出版社，2019.）

思考与讨论：
(1) 徐铸成的采访经历说明非语言沟通具有怎样的作用？
(2) 本案例对你有何启示？

3. 非语言行为暗示

星期五下午3:30。

宏达公司经理办公室。

经理助理李明正在起草公司上半年的营销业绩报告。这时公司销售部副经理王德全带着公司销售统计材料走进来。

"经理在不在？"王德全问。

"经理开会去了。"李明起身让座，"请坐。"

"这是经理要的材料，公司上半年的销售统计材料全在这里。"王德全边说边把手里的材料递给李明。

"谢谢，我正等着这份材料呢。"李明拿到材料后仔细地翻阅着。

"老李，最近忙吗？"王德全点燃一支烟，问道。

"忙，忙得团团转！现在正忙着起草这份报告，今晚大概又要'开夜车'了。"李明指着桌上的文稿回答道。

"老李，我说你啊应该学学太极拳。"王德全从口中吐出一个烟圈说道，"人过四十，应该多注意身体。"

李明闻到一股烟味，鼻翼微微翕动着，心里想："老王大概要等抽完了这支烟才离开，可我还得赶紧写这篇报告。"

"最近，我从报上看到一篇短文，说无绳跳动能治颈椎病。像我们这些长期坐办公室的人，多数都患有颈椎病。你知道什么是'无绳跳动'吗？"王德全自问自答地往下说，"其实很简单……"

李明心里有些烦,可是碍于情面不便逐客,他瞥了一眼墙壁上的挂钟,已经 16:00 了,李明把座椅往身后挪了一下,站起来伸了个懒腰说:"累死我了。"李明开始动手整理桌上的文稿。

"'无绳跳动'与'有绳跳动'十分相似……"王德全抽着烟,继续着自己的话题……

(资料来源:王建民.管理沟通理论与实务[M].北京:中国人民大学出版社,2005.)

思考与讨论:

(1) 王德全的行为是沟通还是聊天?为什么?

(2) 李明用哪些非语言行为暗示了自己的繁忙或是不耐烦?

(3) 如果你是王德全,遇到这种情况会怎么办?

(4) 你认为李明该怎么做才能更明确地传递信息?

实践训练

1. 沟通游戏:非语言沟通

游戏目的:证明沟通有时完全可以通过肢体动作完成,而且同样行之有效;证明通过手势和其他非语言的方法完全能够实现人与人之间的沟通。

游戏形式:全体学员,2 人一组。

游戏时间:10 分钟。

游戏要求:

(1) 向对方介绍自己。一方先通过非语言的方式介绍自己,3 分钟后双方互换。

(2) 在向对方进行自我介绍时,双方都不准说话,整个介绍必须全用动作完成,大家可以通过图片、标识、手势、目光、表情等非语言手段进行沟通。

(3) 请大家通过口头沟通的方式,说明刚才通过肢体语言所表达的意思,与对方的理解进行对照。

相关讨论:

(1) 你用肢体语言介绍自己时,表达是否准确?

(2) 你读懂了多少对方用肢体语言表达的内容?

(3) 对方给了你哪些很好的线索使你了解他?

(4) 你在运用非语言沟通时存在哪些障碍?

(5) 怎样才能消除或削弱这些障碍?

(选自:王建民.管理沟通理论与实务[M].北京:中国人民大学出版社,2005.)

2. 测试

你了解身体语言吗

(1) 当一个人试图撒谎时,他会尽力避免与你的视线接触。(对/错)

(2) 眉毛是传达感情状态的关键线索之一。(对/错)

(3) 所有的运动和身体行为都有其含义。(对/错)

（4）大多数身体语言交流是无意识行动的结果,因而是个人心理活动最真实的流露。(对/错)

（5）在下面哪种情况下,一个人最可能采用身体语言交流方式?
    A. 面向 15~30 个人发表演讲
    B. 与另外一个人进行面谈

（6）当一位母亲严厉斥责她的孩子,而又面带微笑时,孩子将会:
    A. 相信语言信息
    B. 相信身体语言信息
    C. 同时相信两种信息
    D. 两种信息都不相信
    E. 变得迷惑不解

（7）如果你坐在图 5-1 所示的位置 1 的时候,那么另外一个人坐在哪个位置能够最充分显示出合作的姿态,并最有利于非言语交流?

图 5-1　座位图

（8）如果你想表示要离开,那么你将采用什么样的动作?请写下来。

（9）别人对你的反应取决于你通过交流留给他们的印象。(对/错)

（10）下面哪些举动能使你给人留下更好的印象?
    A. 谈话中不使用手势
    B. 避免较长的视线接触
    C. 仅偶然地露出微笑
    D. 上述所有动作
    E. 不包括上述任何动作

（11）身体语言交流相对于口头交流或局面交流有许多优势,你能列举一些吗?

参考答案如表 5-1 所示。

表 5-1　参考答案

题号	答案	说　明
(1)	错	因为人们已变得更加难以预料。"撒谎者不敢看他人的眼睛"已成为一般常识,所以狡猾的撒谎者常常能够在双目直视你的情况下撒谎,要识别谎言,就需要捕捉其他更能说明问题的信号
(2)	对	我们的眼睛是最能表达内心活动的因素之一,另一个则是嘴唇

续表

题号	答案	说明
(3)	对	我们可能并没有在每一个姿势中都有意地去传达某种信息,但这些动作和姿势却不可避免地落在对方眼里并产生一定的感想
(4)	对	通过身体语言,可以发现别人的心理活动,这一点取得了专家共识
(5)	A	当面对15~30个人讲话时,你需要对15~30双眼睛和嘴唇作出反应。这将比只与一个人面谈更能刺激你使用身体语言交流
(6)	E	尽管身体语言信号(微笑)比语言信号(责骂的语句)有更强的作用,但两者混合导致的结果将是迷惑不解
(7)	6	位置1和位置6之间有桌角相隔,两个人可以随时调整自己与桌角的距离,从而改变两个人之间的距离。因此,在谈判中,坐在位置1和位置6的两个会较少地受空间环境的影响,更易于非语言交流
(8)		最好的信号是有意无意地用眼睛扫一下你的手表、站起身来,在慢慢站起来时拍拍大腿、慢慢地挪向门附近或是靠在门框上等
(9)	对	因为我们总是根据别人给我们的整体印象做出反应,其他人对我们的反应也是同样的
(10)	E	当你自然地使用手势、目光接触、微笑等身体语言时,会给别人留下好的印象
(11)		身体语言给你的印象更深刻,它们有助于传达真诚、信任等语言交流所达不到的效果;它们能够传达更微妙的言下之意;身体语言信息有助于我们洞察他人的真情实感。当然,身体语言信息也存在一些严重的缺陷;它们可能会泄露我们的秘密;它们很容易被误解;它们的含义因不同的文化背景而不同;它们可能需要长时间地重复进行才能被人理解

(资料来源:张喜春,刘康声,盛暑寒. 人际交流艺术[M]. 北京:北京交通大学出版社,2009.)

自主学习

(1) 请结合自身的人际沟通实践,谈谈语言沟通与非语言沟通的区别与联系。

(2) 请根据语句的内容给出相应的手势语和表情语。

① 请大家安静,安静!

② 什么是爱?爱,不是索取,而是奉献!

③ 他转身朝着黑板,拿起一支粉笔,使出全身的力量,写了几个大字:"法兰西万岁!"然后他待在那儿,头靠着墙壁。话也不说,只向我们做了一个手势:"散学了——你们先走吧!"

④ 在过去的一年中,在座各位将我们的销售额不可思议地提高了17.17%!这在公司的整个历史上还从来没有过,从来没有!由此我们的利润不只是提高了5%或10%,而是13%,整整13%!

⑤ 大家不要慌,请大家跟我来!

⑥ 我现在要明确地告诉对方辩友,你们犯了一个严重的逻辑错误!

⑦ 现在,请让我们大家在此心平气和地交换一下对这个问题的看法。

⑧ 现在,摆在我们面前的有两条道路:一是勇往直前地奋战下去,有成功的可能,但也有失败的风险;二是原地踏步,坐以待毙。

⑨ 这几天,大家晓得,在昆明出现了历史上最卑劣、最无耻的事情!李先生究竟犯了

什么罪,竟遭此毒手?他只不过用笔写写文章,用嘴说说话,而他所写的,所说的,都无非是一个没有失掉良心的中国人的话!大家都有一支笔,有一张嘴,有什么理由拿出来讲啊!有事实拿出来说啊!

⑩ 我要感谢我的竞选伙伴。他发自内心地投入竞选,他的声音代表了那些在他成长的斯克兰顿街生活的人们的声音,代表那些和他一道乘火车上下班的特拉华州人民的声音。现在,他将是美国的副总统,他就是乔·拜登!

(3) 学生自己选择感兴趣的内容,用5分钟时间做准备,做一次简短的讲话,要求用上得体的态势语。通过录像回放,首先要训练者进行自评,然后教师与学生再给予评价。

(4) 观摩演讲或观摩电影。有目的地观察别人的手势、表情、仔细研究,博采众长,并经常对镜练习、矫正。多积累,烂熟于心,形成自己的动作。

(5) 非语言沟通中的动作和表情都传达出人们的某种情绪,请举例说明如何在人际沟通中恰当地表露自己的情绪。

(6) 请阅读下面的古文,然后回答问题。

魏武将见匈奴使,自以为形陋不足雄远国,使崔季珪代,帝自捉刀立床头。既毕,令间谍问曰:"魏王何如?"匈奴使答曰:"魏王雅望非常。然床头捉刀人,此乃英雄也。"((南朝·宋)刘义庆:《世说新语·容止》)。

问题:
① 匈奴使者为什么能看出假扮后的曹操非同寻常?
② 本案例对你有何启发?

(7) 收集身边某些人不正确的非语言表达,设置情境,将它们集中展示出来并作出点评。

任务 6
日常沟通

任务目标

- 能够与沟通对象得体地交谈；
- 能够运用赞美的语言艺术进行赞美；
- 能够运用说服的语言艺术进行说服；
- 能够运用拒绝的语言艺术进行拒绝。

案例导入

奴隶说服国王

波斯国的一个奴隶主奥默的奴隶在服役期间逃跑了，后来他被抓回来送到国王面前，将被砍头示众。他对国王说："至高无上的主啊，我是一个无辜的好人。如果根据您的命令把我杀死，这血债是要用血来偿还的，请允许我在去世之前犯一次罪吧——让我杀死我的主人奥默，这样我就心满意足了。我这样做实在是为了您好啊，您就不会承担杀害无辜的罪名了。"

国王听后大笑，并赦免了他。

这个奴隶的话尽管可笑，但是为国王的利益着想，怕国王背上杀害无辜的罪名，所以使国王动了恻隐之心，放了他一条生路，其说服术可谓很高。

（资料来源：佚名. 奴隶的请求[EB/OL]. [2012-06-05]. http://www.bokee.net/bloggermodule/blog_viewblog.do?id=11540917.）

6.1 交谈

美国前哈佛大学校长伊立特曾说："在造就一个有修养的人的教育中，有一种训练必不可少，那就是优美、高雅的谈吐。"交谈是交流思想和表达感情最直接、快捷的途径。在人际交往中，因为不注意交谈的语言艺术，或用错了一个词，或多说了一句话，或不注意词语的色彩，或选错话题等而导致交往失败或影响人际关系的事时有发生。因此，在交谈中必须遵从一定的规范，才能达到双方交流信息、沟通思想的目的。语言作为人类的主要交际工具，是沟通不同个体心理的桥梁。交谈的语言艺术包括以下几个方面。

1. 准确流畅

在交谈时如果词不达意、前言不搭后语，很容易被人误解，达不到交际的目的。因此在表达思想感情时，应做到口音标准、吐字清晰，说出的语句应符合规范，避免使用似是而非的语言。应去掉过多的口头语，以免语句割断；语句停顿要准确，思路要清晰，谈话要缓急有度，从而使交流活动畅通无阻。

语言准确流畅还表现在让人听懂，因此言谈时尽量不用书面语或专业术语，因为这样的谈吐让人感到太正规、受拘束或是理解困难。古时有一则笑话说的是有一书生，突然被蝎子蜇了，便对其妻子喊道："贤妻，速燃银烛，你夫为虫所袭！"他的妻子没有听明白，书生更着急了："身如琵琶尾似钢锥，叫声贤妻，打个亮来，看看是什么东西！"其妻仍然没有领会她的意思，书生疼痛难熬，不得不大声吼道："快点灯，我被蝎蜇了！"真是自作自受。

2. 委婉表达

交谈是一种复杂的心理交往，人的微妙心理、自尊心往往起着重要的控制作用，触及它，就有可能产生不愉快。因此，对一些只可意会、不可言传的事情，人们回避忌讳的事情，可能引起对方不愉快的事情，不能直接陈述，只能用委婉、含蓄、动听的话去说。常见的委婉说话方式有：

避免使用主观武断的词语，如"只有""一定""唯一""就要"等不带余地的词语，要尽量采用与人商量的口气。

先肯定后否定，学会使用"是的……但是……"这个句式。把批评的话语放在表扬之后，就显得委婉一些。

间接地提醒他人的错误或拒绝他人。

3. 掌握分寸

谈话要有放有收，不过头，不嘲弄，把握"度"；谈话时不要唱"独角戏"，夸夸其谈，忘乎所以，不让别人有说话的机会；说话要察言观色，注意对方的情绪，对方不爱听的话少讲，一时接受不了的话不急于讲。开玩笑要看对象、性格、心情、场合，一般来讲，不随便开女性、长辈、领导的玩笑；不与性格内向、多疑敏感的人开玩笑；当对方情绪低落、心情不快时不开玩笑；在严肃的场合、用餐时不开玩笑。

4. 幽默风趣

交谈本身就是一个寻求一致的过程，在这个过程中常常会出现不和谐的地方而产生争论或分歧。这就需要交谈者随机应变，凭借机智抛开或消除障碍；幽默还可以化解尴尬局面或增强语言的感染力。它建立在说话者高尚的情趣、较深的涵养、丰富的想象、乐观的心境、对自我智慧和能力自信的基础上，它不是耍小聪明或"卖嘴皮子"，它应使语言表达既诙谐又入情入理，应体现一定的修养和素质。有一次，梁实秋的幼女文蔷自美国返回中国台湾探望父亲，他们便邀请了几位亲友到"鱼家庄"饭店欢宴。酒菜齐全，唯独白米饭久等不来。经一催二催之后，仍不见白米饭踪影。梁实秋无奈，待服务小姐入室上菜之际，戏问道："怎么饭还不来，是不是稻子还没收割？"服务小姐眼都没眨一下，答称："还没插秧呢！"本是一个不愉快的场面，经服务小姐妙答，举座大乐。

5. 使用礼貌用语

使用礼貌用语是人类文明的标志，也是全世界共同的心声。使用礼貌用语不仅会得到人们的尊重，提高自身的信誉和形象，而且还会对自己的事业起到良好的辅助作用。在我国，政府有关部门向市民普及文明礼貌用语，基本内容为十个字："请""谢谢""你好""对不起""再见"。在实际的社会交往中，日常礼貌用语远不止这十个字。归结起来，主要可划分为以下11类，如表6-1所示。

表6-1 礼貌用语一览表

序号	礼貌用语类型	举例
1	问候用语	您好！各位好！小姐好！××先生好！××主任好！早上好！中午好！下午好！晚安！各位下午好！××经理早上好
2	欢迎用语	欢迎！欢迎光临！见到您很高兴！恭候光临！××先生，欢迎光临！欢迎再次光临！欢迎您又一次光临本店
3	送别用语	再见！回头见！慢走！走好！欢迎再来！保重！一路平安！旅途顺利
4	请托用语	请稍候！请让一下！劳驾！拜托！打扰！请关照！请您帮我一个忙！劳驾您替我看一下这件东西！拜托您为这位女士让一个座位
5	致谢用语	谢谢！××先生，谢谢！谢谢，××小姐！谢谢您！十分感谢！万分感谢！多谢！有劳您了！让您替我们费心了！上次给您添了不少麻烦
6	征询用语	您需要帮助吗？我能为您做点什么？您需要点什么？您需要哪一种？您觉得这件工艺品怎么样？您不来一杯咖啡吗？您是不是很喜欢这种方式啊？您是不是先来试一试？您不介意我帮助您吧？您打算预订雅座，还是散座？
7	应答用语	是的。好。很高兴能为您服务。好的，我明白您的意思。请不必客气。这是我们应该做的。请多多指教。过奖了。不要紧。没关系。不必，不必。我不会介意
8	赞赏用语	太好了！真不错！对极了！相当棒！非常出色！您真有眼光！还是您懂行！您的观点非常正确，看来您一定是一位内行。哪里，哪里，我做得还很不够。承蒙夸奖，真是不敢当。得到您的肯定，的确让我们很开心
9	祝贺用语	祝您成功！一帆风顺！心想事成！身体健康！生意兴隆！全家平安！节日快乐！活动顺利！新年好！春节快乐！生日快乐！旗开得胜，马到成功
10	推脱用语	您可以到对面的商场去看一看。我可以为您向其他专卖店询问一下。下班后我们酒店还有其他安排，很抱歉不能接受您的邀请
11	道歉用语	抱歉。对不起。请原谅。失礼了。失言了。失陪了。失敬了。失迎了。不好意思，多多包涵。很惭愧。真的过意不去

6. 有效选择话题

话题是指人们在交谈中所涉及的题目范围和谈资内容，是一些由相对集中的同类知识、信息构成的谈话资料及其相应的语体方式、表述语汇和语气风格的总和。在人际交往中，学会选择话题，就能使谈话有良好的开端。

（1）宜选的话题。在交际中，首先，应选既定的话题，即交谈双方业已约定，或者一方先期准备好的话题，如征求意见、传递信息、研究工作等。其次，选择内容文明，格调高雅的话题，如文学、艺术、哲学、历史、地理、建筑等，这类话题适合各类交谈，但忌不懂装懂。

再次，选择轻松的话题，这类话题令人轻松愉快、身心放松，适用于非正式交谈，允许各抒己见，任意发挥，主要包括文艺演出、流行、时装、美容美发、体育比赛、电影电视、休闲娱乐、旅游观光、名胜古迹、风土人情、名人轶事、烹饪小吃、天气状况，等等。再次，选择时尚的话题，即以此时此刻正在流行的事物作为谈论的中心，这类话题变化较快，应注意把握。最后，选择话题时还要注意选择擅长的话题，尤其是交谈对象有研究、有兴趣的话题。比如，青年人对于足球、流行歌曲、电影电视的话题关注较多，而老年人对于健身运动、饮食文化之类的话题较为熟悉；公职人员关注的多是时事政治，国家大事，而普通市民则更关注家庭生活，个人收入等；男人关注的多是事业、个人的专业，而妇女对家庭、物价、孩子、化妆品、衣料、编织等更容易津津乐道。

在交谈时要注意避开敏感话题。在交谈中，若双方是初交，则有关对方年龄、收入、婚恋、家庭、健康、经历这一类涉及个人隐私的话题，切勿加以谈论。

(2) 扩大话题储备。由于人们的经历、职业、兴趣、学习状况不同，每个人所掌握的话题状况各不相同，都有一定的局限性，因此必须尽量扩大话题储备。对于掌握话题广度影响最大的就是自身的学习状况和进取精神。一个人如果有理想、有追求，思想境界高，而且肯下功夫学习，爱读书看报，并关注社会现实生活，有较多的朋友，把看到、听到的东西，有意识地加以记忆和积累，就会变得学识渊博，时事政策、天文地理、政治外交、文艺体育、花鸟虫鱼、音乐美术几乎无所不知，由于视野开阔，谈资和知识面自然会比别人宽得多。

7. 注意交谈禁忌

人与人之间的交谈是一种双向性的沟通。交谈的内容，交谈的姿态、表情以及许许多多并不为人所察觉到的交谈因素，都有阻碍交谈的可能。而许多不正确的交谈方式，常常是使交谈无法维持的一个根本原因。

(1) 忌居高临下。不管自己身份多高、背景多硬、资历多深，都应该放下架子，平等地与人交谈，切不可给人以"高高在上"之感。

(2) 忌自我炫耀。交谈中，不要炫耀自己的长处、成绩，更不要或明或暗、拐弯抹角地为自己吹嘘，以免使人反感。

(3) 忌心不在焉。听别人讲话时，思想要集中，不要左顾右盼，或面带倦容，或哈气连天，或神情木然，或毫无表情，让人觉得扫兴。

(4) 忌节外生枝。要紧扣话题，不要节外生枝。例如当大家正在兴致勃勃地谈论音乐，有人突然把足球赛的话题塞进来，显然不识"火候"。

(5) 忌搔首弄姿。与人交谈时，姿态要自然得体，手势要恰如其分。切不可指指点点，挤眉弄眼，更不要挖鼻掏耳，给人以轻浮或缺乏教养的印象。

(6) 忌打断对方。双方交谈时，上级可以打断下级；长辈可以打断晚辈；平等身份的人是没有权力打断对方谈话的。如果有紧急事件发生，或确实有必要打断对方，要在对方说话的间歇，以婉转的口气，自然得体地将自己的话简短说出，如"你讲得有道理，不过请允许我打断一下"，或"请让我提个问题好吗?"这样就不会让人感到被轻视或不耐烦。打断他人需征得对方同意，但与陌生人谈话时绝对不允许打断或插话。

(7) 忌质疑对方。对别人说的话不随便表示怀疑。所谓防人之心不可无，质疑对方并非不行，但是不能写在脸上，这点很重要，否则，就容易带来麻烦。质疑对方，实际是对尊严的挑衅,是一种不理智的行为。交际中,这样的问题值得高度关注。

(8) 忌纠正对方。"十里不同风,百里不同俗。"不同国家、不同地区、不同文化背景的人考虑同一问题,得出的结论未必一致。一个真正有教养的人,是懂得尊重别人的人。尊重别人就是要尊重对方的选择。除了大是大非的问题必须旗帜鲜明地回答外,人际交往中的一般性问题不随便与对方论争是或不是,不要随便去判断,因为对或错是相对的,有些问题很难说清谁对谁错。

(9) 忌补充对方。有些人好为人师,总想显示自己知道得比对方多,比对方技高一筹。出现这一问题,实际上是没有摆正位置,因为人们站在不同角度,对同一问题的看法会产生很大的差异。

6.2 赞美

美国管理学家玛丽·凯说:"赞美是一种有效而且不可思议的力量。"的确如此,在社会交往中,绝大多数人都期望别人欣赏、赞美自己,希望自身的价值得到社会的肯定。恰当地运用赞美,会激发人们的积极性,产生巨大的精神力量。

1. 赞美的类型

赞美是社交语言中一种常见的言语交际形式。从不同角度,赞美可以作不同的分类。

(1) 从赞美的场合上分类。从赞美的场合上可以把赞美分为当众赞美和个别赞美。当众赞美是指面对特定的组织、团体、群体等,对某人或某事的赞美。如表彰会、庆功会、总结大会等。这种形式能充分调动全体人员的积极性,鼓动性强,宣传面广,影响面大,能产生一定的轰动效应,营造热烈、向上的气氛,但它受时间、场所限制,运用不好,容易流于形式和走过场。个别赞美是指针对个别人单独谈话并予以表扬的形式。这种形式使用方便,自如灵活,针对性强,做思想工作比较细致,能解决一些具体问题,效果比较好,时间、地点不受限制。

(2) 从赞美的方式上分类。从赞美的方式上可以把赞美分为直接赞美和间接赞美。直接赞美是指直接面对好人或好事予以赞美,使世人皆知,这是一种常用的表扬方式。在一个社会组织内,出现好人好事,单位领导或管理人员及时予以表扬,或者通过大会场合,或者通过某种媒介,表扬先进,带动后进,能形成良好的风气。这种形式直截了当,不拐弯抹角,使人们听到后得到鼓励。间接赞美是指通过第三者来赞美某人或某事的形式。使用这种形式,注意分寸,讲究策略,往往是不便当面直接开口,或者是找不到合适的时机表达,而借用对方传达自己赞美他人的话语。这种通过对方传达佳话的形式,能消除隔阂,增强团结,融洽气氛,创造和维系良好的上下级关系和同事关系。

(3) 从赞美的用语上分类。从赞美的用语上可以把赞美分为直接赞美和反语赞美。直接赞美是指对好人好事用正面言语加以赞美的形式。这种赞美开门见山,使用灵活,形式多样,应用范围广泛。反语赞美是指用反语来赞美某人或某事的形式。这种形式在特定的言语环境和背景下使用,幽默含蓄,别致风趣,比一般的赞美有更好的表达效果。例如,某制药厂厂长,赞美一位药剂师大胆实验、大公无私的献身精神,说:"为了减少药物的副作用,在正式投产前,你长期泡在实验室里,对新药不择手段,抢吃抢喝,多吃多占,在自己身上反复实验,我这个厂长真是拿你没有办法。"这种反语赞美的形式,令人感到新奇巧妙,别有情趣。

2. 赞美的语言艺术

一般来说,赞美是一种能引起对方好感的交往方式。赞同自己的人与不赞同自己的人相比,人们更喜爱前者,这符合人际交往的酬赏理论。

但令人遗憾的是,不少人把赞美当作取悦他人的简单公式,不分时间、地点、条件对他人一味地加以赞美,这种做法是很不足取的。因为我们知道:人借助语言进行交往,语言具有影响对方的心理反应,进而影响双方人际关系的效能,任何一种语言材料、语言风格、交往方式对人际关系产生何种影响,常因人、因时、因地而异。赞美这一交往方式也不例外,它的效能也具有相对性和条件性。

美国心理学家阿伦森曾举例说:假设工程师南希,出色地设计了一套图纸。上司说:"南希,干得好!"毋庸置疑,听了这话,南希一定会增加对上司的好感。但如果南希草率地设计了一套图纸(她自己也知道图纸没设计好),这时,上司走过来用同样的声调说出同一句话,这句话还能使她产生好感吗?南希可能得出上司挖苦人、戏弄人、不诚实、不懂得好坏、勾引异性等结论,其中任何一项都使南希对上司的喜爱有所减少。

因此,赞美的效果要受各种条件制约。能引起好感的赞美要借助以下条件。

(1) 热情真诚的赞美。每个人都珍视真心诚意,它是人际交往中最重要的尺度。能引起好感的赞美,必须是发自内心,热情洋溢的,否则那就是恭维。赞美和恭维到底有什么区别呢?很简单,一个是真诚的,另一个是不真诚的;一个出自内心,另一个出自牙缝;一个为天下人所欣赏,另一个为天下人所不齿。(卡耐基语)大音乐家勃拉姆斯是个农民的儿子,生于汉堡的贫民窟,享受不到受教育的机会,更无从系统地学习音乐,所以,对自己未来能否在音乐事业上取得成功缺乏信心。然而,在他第一次敲开舒曼家大门的时候,根本没有想到他一生的命运在这一刻决定了。当他取出他最早创作的一首《C大调钢琴奏鸣曲》草稿,手指无比灵巧地在琴键上滑动,弹完一曲站起来时,舒曼热情地张开双臂抱着他,兴奋地喊着:"天才啊!年轻人,天才……"正是这出自内心的由衷赞美,使勃拉姆斯的自卑消失得无影无踪,也赋予了他从事音乐艺术生涯的坚定信心。从那以后,他便如同换了一个人,不断地把心底里的才智和激情流泻到五线谱上,成为音乐史上一位卓越的艺术家。正是这一句真诚的赞美,创造了一位音乐大师。

(2) 令人愉悦的赞美。赞美的言语应该是对方喜欢听的言语,能达到使人愉悦的目的,我们称它为愉悦性原则。在交际活动中,遵守愉悦性原则,就是要多说对方喜欢听的话语,不说对方讨厌的言辞。这样,往往能收到较好的表达效果。民间有一个关于朱元璋的笑话:朱元璋有两个过去一块儿长大的穷朋友。朱元璋后来做了皇帝,这两位朋友仍过着苦日子。一天,一位朋友从乡下赶到南京,拜见了朱元璋。他对朱元璋说:"我主万岁!当年微臣随驾扫荡庐州府,打破罐州城,汤元帅在逃,拿住豆将军,红孩儿当关,多亏菜将军。"朱元璋听到他讲得很动听,十分高兴,也隐约记起他所说的一些事情,立刻封他做了御林军总管。事情一经传出,另外一个朋友也去了南京,拜见朱元璋,也说了那件事:"我主万岁!从前,你我都替人家看牛,一天我们在芦苇荡里,把偷来的豆子放在瓦罐里煮着,还没煮熟,大家就抢着吃,把罐子打破了,撒了一地豆子,汤都泼在泥地里。你只顾从地下满把地抓豆子吃,却不小心连红草叶也送进嘴去。叶子哽在喉咙口,苦得你哭笑不得。还是我出的主意,叫你用青菜叶子带下肚子里去了……"朱元璋见他不顾体面,没等他说完,就命令:"推出去斩了!"从上例可见,第一位朋友将放牛娃偷吃豆子的趣事,赞美为叱咤疆场的赫赫战绩,巧妙比喻,高雅别致,说得动听,使人愉悦。第二位朋友明话直说,粗俗低劣,讲得不爱听,有伤皇帝尊严,自然当斩。

(3) 具体明确的赞美。空泛、含混的赞美因没有明确的评价原因,常使人觉得不可接受,并怀疑赞美者的辨别力和鉴赏力,甚至怀疑其动机、意图,具体明确的赞美才能引起人们的好感。对他人总以"你工作得很好""你是一个出色的领导"来赞美,只能引起反感。

(4) 符合实际的赞美。在赞美别人时,应尽量符合实际,虽然有时可以略微夸张一些,但是应注意不可太过分。例如某个人对某领域或某个方面提出了一些很好的意见,或者有了一点成果。可以对他说:"你在这方面可真有研究",甚至可以说:"你是这方面的专家";可如果说:"你真不愧是个著名的专家""你真是这方面的泰斗",等等,对方如果是个正派人就会感到不舒服,旁观者就会觉得赞美者是在阿谀奉承,另有企图。

(5) 让听者无意的赞美。赞美者不是有意说给被赞美者听的赞美叫无意的赞美。这种赞美会被人认为是出自内心,不带私人动机的。例如《红楼梦》中一次贾宝玉针对薛宝钗劝他要做官为宦、仕途经济的话,对史湘云和袭人赞美黛玉道:"林姑娘从未说过这些混账话吗!要是他说这些混账话,我早和他生分了。"凑巧这时黛玉正好来到窗外,无意中听见这些话,使她"不觉又惊又喜,又悲又叹"。结果宝黛二人推心置腹,感情大增。

(6) 不断增加的赞美。阿伦森研究表明:人们喜欢那些对自己的赞美不断增加的人,并且对自始至终都赞美自己的人与最初贬低逐渐发展到赞美的人,人们会尤其喜欢后者。因为相对来说,前者容易使人产生他可能是个对谁都说好的"和事佬"的感觉;但人们对开始持否定态度的后者会留下这样一种印象:说我不好,一定是经过考虑、分析的,可能有他一定的道理。从而认为对方可能更有判断力,进而更喜欢他。

(7) 出人意料的赞美。若赞美的内容出乎对方意料,易引起好感。卡耐基在《人性的优点》中讲过他曾经历的一件事:一天,他去邮局寄挂号信,年复一年从事着单调工作的邮局办事员显得很不耐烦,服务质量很差。当他给卡耐基的信件称重时,卡耐基对他称赞道:"真希望我也有你这样的头发。"闻听此言,办事员惊讶地看着卡耐基,接着脸上泛出微笑,热情周到地为卡耐基服务。显然这是因为他接受了出乎意料的赞美的缘故。

总之,赞美是人的一种心理需要,是对他人尊重的表现,是一剂理想的黏合剂,能够给人以舒适感,使赞美者拥有更多的朋友。但"赞美引起好感"并不是绝对的,无条件的,它受赞美动机、事实根据、交往环境诸因素的制约和影响。因此,在与人交谈时,必须记住——"一味地赞美不足取"。

6.3 说服

1. 说服的基本条件

说服就是改变或者强化态度、信念或行为的过程。说服是以求得对方的理解和行为为目的的谈话活动,是使自己的想法变成他人的行动的过程。说服的过程是思想、观点的交锋,也是沟通的重要方面。说服是以人为对象,进而达到共同的认识。人们常说:"人生就是从不间断地说服。"尤其是在商务领域,那里聚集着各种性格的人,为了达到共同的目标,大家必须同心协力,因此说服的场面更是俯拾皆是。只有善于说服的人才能够获得他人的尊重和信赖。要想取得良好的说服效果,必须首先具备以下条件。

(1) 说服者具有较高的信誉。说服进行的基础,是取得对方的信任。而信任来自说服者的信誉。信誉包括两大因素:可信度与吸引力。可信度高、吸引力强的人,说服效果明显超过可信度低、吸引力弱的人。可信度由说服者的权威性、可靠性以及动机的纯正性组成,是说服者内在品格的体现。吸引力主要指说服者外在形象的塑造。说服者的年龄、职业、文化程度、专业技能、社会资历、社会背景等构成的权力、地位、声望就是权威性。俗话说:"人微言轻,人贵言重。"一般来说,一个人的权威性越大,对别人的影响力也就越大。如果说服者在被说服者心目中形成了某种权威性形象,那么他说服别人转变态度的可能性也就越大。要提高说服者信誉,首先要提高说服者自身各方面的素质,使之具有合理的智能结构,具有高尚的道德修养,具备权威性和可靠性,说服才有分量、有威信,才能赢得听者的尊重和信赖。此外,还需重视外在形象的整饰,一个外貌、气质、穿着、打扮能给人好感的人,才具有吸引力,一个言谈、举止、口音等方面能与对方体现出共性的人,才具有吸引力。一个恰当的印象,会产生首因效应,帮助说服者成功说服他人。

(2) 对说服对象有相当的了解。"知己知彼,百战不殆。"在说服他人之前,必须了解说服对象,捕捉对方思想、态度方面流露出的点滴信息,摸清对方思想问题症结所在,了解对方的心理需求,根据不同情况区别对待,因人而异,有针对性地开启对方的心扉,才能真正实现感情和心灵的共鸣,避免或减少盲目说服造成的错位反应。

首先,要了解对方的性格。苏洵在《谏论》中举了一个有趣的例子:有三个人,一个勇敢,一个胆量中等,一个胆小。将这三个人带到深沟边,对他们说:"跳过去便称得上勇敢,否则就是胆小鬼。"那个勇敢的必定毫不犹豫地一跃而过,另外两个则不会跳,如果你对他们说,跳过去就奖给两千两黄金,这时那个胆量中等的就敢跳了,而那个胆小的人却仍然不能跳。突然来了一头猛虎,咆哮着猛扑过来,这时不待你给他们任何许诺,他们三个人都会先你一步腾身而起,就像跨过平地一样。从这个例子我们可以看出,不同性格的人,接受他人意见的方式和敏感程度是不一样的,针对性地采取不同的方法去说服对方,更容易达到目的。

其次,要了解对方的优点或爱好。有经验的推销员,一进入顾客家中,总会立刻找到客户感兴趣的话题进行交谈。例如,看到地毯,马上会说:"好漂亮的地毯,我也很喜欢这种样式……"通过各种话题创造进入主题的契机。因为从对方的长处或最感兴趣的事物入手,一方面能让对方比较容易接受自己的观点,另一方面在对方所擅长的领域里更容易说服他。

最后,要了解对方的看法和态度。有一位歌星特别爱摆架子,一次要参加一个大型义演的现场节目,时间是晚上九点。可是到了七点,这位歌星忽然打电话给唱片公司的总监,说她今天身体不舒服,喉咙很痛,要临时取消当天的演出,唱片公司的总监没有破口大骂,而用惋惜的口吻说:"咳!真可惜,这次演出最大牌的歌星才有机会亮相,如果你现在取消,那么公司里还有很多小牌歌星挤破头在等哩!可是如果换了人,那么电视台一定会不满。有那么多后起之秀想取而代之,你这样做恐怕不妥吧!"歌星听后小声地说:"那好吧!要不你八点来接我,我想那时我身体应该会好一点儿吧。"这位唱片公司的总监很清楚这位歌星,根本就没什么毛病,只是喜欢摆摆架子,找准了对方拒绝的真实原因,便可以有针对性地进行说服。

(3) 能够把握住说服的最佳时机。说服还要能够抓住最佳时机。同样一番道理,彼时说可能不如此时说,现在说不如以后说。时机把握得好,对方才会愿意听,才会用心听,才能听得进。否则,说服过早,会被对方认为神经过敏或无中生有;说服过迟,已时过境迁,对方认为说服者是"事后诸葛亮",即便有再好的口才、再好的意见,都不可能收到预期的效果。掌握时机,要将说服对象与时、境、理联系起来考虑,配合起来运用。可利用特定场合,造成境、理相衬,进行深入说服;可利用境中道情,情中说理,进行委婉说服;还可借助眼前事物,进行暗示说服,等等。

(4) 必须营造良好的说服氛围。说服,总是在一定的语言环境中进行的。环境制约了语言,因此,说服效果的好坏,一定程度上也取决于环境。一个宽松、温和、优雅的环境较之肃穆、压抑、逼人的环境,其说服的效果自然会好得多;在一个自己熟悉的地点环境中施行说服,较之于陌生的环境,自然也会有利得多。营造一个恰当的说服氛围,不仅是必要的,而且是必需的。某啤酒生产厂得罪了一家餐馆的经理,对方就改换销售另一品牌,在直接和负责人谈判无果的情况下,销售人员天天晚上去这家餐馆里帮忙搬运货物,甚至包括竞争对手生产的啤酒。他总是说:"你是我的老顾客了,即使你不销售我们公司生产的啤酒,我也要为你服务。"他的诚意终于打动了经理,最后争取到了独家销售权。可见充分体验对方的感受,会营造出融洽的感情,在此基础上再委婉地提出自己的观点,怎么可能不赢得对方的赞许呢?

2. 说服的语言艺术

(1) 换位思考,晓以利害。要站在对方的立场考虑问题,理解并同情对方的思想感情,从对方的角度说明问题,传达自己的思想感情,进而使他改变自己的看法,达到理想的说服效果。1977 年 8 月,克罗地亚人劫持了美国环球公司从纽约拉瓜得亚机场到芝加哥奥赫本的一架班机,在劫持者与机组人员僵持不下之时,飞机兜了一个大圈,越过蒙特利尔、纽芬兰、沙浓、伦敦,最终降落在巴黎市郊的戴高乐机场。在这里,法国警察打瘪了飞机轮胎。

飞机停了 3 天,劫机者同警方僵持不下,法国警方向劫机者发出最后通牒:"喂,伙计们!你们能够做你们想做的任何事情,但美国警察已到了。如果你们放下武器同他们一块儿回美国去,你们将会被判处不超过 2~4 年徒刑。这也可能意味着你们在 10 个月左右释放。"

法国警察停顿片刻,目的是让劫机者将这些话听进去。接着又喊:"但是,如果我们不得不逮捕你们,按我们的法律,你们将被判死刑。那么你们愿意走哪条路呢?"劫机者被迫投降了。本例中法国警察在劝说中帮助劫机者冷静地分析客观形势,明确向对方指出了两条道路:投降或者顽抗,投降的结果是 10 个月左右的徒刑,而顽抗的结果只可能是死刑。面对这两条迥异的道路,早已心慌意乱的劫机者识相地选择了弃械投降,从自己的利益出发,做出正确的选择。

(2) 稳定情绪,再行说服。在生活中,有些人受到种种因素的刺激,人们往往容易感情用事,不经过慎重周全的考虑就莽撞地采取行动。鉴于这种情况,应该先设法让对方的情绪稳定下来,然后提出比贸然行事更合理、更有利的举措,这样就能使对方冷静地斟酌、衡量,并为了更大限度地维护自身利益而抛弃原来的草率决定。俄国十月革命以后,农民得到了解放,成千上万的农民来到莫斯科。由于他们对沙皇仇恨很深,坚决要求烧掉沙皇住过的房子。有人把这件事向列宁汇报了。列宁指示干部们对农民进行说服教育。第一次劝告,农民不听;第二次、第三次,仍然劝说无效。最后列宁决定亲自和农民谈话。

列宁对农民说:"烧房子可以。在烧房子以前,让我讲几句,行不行?"

农民们说:"请列宁同志讲。"

列宁问道:"沙皇的房子是谁用血汗造的?"

农民说:"是我们自己造的。"

列宁又问:"我们自己造的房子,不让沙皇住,让我们农民代表住,好不好?"

农民说:"好!"

列宁再问:"那要不要烧掉呀?"

(资料来源:周璇璇.实用社交口才[M].北京:北京大学出版社,2006.)

农民觉得列宁讲的道理很对,再也不坚持要烧掉沙皇住过的房子了。

这里,对沙皇的仇恨激发了农民焚烧皇宫的强烈愿望。在数次劝说无效的时候,列宁通过与农民对话使他们的情绪稍稍平定,然后提出让农民代表住沙皇的房子的建议,农民认识到这个方案不仅能发泄愤怒,而且可以给自己带来实际的好处,于是很快表示赞同,"烧房子"的决定也因此而"搁浅"。

(3) 位置互换,改变角色。让对方改变位置,变化角色进行说服是一种十分有效的方法。在美国,频繁的车祸使交通部门很感头痛。他们用罚款和其他法律手段来劝肇事者注意安全,但收效甚微。后来,交通部门在专家们的建议下,采纳了一个新的办法。他们让那些违章司机换个"位置"——换上护士服,到医院去照料那些因交通事故住院的受害者。体验他们的痛苦,结果收到奇效,那些违章司机从医院出来判若两人。他们不仅成为遵守驾驶规章的模范,而且成了交通法规的积极宣传者。在进行说服谈话中,利用这种方法也能收到奇效。

(4) 讲究方式,引起关注。在说服时,要选择能够引起对方关注和兴趣的方式表达意见,要运用富有吸引力的内容支撑自己的观点,从而引导说服对象关注设定的话题,让对方充分了解说服的内容。第二次世界大战期间,美国总统顾问萨克斯想转达爱因斯坦等科学家的意见,使罗斯福政府批准试制原子弹。第一次他使用了罗斯福听不懂的专业术语介绍原子弹的重要性,但罗斯福反应并不积极,他是想推掉这件事;第二天,萨克斯改变了说话的方式,他对罗斯福说:"我想向您讲一段历史。早在拿破仑当权的时候,法国正准备对英国发动进攻,一个年轻的美国发明家富尔顿来到了这位法国皇帝面前,他建议建立一支由蒸汽机舰艇组成的舰队,拿破仑利用这支舰队,无论在什么天气情况下,都能在英国登陆。军舰没有帆能航行吗?这对于那个伟大的科西嘉人来说,简直是不可思议的。他把富尔顿赶了出去。根据英国历史学家阿克顿爵士的意见,这是由于敌人缺乏见识而英国得到幸免的一个例子。如果当时拿破仑稍微多动一些脑筋,再慎重考虑一下,那么19世纪的历史进程也许会是另一个样子。"罗斯福听完萨克斯的话后,立即同意采取行动。由此可见,选择了能引起说服对象关注的内容和方式,就会取得不同的效果。

(5) 以情动人,以理服人。在表达某种意见时,用诚挚而令人感动的语气说出来,别人的心更容易被征服。要说服别人,有时激起对方的情感比激起对方的理性思考更为有效。有些孩子做错了事,往往任何斥责都听不入耳,但母亲动人肺腑的痛哭,反而会使其泯灭的良心复苏。如果在说服他人的时候,仅仅着眼于主题突出、例证充足、声音动听、姿态优美,而说出的话却冷冰冰,肯定不能奏效。要想感动别人,就得先感动自己。要将真诚通过自己的情感、声音输入听者的心底。说服还要通过摆事实、讲道理来使人相信,使人赞同你的观点和主张。唐太宗为了扩大兵源,想把不在征调之列的中年男子都招入军中。丞相魏征知道后对他说:"把水淘干了,不是得不到鱼,但明年恐怕就不会有鱼了;把森林烧光了,不是猎不到野兽,但明年恐怕就无兽可猎了。如果中年男子都招入军中,生产怎么办?赋税哪里征?兵员不在多,关键在于是否训练有素、指挥有方,何必求多呢?"太宗无言以对,只好收回成命。魏征借用两件与主要事件相类似的事例作比,既形象又深刻地阐明了不能把中年男子都调入军中的道理,入情入理的说服,让太宗心服口服。

6.4 拒绝

拒绝是对他人意愿、行为的一种直接或间接的否定。实际上拒绝就是不接受,包括不接受对方希望自己接受的观点(意见)、礼物和要(请)求等。工作和生活中人们总是互有所求,而且要求方往往是被要求方的亲朋好友,甚至是恩人、领导。俗话说,"上山擒虎易,开口求人难",设身处地,应当尽量地接受别人提出的各种要求。但是,也有许多要求是不能接受的。如果不能拒绝那些不能接受的要求,就一定会给自己(也终将给对方)带来无尽的烦恼。生活反复地证明,"当断不断,必受其乱",人必须学会拒绝。面对对方提出的请求,如果很直接地说:"这种事情恕难照办""我实在没有钱借给你""我们每天都一样的工作,凭什么要我来帮你的忙"……那可以想想,对方一定会恼羞成怒。因此,必须学会根据不同情况运用不同的拒绝艺术。

1. 拒绝的基本要求

(1) 认真听。认真倾听对方的请求,并简短地复述对方的要求,以表示确实了解了对方的需求。拒绝的话不要脱口而出,即使当对方说了一半,自己已明白此事非拒绝不可,也必须凝神听完他的话,这样可以让对方了解到我们的拒绝不是草率,是在认真考虑之后才不得已而为之的。尤其要避免在对方刚开口就断然拒绝,不容分辩地拒绝最容易引起对方的反感。

(2) 看情势。拒绝同其他交际一样,要审时度势,要看是否有拒绝的必要和可能。从必要角度看,自己的道德准则不能接受的,没有能力接受的,接受后会给自己带来不愿承受或无法承受的损失的,接受后可能给对方带来麻烦或损失的,应当拒绝;如不至于如此,或对对方有利而自己会受一些能够承受的损失,则应当接受。从可能的角度看,要考虑自己拒绝的能力,如无理由拒绝,或拒绝后会带来更严重的后果,则只好接受。

(3) 下决心。如情势需要拒绝又可能拒绝,就应当下定拒绝的决心,着力克服三大心理障碍:一是碍于对方的面子,总觉得不好意思拒绝;二是怕对方怪罪,怕因为对方怪罪而影响双方今后的交往,甚至影响自己的利益(如不能得到对方的帮助等);三是怕旁人议论,怕别人说自己不够朋友,不够意思等。如果必须拒绝,这些考虑都是不必要的。

(4) 态度好。不要在他人刚开口时就予以断然拒绝,不要对他人的请求流露出不快的神色,更不要蔑视和忽略对方,这些都会让对方觉得拒绝是对他没有诚意的表现,从而对拒绝产生逆反心理。无论是听对方陈述要求和理由,还是拒绝对方并说明缘由,都要始终保持和蔼亲切的态度,让对方了解自己的拒绝实在是认真考虑后不得已而为之的。

(5) 措辞柔。感谢对方在需要帮助时想到自己,并略表歉意。对于他人的请求,表现出无能为力,或迫于情势而不得不拒绝时,一定要记得加上"真对不起""实在抱歉""不好意思""请多包涵""请您原谅"等致歉语,这样一来,便能不同程度地减轻对方因遭拒绝而受到的打击,并舒缓对方的挫折感和对立情绪。但是不要过分地表示歉意,这样会造成不诚实的印象,因为如果真的感到非常抱歉,就应该接受对方的请求。

(6) 直言"不"。对于明显不能办到的事,应该明白直接地说出"不"字。"说得多不如说得少",言简意赅,要言不烦是最有效的方法,模棱两可的说法易使对方抱有幻想,引发误解,当最终无法实现时,对方会觉得受了欺骗,由此引起的不满和对立情绪往往更加强烈。"当断不断",其结果只能是害人又害己。

(7) 理由明。不要只用一个"不"就让对方"打道回府",而应给"不"加上合情合理的注解,让对方明白,自己的拒绝不是毫无来由,更不是找借口搪塞,而是确有无可奈何的原因或难以诉说的苦衷,讲明自己的处境,最好具体说出理由及原委,那么,在将心比心中,对方自然就能体谅。说明理由是为了让对方明白拒绝是确有难以说出的苦衷。当说明理由后,对方试图反驳,千万不可与之争辩,只要重申拒绝就行了。不过,如果觉得拒绝的理由不充分,也可以直接拒绝不说明理由,或者只用一些"哎呀,这咋办呢?""真伤脑筋"之类的话回答,但是千万不可编造理由,因为谎言终究会被揭穿。

(8) 择他途。在拒绝对方这一方面要求的同时,如果能够尽量满足其他方面的合理要求来作为补偿,或是积极地替他出谋划策,则建议他选择或寻求更好的途径和办法。这样可减缓对方因遭到拒绝而产生瞬时不快的情绪,缓解对方的被动局面,也可以表明诚意,则更容易得到他人的谅解、友谊与好感,例如,"要是明天,我大概可以去一趟""真对不起,这件事我实在爱莫能助,不过我可以帮你做另一件事""我只能借给你1000元,但我知道小李有一笔不少的活动奖金,也许你可以去找他"等。

2. 拒绝的语言艺术

在社交场合中,同样表达一个拒绝的意思,有不同的说法。陈秀泉在其主编的《实用情境口才——口才与沟通训练》(科学出版社,2007年版)中从语言技巧上说,拒绝有直接拒绝、婉言拒绝、诱导拒绝、幽默拒绝、回避拒绝、模糊拒绝、附加条件拒绝、沉默拒绝等方法,具体如下:

(1) 直接拒绝。直接拒绝就是将拒绝之意当场讲明。采取此法时，重要的是应当避免态度生硬，并需要把拒绝的原因讲明白，有时还可以向对方致歉。例如，"对不起，谢谢，这样做对我不合适""对不起，这次我真的无法帮忙"。

(2) 婉言拒绝。婉言拒绝就是运用委婉的语言，暗示对方无法完成请求。比如，有一位朋友不请自到，而此时自己正忙于工作无法接待，可以在见面之初，一面真诚地对其表示欢迎，一面婉言相告："我本来要去参加公司的例会，可您这位稀客驾到，我岂敢怠慢。所以专门告假5分钟，特来跟您叙一叙。"这句话的"话外音"就是暗示对方"只能谈5分钟时间"。

(3) 诱导拒绝。诱导拒绝就是采用诱引方法，让对方自己感悟到，或者直接诉说出拒绝的理由。例如，1945年富兰克林·罗斯福第四次连任美国总统。《先锋论坛报》的一位记者采访他，请他谈谈这次连任的感想。罗斯福没有回答，而是很客气地请这位记者吃一块"三明治"(夹馅面包)。记者觉得这是殊荣，便十分高兴地吃了下去。总统微笑着又请他吃第二块"三明治"。他觉得是总统的恩赐，情不可却，又吃了下去，不料总统又请他吃第三块。他简直受宠若惊，虽然肚子已经吃饱了，但还是勉强吃了下去。哪知道罗斯福在他吃完之后又说："请再吃一块吧。"记者一听啼笑皆非，因为他实在是吃不下去了。罗斯福微笑着说："现在，你不需要再问我对于这四次连任的感想了吧，因为你自己已经感觉到了。"

(4) 幽默拒绝。幽默拒绝就是用幽默的语言表达拒绝的意思。比如，有朋友请自己帮忙，可以说："啊，对不起，今天我还有事，只好当逃兵了。"再看一个例子，在1990年的一次外交部新闻发布会上，一位西方记者问发言人李肇星："请问邓小平先生目前健康状况如何？"李肇星答："他健康状况良好。"另一位记者穷追不舍："邓小平先生是在医院里还是在家里拥有良好的健康状况？"李肇星答："我不知道你有这样的嗜好，还是贵国有这种习惯，在身体健康的时候住在医院里，身体不好时反而待在家里。"李肇星以轻松幽默的方式回答这一问题，令对方相形见绌，同时又达到了不伤害对方感情的目的。

(5) 回避拒绝。回避拒绝就是答非所问，就是表面上看是在回答问题，但实际上说的都是空话，没有任何实质信息，当遇上他人过分的要求或难答的问题时，使用这种方法。

比如有人问："在×××问题上，你支持老王还是老李？"可以回答："谁正确我就支持谁。"对方又问，"那谁是正确的一方？"答："谁坚持真理谁就是正义的一方。"到底支持谁？己方并没有进行正面的回答。2002年11月，江泽民同志访美时，一名学生问他："中国对熊猫保护采取了哪些步骤？"江泽民回答说："我是搞电机的，我跟你们一样非常喜欢熊猫，但对熊猫很少研究。"台下一阵大笑。这也是一种"说不"的方式。

(6) 模糊拒绝。模糊拒绝就是不直接拒绝，而是通过与对方请求相关的话题表明自己的态度。钱钟书先生是我国著名作家，他的作品《围城》享誉海内外。有一位外国女士特别喜欢钱钟书。当这位英国女士来到中国，就给钱钟书先生打电话，说想拜见他。钱钟书先生在电话中说："假如你吃了一个鸡蛋觉得不错，又何必要亲自去看那只下蛋的母鸡呢？"钱钟书用生动的比喻做了模糊的回答，委婉地拒绝了英国女士见面的要求。

(7) 附加条件拒绝。附加条件拒绝就是先顺承对方的意思，然后附加一个事实上不可能的或主观无法达到的条件。有一次，意大利音乐家帕格尼尼为了赶到一家大剧院演出,急急忙忙跨上一辆马车,他一边催车夫快点,一边向车夫问价。"先生,你要付我10法郎。"马车夫知道他是大名鼎鼎的音乐家,便有意诈他。"你这是开玩笑吧?"帕格尼尼吃惊地问道。"我想不是。今天人们去听你一根琴弦拉琴,你可是每人收10法郎啊!我这个价格不算多。""那好吧,我付你10法郎,不过你得用一个轮子把我送到剧院。"音乐家帕格尼尼要求车夫只用一个轮子把他送到剧院,这是根本不可能做到的,因此在客观上便起到了拒绝勒索的作用。

(8) 沉默拒绝。沉默拒绝就是在面对难以回答的问题时,暂时中止"发言",一言不发,或者运用摆手、摇头、耸肩、皱眉、转身等身体语言来表示自己拒绝的态度。礼貌拒绝对方的方法还有很多,如让步拒绝法、预言拒绝法、提问拒绝法等,无论选择什么拒绝方法,都要表明态度,同时不伤害对方感情,保护自身形象。

案例分析

1. 用心倾听的邱次雪

连续10年蝉联我国台湾地区奔驰车销售前3名的超级业务员邱次雪,就是因为懂得听,10年卖出500辆奔驰车。"每个顾客都像一本书,你要用心听才能读得懂。"她说。

20年前,她是个蹩脚的业务员。客人上门,3句话不离"车",业绩总是挂零。直到有一次,一位顾客要她先闭嘴,对她当头棒喝。"后来,我都要求自己先不要说话。"她说,"让客人先说话,才听得到他的需求与考量点,而不是径自推销。"

不久前,一位阔太太下巴抬得高高地走进店里看车。同事亲切地上前问候:"您要看车吗?"女客人不悦地回答道:"来这里不看车,还能看什么?"这时,只见邱次雪静静地端上一杯水,不发一语。女客人开口:"你们业务员服务态度很差,卖的车又贵。"邱次雪虚心请教:"那我们应该如何改善呢?"她挽着对方的手到贵宾室坐下,门一关,30分钟后,一笔60万元的订单就到手了。

"在这个过程里我一直都没说什么,只是听她抱怨了20分钟。"原来,这位顾客早就锁定了一款车型,但逛了几间车行都没有碰到满意的业务员。邱次雪一边用心地听她抱怨,一边响应,同时也在整理自己的思绪。等客户消气后,她开始与对方聊起家庭生活的经验。不过30分钟,交易就完成了。

(资料来源:佚名. 外部沟通[EB/OL]. [2015-04-03]. http://www.doc88.com/p-4189254808528.html.)

思考与讨论:
(1) 谈谈你对邱次雪"每个顾客都像一本书,你要用心听才能读得懂"这句话的理解。
(2) 邱次雪为什么能够取得成功?本案例对你有什么启示?

2. 善赞美的池田大作

1997年,金庸与日本文化名人池田大作展开了一次对谈。在对谈刚开始时,金庸表示了谦虚的态度,说:"我虽然跟过去与会长(指池田)对谈过的世界知名人士不是同一个水平,但我很高兴尽我所能与会长对话。"

池田大作听罢赶紧说："您太谦虚了。您的谦虚让我深感先生的'大人之风'。在您72年的人生中，这种'大人之风'是一以贯之的，您的每一个脚印都值得我们铭记和追念。"

池田说着请金庸用茶，然后又接着说："正如大家所说'有中国人之处，必有金庸之作'。先生享有如此盛名，足见您当之无愧是中国文学的巨匠，是处于亚洲巅峰的文豪。而且您又是中国香港地区舆论界的旗手，正是名副其实的'笔的战士'。《春秋·左传》有云：'太上有立德，其次有立功，其次有立言，虽久不废，此之谓三不朽。'在我看来，只有先生您所构建过的众多精神之价值，才是真正属于'不朽'的。"

（资料来源：方士华. 别输在表达上［EB/OL］.［2019-10-22］. https://m.qidian.com/book/1016677433/0？isDarkMode＝0.）

思考与讨论：

（1）池田大作对金庸的赞美妙在何处？

（2）本案例对你有何启发？

3. 戒烟

世界球王贝利，自幼酷爱足球运动，并很早就显示出超人的才华。一次，小贝利参加了一场激烈的足球赛，累得喘不过气来。休息时，他向小伙伴要了一支烟，以此解除疲劳。贝利得意地抽着烟，淡淡的烟雾不时地从嘴里吐出来。但这一举动很快被父亲看到了，父亲的眉头皱了起来。

晚上，父亲坐在椅子上问贝利："你今天抽烟了？"

"抽了。"小贝利红着脸，低下了头，准备接受父亲的训斥。

但是，父亲并没有这样做，他从椅子上站起来，在屋子里来回地走了好半天，才对贝利说："孩子，你踢球有几分天资，也许将来会有些出息。可惜，你现在要抽烟了。抽烟会损坏身体，使你在比赛时发挥不出应有的水平。作为父亲，我有责任教你向好的方向努力，也有责任制止你的不良行为。但是，向好的方向努力还是向坏的方向滑行主要还是取决于你自己。所以，我要问问你，你是愿意抽烟呢？还是愿意做个有出息的运动员呢？你自己懂事了，自己选择吧！"说着，父亲从口袋里掏出一沓钞票递给贝利，并说道："如果你不愿意做个有出息的运动员，执意要抽烟，这就做你抽烟的经费吧！"说完，父亲走了出去。

小贝利望着父亲远去的背影，仔细回想着父亲那深沉而又恳切的话语，他不由得哭出声来。过了好一阵，他止住哭，拿起桌上的钞票去还给了父亲，并对他说："爸爸，我再也不抽烟了，我一定当一个有出息的运动员！"

从此，贝利刻苦训练，球艺飞速提高，最终成为一代球王。

（资料来源：佚名. 球王贝利不抽烟［EB/OL］.［2020-06-01］. https://www.chazidian.com/gushi52463/.）

思考与讨论：

（1）贝利的父亲为什么能够说服贝利戒烟？

（2）本案例对你有何启发？

4. 陈毅拒绝张元济

1949年年底，商务印书馆的董事长张元济先生找到陈毅市长，要借20万元，以解燃眉之急。

这位董事长已 80 岁高龄,而且德高望重,陈毅小时候就知道他的大名。当时全国刚刚解放,百废待兴,拿出 20 万元有很大的困难。没办法,陈毅只有直截了当地对张元济说:"如果说人民银行没有 20 万元,那是骗您。我不能骗您老前辈,只要打个电话给人民银行就可以解决问题。您老这么大年纪了,为了文化事业亲自赶来,理应借给您。但是我想,还是不借给您为好,20 万元搞商务一下子就花掉了,还是从改善经营上想办法,不要只搞教科书。可以搞一些大众化的年画,搞些适合工农需要的东西,学中华书局的样子。否则不要说 20 万元,就是 200 万元也没有用。要您老先生这么大年纪到处跑,我很感动。但是对不起,我不能借这笔钱,借了是害你们。"陈毅一番话,将张元济老先生说通了,他高兴地说:"我完全接受你的意见,我不借钱了。你的话是对我们商务印书馆的爱护,使我很感动。"

在对张元济先生进行说服时,陈毅既顾全国家大局,又为商务印书馆着想,提醒他们借钱不是长久之计,要着眼于读者的需要,改善经营、拓宽视野。一席话点到了对方从未想过的问题,使其觉得受益匪浅,找到了比借钱更好的方法。

(资料来源:李丽.浅谈情景语言中拒绝别人的几种语言技巧[J].语文学刊,2010(1).)

思考与讨论:
(1)陈毅的拒绝妙在何处?
(2)本案例对你有何启发?

实践训练

1. 模拟沟通训练

通过本训练,一是让学生运用所学的日常沟通方法和技巧,与他人沟通交流,提高口头表达能力;二是让学生掌握发表个人见解的方法和策略,在公众场合具备敢于说话的勇气和胆量。

基本组织思路是:模仿电视说话类节目,如模仿央视《对话》节目的形式,组织学生进行主题谈话训练。可从以下方面着手。

(1)将 10~15 名学生划分为一组,每组选出 2 名选手参加交谈训练,其他同学作为听众或参加评议。

(2)谈话过程中主持人和选手也可以和听众进行互动,方法和规则可视现场情况作出规定,目的是调动全体学生的参与意识,保持场面的活跃。

(3)教师和同学先确定交谈的话题,可以采用教师出题或学生出题的多种方式,然后从中优选。话题的选择应与同学的学习、生活和兴趣爱好联系紧密,学生有话可说,不会造成冷场,话题应包含较丰富的信息容量和多维的价值取向,有利于发挥学生的个人体验和独立思考。

(4)教师担任沟通活动的主持人,通过提问、询问、转问、串接、引申等多种方式,引导和调动场上、场下的交谈气氛,掌握和控制活动的节奏和进展。

(5) 可以进行全程录像,活动结束,结合录像回放分析,教师和同学共同点评,总结。

(资料来源:张波.口才与交际[M].北京:机械工业出版社,2008.)

2. 业务洽谈演练

学生 A 扮演某交电公司营业部经理,学生 B 扮演某品牌燃气热水器推销员。两人所在公司原本并无业务往来,两人也是首次因业务打交道。当此品牌产品在市场上供大于求时,B 到 A 处了解情况并推销 B 方的产品,而且希望今后建立长期业务往来关系。

要求:运用所学的日常沟通技巧,灵活巧妙地与对方洽谈,并尽可能地寻求最佳的社交效益。

3. 交谈语言技巧自我测试

请回答以下问题以确定你与他人交流中的优缺点。选择符合的一项即得相应的分数。1 分＝从不这样;2 分＝很少这样;3 分＝有时这样;4 分＝经常这样;5 分＝每次都这样。

(1) 与人交谈时,我发言时间少于一半。

(2) 交谈一开始我就能看出对方是轻松还是紧张。

(3) 与人交谈时,我想办法让对方轻松下来。

(4) 我有意识提些简单的问题,使对方明白我正在听,对他的话题感兴趣。

(5) 与人交谈时,我留意消除引起对方注意力分散的因素。

(6) 我有耐心,对方发言时不打断人家。

(7) 我的观点与对方不一样时,会努力理解对方的观点。

(8) 我不挑起争论,也不卷入争论中。

(9) 即使我要纠正对方,也不会批评他。

(10) 对方发问时,我简要回答,不作过多的解释。

(11) 我不会突然提出令对方难答的问题。

(12) 与人交谈时,前 30 秒钟我就把自己的用意说清楚。

(13) 对方不明白时,我会把自己的意思重复或换句话说一次,或者再总结一下。

(14) 我每隔一定时间会问对方有何反应,以确保他能听懂我的意思。

(15) 我发现对方不同意我的观点时,就停下来,问清楚他的观点。等他说完之后,我再针对他的反对意见发表我的看法。

将以上各题的得分相加,得出总分。结论如下。

60～75 分:你与人交谈的技巧很好。

45～59 分:你的交谈技巧不错。

35～44 分:你与人交谈时表现一般。

35 分以下:你的交谈技巧较差。

通过以上测试找出自己语言交谈的薄弱环节,努力改进自己的谈话技巧,三个月后再进行测试,看有哪些提高。

(资料来源:张岩松.公关交际艺术[M].北京:中国社会科学出版社,2006.)

自主学习

（1）怎样交谈才能取得良好的交际效果？

（2）请完成以下交谈练习。

① 1986年10月25日，邓小平会见英国女王伊丽莎白二世和她的丈夫菲利普亲王。邓小平同志说："这几天北京的天气很好，这也是对贵宾的欢迎。当然北京的天气比较干燥，要是能借一点伦敦的雾那就更好了。我小时候就听说伦敦有雾，在巴黎时，听说登上巴黎铁塔就能看见伦敦的雾。"菲利普亲王说："伦敦的雾是工业革命的产物，现在没有了。"邓小平风趣地说："那借你们的雾就更困难了。"亲王说："可以借点雨给你们，雨比雾好，你们可以借点阳光给我们。"

请问他们在表达怎样的意思？从说话的角度分析这段谈话，看看有哪些是值得借鉴的地方？

② 假如你是一个企业的新职工，经常与工人们在一起，了解了企业的许多情况。一天，经理在和你聊天时突然问："你是新来的，经过这一段时间，你觉得我这个人怎么样？""很好，经理。"但经理却固执地说："你一定要讲真话，我只想听听你的意见，或者从你这里听到别人对我的意见，你不必担心什么。"而这个经理确实也有一些不足和毛病，工人也有所议论。这时，你怎样与经理继续聊下去？

（3）请完成以下倾听练习。

① 以"积极倾听，构建和谐班级（校园）"为主题，组织主题班会，请同学们轮流发言，各抒己见。

② 请总结一下你倾听时存在哪些不良习惯。

③ 为什么沟通过程中倾听占有十分重要的位置？请谈谈你的体会。

④ 两个同学为一组，每个同学准备一篇有一定信息量的约800字的文章，由一位同学将文章读给另一位同学听，倾听者要注意使自己保持专注。文章宣读完毕，由倾听者陈述自己获得的信息，宣读者检查对方信息是否准确无误。然后，角色互换，再进行一轮。最后双方谈谈自己倾听中的感受。

⑤ 到养老院做义工，陪老人聊聊天，注意运用有效倾听的技巧，看看效果如何？

（4）将来，你在事业上取得了一定成就，在老同学聚会上，你怎样谈自己的成功？别人赞扬你，你怎样表现谦虚的风度？

（5）为什么说一味地赞美不足取？应怎样对交际对象进行赞美？

（6）设想你到一个新的环境，面对初次见面的同事，请找出同事的三个优点加以赞美。

（7）请分角色模拟演练以下赞美情境。

① 你的一位同学参加某项大学生竞赛活动获得了好成绩，你如何赞美他（她）？

② 你的口才训练老师的课程非常受学生们的欢迎，你将如何赞美她（他）？

③ 你的同学穿了一套新衣服，你如何赞美她（他）？

（8）与你的同桌（2人一组），自拟情境进行说服训练。

（9）如果你的班级有一名同学考入大学后，完全放松自己，整天上网打游戏、吃喝玩乐不学习，你作为他的好朋友，如何说服他抓紧时间好好学习呢？

（10）罗斯福任海军要职的时候，一名记者问他关于在加勒比小岛上建立潜艇基地计划的问题。罗斯福本可以正面拒绝，因为这是军事秘密，然而正面拒绝就会使交际过程呆板而无趣，所以罗斯福没有正面拒绝。请你说一说罗斯福是怎么回答记者的。

（11）吴经理与王经理是大学的同窗好友，有着十几年的友情，关系非常亲密，经常在一起打球，生意上也有合作。一天，王经理来到吴经理办公室，兴致勃勃地说要好好聊聊。正好吴经理已预约陪同台商汪先生去打保龄球，这使吴经理很为难。请演示吴经理拒绝王经理的情景。

（12）试比较分析以下三份不录用通知书。

① 此次本公司招聘职员，承蒙应征，非常感谢！经慎重审议，结果非常遗憾，决定无法录用，特此通知。

② 此次本公司招聘考试，你成绩不及格，特此通知。

③ 此次本公司招聘职员，您立即前往应征，非常感谢！您的考试成绩相当好，不过本次暂不予录用，觉得很可惜，他日可能还有机会，务请谅解。

任务 7 职场沟通

任务目标

- 应聘面试之前做好充分的准备；
- 应聘面试的沟通技巧；
- 明确职场沟通的重要意义。

案例导入

面　试

A 先生在一家知名企业工作，被派驻到了海外。由于家庭原因，他希望回居住地发展。于是，他开始投递简历、进行面试。

他海量地往多家公司投递简历，以至于他自己都不记得投递过多少家公司了。

有一天，他接到了人力资源（HR）的电话通知，希望他能去公司面试。他信心满满地穿了一身职业装，第二天按时前往。

面试开始了，HR 很礼貌地和他沟通，请他讲述自己的工作经历，也询问了一些情况。A 先生的工作经历与他所应聘的岗位有一定相关性，然而也有很多不足之处。于是，HR 便向 A 先生询问其对所应聘职位的职责和要求是否清楚。但 A 先生竟然不记得自己应聘的到底是什么职位，更说不清楚该岗位的职责和要求。

不仅如此，当 HR 提示了 A 先生之后，他依然对该岗位所要求的产品方面的知识一无所知。在这样的情况下，HR 对 A 先生感到非常失望，一个工作多年的职场人，重新找工作的时候竟然如此盲目。

HR 告知 A 先生，在面试前需要对行业知识进行了解，A 先生竟然自负地说："我面试了很多家公司了，用不着你来教我怎样面试！"之后愤然起身离去。

（资料来源：赵颖. 社交礼仪[M]. 北京：中国人民大学出版社，2017.）

7.1 求职沟通

1. 求职的准备

应聘者要想求职成功，必须积极应对，做好各项准备工作。

(1) 收集就业信息。就业信息是指通过各种媒介传递的有关就业方面的消息和情况,如就业政策、供需双方的情况及用人信息等,它是求职者择业必须收集和掌握的材料。

　　就业信息的种类有两种:宏观信息和微观信息。宏观信息是指国家的政治经济情况,国家或地区社会经济的方针政策规定,国家对毕业生的就业政策与劳动人事制度改革的信息,社会各部门、企业需求情况及未来产业、职业发展趋势所要求的信息。掌握这些信息,就可宏观把握就业方向。同学们在校期间,要关心国家政策的重大改革,对确立宏观的择业方向有着重大意义。微观信息是指某些具体的就业信息。如用人单位的需求情况、发展前景、需求专业、条件、工资待遇等。这些信息是在大学即将毕业时所必须收集的具体材料。

　　收集就业信息的途径主要有以下几种:一是通过学校就业指导办公室和各就业工作服务站收集。学校收集的信息都会及时传至各系(处),或发布在学校网页的就业信息栏中。二是通过各级政府主管部门和就业指导机构收集。这些主管部门主要是教育部和省教育厅、人力资源与社会保障厅及各市的教育局、人力资源与社会保障局。这些部门和就业机构的主要职责,就是制定辖区的毕业生就业政策,提供高校毕业生和用人单位的信息,为毕业生提供就业咨询与服务。这类信息也是真实可信的。三是通过学校老师和亲朋好友收集。老师在多年的社会实践、教学实习和科研协作中,与一些专业对口的单位联系密切,通过他们了解就业信息,推荐求职,对择业成功有很大帮助。家长和亲朋好友,在多年的社会交往中,也会提供大量的就业信息,希望所有的毕业生要有意识地收集。四是通过各类"双向选择"招聘活动收集。各人才服务机构、省市就业服务部门、学校每年都会举办各种人才招聘会,为毕业生收集就业信息提供了更广泛的途径。五是通过有关新闻媒体和网络收集。新闻媒体特别是网络可为毕业生提供更丰富的就业信息。应届毕业生也可通过网站发布个人简历和求职要求。

　　求职者收集到求职信息后,还要善于分析求职信息,这样才能增大求职成功的机率。否则,事到临头,只凭自己的想象和猜测或是被动地服从他人之命,依据社会上的流行看法盲目选择,只会使求职陷入困境。就一则具体的招聘信息来讲,求职者在阅读时一定要从岗位的职责、硬件要求、招聘单位的具体情况(规模、待遇、前景、地址、联系方式等)、岗位的供需情况、单位的企业文化与人际关系、岗位的细分情况等角度加以分析。只有善于分析阅读招聘信息,才有可能取得应聘的成功。

　　(2) 明确求职途径。一般的,求职的途径有如下九种。

　　① 招聘会。一般应到由政府人力资源与社会保障部门所属的人才交流机构开办的人才市场或"招聘会"求职,这类部门运作规范、服务周到、信誉高、手续齐全,出现问题可得到合理保护。

　　② 网上求职。网络突破时空的限制,通过网络求职经济、方便、快捷,避免了大群人集中近距离接触,所承载的信息量大,不仅可以了解职位信息,还可以在网上人才信息库存储个人基本资料,以供用人单位查询。

　　③ 实习。目前很多知名企业通过招募实习生的方式来培养和招聘员工。

　　④ 报刊招聘广告。这是传统获得就业信息的最主要手段,其信息较之网络有更强的真实性,但也有不实虚假招聘信息。如果招聘职位好则可能有很多应聘者。

⑤ 人才服务机构、职业介绍所等。通过人才中介来获取职位，今后将成为主流。随着法律的完善，监管到位，通过人力资源中介来获得职位，是较好的选择。人才服务机构的优势在于信息来源多、专业化等。

⑥ 电话求职。了解招聘信息后，可以电话咨询感兴趣的信息，电话求职时要讲究礼仪。

⑦ 直接上门找公司负责人或人力资源部经理。这是毛遂自荐的方式。如果看好某企业，可主动上门求职，展示自身的工作实力，让用人单位了解并能够录用自己。

⑧ 各院校的就业指导办公室。大学生们可以到所在院校的就业指导办公室得到许多用人单位的招聘信息，以及有关就业政策和择业技巧的指导。

⑨ 社会关系。通过亲朋好友(包括老师、同学、学长等)获取招聘信息或者推荐，也是一种符合中国国情的求职方式。

(3) 撰写面试材料。在双向选择过程中，大部分用人单位安排面试的依据是有关反映毕业生情况的书面材料，通过这些书面材料来判断和评价毕业生的学习成绩和工作潜力。毕业生要成功地向用人单位推销自己，拟订具有说服力和吸引力的求职面试材料是成功的第一步。

面试材料包括毕业生就业推荐表、简历、自荐信、成绩单及各式证书(获奖证书，英语、计算机等各类技能等级证书)、已发表的文章、论文、取得的成果等。

① 简历。简历主要是针对应聘的工作，将相关经验、业绩、能力、性格等简要地列举出来，以达到推荐自己的目的。由于毕业生就业推荐表栏目和篇幅限制，多数毕业生更希望有一份个性突出、设计精美、能给用人单位留下深刻印象的简历。

简历的设计原则。真实、简明、无错是简历设计的三个原则。真实原则是指简历内容必须真实，比如选了什么课，就写什么课；如果没有选，就不要写。兼职工作更是如此，做了什么，就写什么。不要做了一，却写了三或四。因为在面试时，简历是面试官的靶子，他会就简历上的任何问题提出疑问。如果你学了或做了，你就能答上来，否则你和考官都会很尴尬，你在其眼里的信誉也就没有了，这是很不利的。讲真话，切勿言过其实，相信自己的判断力十分重要。

如果你没有参加过任何兼职工作，则你可以不写，因为主考官知道你是即将毕业的学生，而学生的本职工作是学习；或许你重点学了本专业，没有顾上其他；或许你在学习本专业的同时选择了第二专业或辅修专业；或许你虽然没有在校外兼职，但在校内、系里或班里做了大量社会工作。总之，你会有自己的选择，也会珍惜自己的选择，并为自己的选择而骄傲。没有必要为未参加过兼职工作而苦恼或凭空捏造。请记住，主考官也都是从学生过来的，他们会尊重你的选择。

简历，最好简单明了。如果简历内容过多，又缺乏层次感，则会给人以琐碎的感觉。必要信息(如姓名、性别、出生年月、联系电话和地址等)一定要写上。相比之下，身高、体重、血型、父母甚至兄弟姐妹的工作并不是非常重要，这些内容纯属辅助信息，可有可无，至少不应占据重要位置。可以将自己认为重要的信息全部浓缩到第一页上，然后把认为次要的信息，诸如每学期成绩单，获奖证书复印件等信息当作附件。这样的简历主考官只看一页就清楚了，主次分明，主考官如果感兴趣，可以继续看附件里的文件。

无错原则是指简历应该没有错误,尽可能在寄出简历之前,逐字检查,标点符号也不能落下,否则会被认为你是一个粗心的人,在激烈的竞争中就可能被淘汰。

简历并没有固定格式,对于社会经历较少的大学毕业生,一般包括个人基本资料、学历、社会工作及课外活动、兴趣爱好等,其内容大体包括以下几方面。

- 个人基本材料。主要指姓名、性别、出生年月、家庭住址、政治面貌、健康状况等,一般写在简历最前面。
- 学历。用人单位主要通过学历了解应聘者的智力及专业能力水平,一般应写在前面。习惯上书写学历的顺序是按时间先后,但实际上用人单位更重视现在的学历,最好从现在开始往回写,写到中学即可。学习成绩优秀,获得奖学金或其他荣誉称号是学习生活中的闪光点,可一一列出,以加重分量。
- 生产实习、科研成果和毕业论文及发表的文章。这些材料能够反映你的工作经验,展示你的专业能力和学术水平,是简历中一个有力的参考内容。
- 社会工作。近几年来,越来越多的用人单位渴望招聘到具有一定应变能力、能够从事各种不同性质工作的大学毕业生。学生干部和具备一定实际工作能力、管理能力的毕业生颇受青睐。社会工作对于仍在求学的毕业生来说,主要包括社会实践活动和课外活动,是应聘时相当重要的。
- 勤工助学经历。即使勤工助学的经历与应聘职业无直接关系,勤工助学也能够显示你的意志,并给人留下能吃苦、勤奋、负责、积极的好印象。
- 特长、兴趣爱好与性格,这是指你拥有的技能,特别是指中文写作、外语及计算机能力。兴趣爱好与性格特点能够展示你的品德、修养、社交能力及团队精神,它与工作性质关系密切,所以用词要贴切。
- 联系方式。联系地址、电话、邮政编码千万不要忘记写,以免用人单位因联系不到你而失去择业机会。

② 自荐信。自荐信即求职信,其基本内容包括以下方面。

- 用人信息的来源及所希望从事的工作岗位。
- 愿望动机。这是自荐信的核心内容,说明自己要求竞争所期望岗位的理由和今后的目标。
- 所学专业与特长。将大学所学的重要专业课程写入,但不要面面俱到,以免使主要的专业课程"淹没"在文字之中。对自己熟悉的、有兴趣的,特别是与期望单位所需人才职业关系紧密的,可多写一些。
- 兴趣和特长,要写得具体真实。

最后应提醒用人单位留意你附带的简历,请求给予同意等。

在毕业生求职过程中,信函求职是最常用、最主要的方式。求职信由开头、正文、结尾和落款组成。在开头,要有正确的称呼和格式,在第一行顶格书写,如"尊敬的人事处负责同志""尊敬的张教授"等,加一句问候语"您好"以示尊敬和礼貌。正文部分主要是个人基本情况即个人具备的条件。求职信的核心部分要从专业知识、社会实践能力、专业技能、性格、特长等方面使用人单位确信,他们所需要的正是你所能胜任的。结尾部分可提醒用人单位回复消息,并且给予用人单位更为肯定的确认:"请您给我一个机会,我会带给您无数个惊喜!"结束语后面,写表示敬意的话,如"此致""敬礼"。落款部分署名并附日期。如果有附件,则可在信的左下角注明。

求职信的信封和信纸最好选用署有本学校名字的信封和信纸,忌讳选用带有外单位名字的信封和信纸。字迹清晰工整。如果你字写得漂亮,则最好手写,因为更多的人相信"字如其人"。如果字写得不好看,就不如用打印机打印出来,篇幅要适中,不宜过长,1 000字左右较为合适。求职信是个人与单位的第一次接触。所以,文笔要流畅,可以有鲜明的个人风格,不可过高地评价自己,也不可过于谦虚。要给用人单位留下较为深刻的印象。最后,要留下联系方式。

在毕业生就业推荐表、简历和自荐信后,还应附有成绩单及各式证书、已发表的文章复印件,论文说明、成果证明等。如果本专业是比较特殊的话,还应附一份本专业介绍。

(4) 熟悉面试方法。求职面试的基本方法主要有电话自荐、考试录用、网上应聘等,在各种方法之中也有很多应试技巧,掌握一些方法和技巧,会有助于你求职面试取得成功。

① 电话自荐。通过电话推荐自己,是一种常用的求职方式,如何充分利用电话接通后的短暂时间,用最简洁明了的语言清楚地表达自己,能否给对方留下一个深刻清晰的印象,是同学们十分关心的问题。

打电话之前,首先要做好充分准备。谈话内容上要了解用人单位的有关情况,尽量做到心中有数;其次要对自己有一个客观、公正的认识。最后要根据用人单位的需求情况,结合自己的特长,列出一份简单的提纲,讲究条理并重点地介绍自己,力争给受话人留下深刻印象。另外还要调整好自己的心态,做好充分的心理准备,努力控制好说话的语音、语调、语速,在短暂的时间里,展现自己积极向上、有理有节的个人良好品质。

电话接通后应有礼貌地询问:"请问这是某单位人事处吗?"在得到对方单位的肯定答复后,应作简短的自我介绍,并说明来电意图。求职者一定要言简意赅,并着力表现自身特长,与所求职位相互吻合。

② 考试录用。笔试是常用的考核方法,笔试限于某一专业技术要求很强,对录用人员素质要求很高的单位,如一些涉外部门或技术要求高的专业公司等。

参加笔试前,应了解笔试的大体内容。一般而言,用人单位的笔试包括以下几个方面:一是对于知识面的考核,包括基础知识和专业知识;二是智力测试,主要测试受聘者的记忆力、分析观察力、综合归纳能力、思维反应能力;三是技能检测,主要是对其处理实际问题的速度与质量的测试,检验其对知识和智力运用的程序和能力。参加笔试要按要求准时到场,不能迟到。卷面要整洁,字迹工整,给阅卷老师留下良好的印象。考试过程中,绝对不能作弊或搞小动作,对于这一点,是用人单位尤其看重的。

③ 网上应聘。网上求职首先要准备一份既简明又能吸引用人单位的求职信和简历。求职信的内容包括:求职目标——明确你所向往的职位;个人特点的小结——吸引人来阅读你的简历;表决心——简单有力地显示信心。

在准备求职信时还要注意控制篇幅,要让人事经理无须使用屏幕的流动条就能读完;直接在内编辑,排版要工整;要做到既体现个人特点又不过分夸张。对于网上求职来讲,简历的准备相对比较简单,在"中华英才网"等人才网站上都提供标准的简历样本。需要注意的是,学历和工作经历要按时间逆序填写,以便招聘方了解你目前的状况。在填写工作经历时,很多求职者只是简单列出工作单位和职位,没有详细描述工作的具体内容,而招聘方恰恰就是根据你之前的工作内容评估你的实际工作能力。除非应聘美工职位,否则不要使用花哨的装饰或字体。

在网上填简历,要严格按照招聘方的要求填写,要求网上填写的就不要寄打印的简历;要求用中文填写的就不要用英文填写;有固定区域填写的就不要另加附件。发送简历是网上求职的关键一步,如果是通过 E-mail 发简历,则应该以"应聘某某职位"作为邮件标题,把求职信作为邮件的正文,再把简历直接复制到邮件正文中,这样既方便对方阅读,又杜绝了附件带计算机病毒的可能性。如果通过人才网站求职,可以直接把填好的简历发送给招聘单位,网站的在线招聘管理系统还能把个人简历以数据库的方式存储起来,根据求职者的要求,供招聘单位检索和筛选。

2. 应聘面试中的沟通

(1) 坚持原则。以下应聘面试沟通的原则,需要应聘者切实遵守。

① 尊重对方。求职面谈时,首先,要尊重对方,不能因为招聘者的学历、职称、年龄或资历不如你优越,你就轻视对方。尊重对方、赏识对方,可以使招聘者增加对你的好感;其次,要善解人意,无论对方提出什么问题,你都应该从积极的角度去理解,而不是一味地产生对立情绪,认为是故意刁难你。如某科学院一名博士生毕业时向北京一所高校发出了求职信,并接到了面试的通知书。这位博士生读博士前就已被评为讲师,只是家属工作单位在外地。面谈前,高校的人事干部做了大量的工作,疏通了各种渠道,初步办好了接收工作。可是见面交谈时,这位博士生发现坐在自己面前的是一位不足 30 岁的年轻小伙子,于是他不仅流露出了不尊重对方的神情,而且还刨根问底地询问对方,处处显示出优于对方、待价而沽的情绪,引起了对方的反感,结果毁了一桩好事。这位博士抱着"此处不留爷,自有留爷处"的自信转了十几个单位,可是,不是因为名额已满,就是因不能解决夫妻两地分居的问题而告吹。当他再次找到这所高校时,对方已录用了另外一名硕士毕业生,他只好回到老家。其实那位和他面谈的年轻人正是录用他的关键人物。虽然看上去年轻,却已是留美博士生,并且是某个国家重点项目的负责人。人事部门有意安排他来负责招聘,主要是从将来开展博士后研究的角度着想。事后,这位年轻人说:"这位求职者不仅是外语水平不符合要求,关键是妄自尊大,目空一切,好像不是他在求职,反倒是我在求职,这种人即使在国外也不会找到合适的工作。而我们现在录用的这个研究生,家也在外地,不但专业水平和外语水平较高,关键是人很谦虚,很有发展前途。"

② 充满自信。求职既要自知,更要自信。求职过程中的自信表现,是在自大与自卑之间选择合适的一个度,既不过分张扬,也不过分卑下,是指围绕着求职、面试的主题,进行自我介绍并回答面试考官的问题,也是指在适当的时候,借题发挥,进一步展示自己本身的能力与才华。在自信的基础上,加以训练,能够使求职者在真正的面试舞台上,超水平发挥。

③ 双向交流。富兰克林在其自传中讲道:"说话和事业的发展有很大的关系,你出言不慎,不可能获得别人的同情、别人的合作、别人的帮助。"在求职过程中,正确使用语言进行表达,无论是描述自己的情况、成绩或意向,还是回答面试考官的问题,都非常重要。

同样,通过求职交流,也会使求职者获得招聘公司的相关信息,只会答、不会问的求职者正在慢慢被淘汰。因为无法发问就无法进行双向的交流,这就意味着一名求职者因为缺乏自我思考的能力而无法达到面试考官的要求。

(2) 仔细聆听。在面试过程中,要仔细聆听。为了表示你在耐心倾听,要伴随适当的肢体动作(如微微点头)或简单的附和语(如"噢""嗯")。回答问题前必须确认已经听清、听准对方的提问,如果对讲话重点不是十分有把握,则建议用复述性提问加以确认,比如,"您的意思是不是说……""如果我没猜错的话,您是想问我……"

(3) 谦虚诚恳。在面谈中,应聘者如果能谦虚诚恳,则可立于不败之地,从而成功地叩响就业之门。因此,在求职过程中,求职者的真实与诚恳是成功应聘的首要条件,在真实诚恳的基础上,还要力求使自己的就业意向与应聘行业的职业要求相一致,在面谈中尽量回避对自己不利的话题。如某设计院是国家甲级设计院,任务多,待遇高,不少应聘者竞相涉足,企求获得一职之位。其中,一名毕业于该市三流大学的毕业生前来应聘。他先自报所学的是机械制造专业,然后非常认真地询问对方有什么样的要求。设计院的一位老工程师告诉他主要是绘图工作。这位青年马上说:"这是我最拿手的,我课余就帮人家绘图,三天一份,您可以当场试我。"老工程师露出了笑容。因为绘图虽然容易但也并非易事,这种工作单调、枯燥、乏味,年轻人如果肯干,看来不是眼高手低者。老工程师又问:"你搞过设计吗?"

"搞过四个设计,都获得了好评,还有一个被实习工厂看中了。"他拿出了证书和获奖图纸。

老工程师饶有兴趣地边看边问:"搞设计要下现场,有时'连轴转',你行吗?"小伙子拍着厚实的胸脯说:"没问题,让干什么就干什么,只是希望有机会再读个本科。"

"没问题!"这回是老工程师拍着胸脯了。

这位非名牌大学的毕业生之所以能顺利进入名牌设计院,关键在于他语言朴实又不过分谦虚,表现出诚实稳重的品质。当他知道自己应聘的职业要求是擅长绘图、吃苦耐劳时,就将自己在绘图方面的经验、成果,以及身体强壮、不怕辛苦等优势加以强调,至于自己是来自三流院校、甚至专业并不对口的事实就避而不谈了。

(4) 毛遂自荐。在求职过程中,如何在众多的竞争对手中脱颖而出是很重要的,哪怕只是引起招聘者的注意。当我们在运用求职语言艺术时,"单刀直入、毛遂自荐"也不失为一种方式。我们可以开门见山,对招聘者直截了当地表明自己的选择意向。如果对方针对你的能力或学历提出任何异议,这恰恰是给了你一个说明和展示的机会。

如在某市的大学生供需见面会上,市公安局某研究所的招聘桌前,围满了前来求职的大学生,大部分是男学生。一位年轻的女学生硬是挤到招聘桌前,向招聘人员表明自己渴望从事刑事检验分析研究的工作。

招聘人员面露难色,因为这个研究所从来没有女工作人员,有的只是清一色的男性工作人员。可是,面对姑娘恳求的目光,招聘人员决定破例给这位姑娘一个机会。他说:"工作人员需要下案件现场,遇到的尽是血淋淋的场面,姑娘家哪敢去呢?!"

"我就敢去!"这个姑娘快言直陈,毫不含糊地说,"让我抬死人,我也不怕。"

"你可别说大话,干这行没黑夜没白天,得随叫随到。"

"嘿,我假期打工就是给人家开车,跑起路来没点胆儿行吗?"说着她掏出了驾驶证。人事干部与研究所的干部当场拍板,并与之签订了聘用合同。

这个例子中的女大学生就是借用对方的"发难",适时地用行动或语言展示了自己的优点和长处,反败为胜!

(5)巧用反问。在面试过程中,有些招聘者会针对你的薄弱环节进行发问,其目的有两点:一是确实发现你有不足之处,想得到你的解释;二是想看看你的应变能力和回答技巧。这时,应聘者一定要沉着冷静,迎难而上,用反问的形式巧妙地回答问题。

例如,已婚的刘女士到一家中外合资企业面试,公司经理对她很满意,只是担心她已婚且孩子还小会影响工作,下面节选了这次成功面谈的片段。

总经理:"刘女士,你的各方面素质都不错,只是……你孩子还小,这一点公司方面还得考虑一下。"(总经理实际上内心已经准备淘汰她了。)

刘女士:"我认为总经理的意见有一定的道理。如果我是总经理,那么可能也会这么想。"(总经理听到这里,有点意外,微微点头。)"公司的任务重,工作忙,谁也不愿意员工拖儿带女、东牵西挂地来上班。"(总经理听到这里哈哈大笑。)

"但是,"刘女士话锋一转,"我想,事情还有另外一面,虽然我的想法不一定对,不过,还是想说出来请总经理指正。因为从公司来说,最重要的是要求职工有责任心。但是不当家不知柴米贵,不养儿不知父母恩,在生活中都没有经过责任心训练的人,在工作中能有很强的责任心吗?我想,这就是一个母亲与一个未婚女子的最大区别,她们对生活、工作和责任心的理解是不会相同的。"(总经理听到这里开始沉思了。)

"况且,"刘女士趁热打铁地说,"我家里还有老人退休照料家务,我绝不会因家庭琐事而影响工作的,这一点总经理还有什么不放心的?"

总经理最终拍板录用了刘女士。

当然,要想达到预期的求职目的,既要有迎难而上的勇气,还要善于"打太极拳"。当对方猛然向你发来一个快球,大有一击点中要害之势,不要回避,顺势接下,如同上述例子中的主人公,先肯定招聘者的判断,承认自己的"软肋",进而将球轻柔而有力地推回给对方——不卑不亢地分析现状,表明自己的特长和优势,以消除对方的顾虑,最后用反问的形式促使招聘者做出回答。

(6)少用"我"字。由于面试的过程是一个对"我"进行考察的过程,因此,无论是在自我介绍还是在面试谈话过程中,求职者的语言和意识往往会以"我"为中心。例如,"我"的学历、"我"的理想、"我"的才华,以及"我"的要求……殊不知,这样做对方会认为你"以自我为中心""自我标榜""自以为是""自我推销"……尽管事实并非如此。例如,袁女士,35岁,应聘某公司的机械检验员,招聘者问她:"这个工作经常要出差,到湖南、湖北、四川等地,条件会比较艰苦,你行吗?"袁女士答道:"我是不是看上去比较娇气?我从前在矿山做机械工的时候,可是常在管道里面爬上爬下的,而且我还在装配车间做过检查工作,我想工作再苦都没问题。别看我是女的,我在装配车间干过一年,在铆焊车间干过半年,我在试验场还做过现场施工。当时我在甘肃,现在想起来我真的不想回去,因为机械管道里的味儿很难闻,100米长的管道,我就在里面爬上爬下……"

要不是被招聘者及时打断,袁女士还不知要说出多少个"我"字来。在这个案例中,袁女士的回答本来就不够简洁,再加上"我"字不离口,有强迫性的自我推销之嫌,使招聘者顿生反感,面试结果可想而知。

(7) 灵活应变。最后一条原则,就是"没规则",不要有那么多的条条框框,记住:在任何情况下,招聘单位都会垂青那些有较强角色意识和应变能力的人。而这种能力多半是书上没有的,要在实践中不断地锻炼,这就是为何有些招聘单位很看重工作经验的原因。请看下面的沟通小故事。

国外一家旅馆老板测试三名应聘侍者的男子。

问:"假如你无意中推开房门,看见女房客正在淋浴,而她也看见你了,这时你该怎么办?"

甲答:"说声'对不起',然后关门退出。"

乙答:"说声'对不起,小姐',然后关门退出。"

丙答:"说声'对不起,先生',然后关门退出。"

结果,丙被录用了,为什么呢?

因为他的这种故意误会的说法,维护了女房客的尊严,他用非常得体的语言表现出一名侍者应该具备的职业素质。

(8) 成功地进行自我介绍。求职者自我介绍的根本目的,是使面试考官对自己有个初步的、大概的了解,并且尽可能留下好的印象,以便使面试能够深入地进行下去,最终赢得面试的成功。求职面试的自我介绍必须讲究技巧,成功的自我介绍往往会给面试考官留下深刻的印象,求职也就成功了一半。在人的思想意识中,往往存在这样的误区,认为最了解自己的人一定是自己,把介绍自己当成是一件很容易的事。其实不然,说人易,说己难。在求职面试中,介绍自己是最难的部分,要成功地进行自我介绍,要从以下四个方面着手。

① 礼貌的问候。在进行自我介绍之前,求职者首先要跟主面试考官打个招呼,道声谢,这是最起码的礼貌。比如"经理,您好,谢谢您给我这个机会。现在,我向您作个简单的自我介绍……"介绍完毕,要注意向主面试考官致谢,并且要向在场的其他面试人员致谢。

② 主题要鲜明。求职面试中的自我介绍一般包括这些基本要素:姓名、年龄、籍贯、学历、学业情况、性格、特长、爱好、工作能力和工作经验等。因此,不必面面俱全,而是一定要做到主题鲜明,直截了当,切入正题,不要拖泥带水,对于材料的组织要合理,做到详略得当,重点突出。一般来说应按招聘方的要求来组织介绍材料,围绕中心说话。假如招聘单位对应聘人的工作能力和工作经验很重视,那么,求职者得就自己的工作能力及经验做详细的叙述,而且整个介绍都是以这个重点为中心。下面是某家工艺品总公司招聘业务员的一则对话。

面试考官:我公司主要是经营地方特色或民族特色的工艺品,如北京的景泰蓝、景德镇的陶瓷和湖州的抽纱等。这次招聘的对象主要是能开拓海内外业务的湖州抽纱的业务员。现在,请你介绍一下自己的情况。

求职者:我叫李伟,今年24岁,是湖州市人。今年毕业于湖州市商业学校,读市场营销专业。我一直生活在湖州,小时候就经常帮妈妈和奶奶做抽纱活,对于传统的抽纱工艺可以说是比较了解的。在商校学习的两年中,我掌握了营销方面的专业知识,这是我将来搞好业务的资本。我的口才也较好,曾参加省属中专学校的求职口才竞赛,得了二等奖,并且具备一定的英语口语能力。我这个人的特点是头脑灵活、反应快,平时喜欢看报纸,对国内外的经济发展动态很感兴趣,喜欢从事具有挑战性的工作。

应聘的求职者一般应从最高学历讲起,只要面试考官不问,完全没有必要谈及小学、中学甚至是大学。谈所学的专业、课程,不必要说明成绩。谈求职的经历,不要漫无边际,东拉西扯,最好在3分钟之内,完成自我介绍,要简洁、明快、干脆、有力。

③ 让事实说话。在面试时,有的人为了能给面试考官留下深刻的印象,往往喜欢对自己进行过多的夸张,动辄就"我的业务水平是很高的""我的成绩是全年级最好的",其实,这样反倒会给面试考官留下不好的印象。现在的用人单位往往更注重应聘者的真本事。"事实胜于雄辩",虽然面试的时间有限,不可能完全展示出求职者的才能,但是,求职者可以通过实际的事例来证明自己的能力,把才华展示给面试考官。

某大学中文系学生小刘,毕业后到报社应聘记者,面对着上百个新闻专业出身的应聘者,可以说小刘并没有什么优势。但小刘对此早有准备,她对面试考官介绍自己时是这样说的:"我叫刘晓明,山西人,毕业于××大学中文系。虽然我不是新闻专业的,但我对记者这个行业却十分感兴趣。在大学期间我是学校校报的记者。四年间,进行了许多次较为重大的校内外采访,积累了一定的采访经验,再加上我的中文功底,我相信我可以胜任贵报的工作。这是我在大学期间发表过的报道稿,请各位编辑、领导批评指正。"

面试考官们看过小刘的报道材料后很满意,觉得眼光独到、语言深刻。结果小刘击败了众多的竞争者,不久就收到了录用通知。

④ 给自己留条退路。面试中的自我介绍既要坦诚,又要有所保留;既要介绍自己的能力,也不要把自己搞成事事皆能,使自己进退维谷。在自我介绍中,求职者要尽可能客观地显示自己的实力,但同时应尽可能地避免使用保证式或绝对式的语言,如"我非常熟悉这项业务""我保证让部门改变面貌!"这些话往往没有具体内容,反倒会引起面试考官的反感,如果遇到较为平和、内敛的面试考官,也许不会为难你。但是如果遇到个性较强的面试考官进行追问时,那么求职者会因无法回答而张口结舌,尴尬万分。

小赵去面试一家国际旅行社的导游。他自我介绍说:"我这个人喜欢旅游,熟悉各处的名胜古迹,全国的风景名胜几乎都去过。"面试考官很感兴趣,就问:"那你去过云南大理吗?"因为面试考官就是大理人,对自己的家乡再熟悉不过了。可惜小赵根本就没去过大理,心想若说没去过这么有名的地方,刚才的话,不就成了吹牛了吗?于是硬着头皮说:"去过。"面试考官又问:"你住的是哪家宾馆?"小张再也回答不上来,只好说:"那时我是住在一个朋友家的。"面试考官又问:"你的这位朋友家在大理的什么地方啊?"小赵这下没词儿了,东拉西扯答非所问,结果自然是可想而知的。

(9)得体地回答。在面试过程中,要注意以答为基础,以问为辅助的沟通技巧。尽管不同的公司面试的程序和模式有所不同,面试考官的风格各异,但是有些问题是面试考官们比较喜欢问的。应聘者一定要对这些问题有所准备,知己知彼才能百战不殆。

一般来说,招聘方提出的问题可分为两类:一类是规定性提问,也就是招聘方事先准备好的,对每一位招聘者都要发问的问题;另一类是自由性提问,亦即招聘方随意穿插的问题,这些问题往往是千变万化,涵盖宽泛,招聘方可以从应聘者不经意的对答中发现其闪光点或缺点。无论是哪类问题,应聘者在回答时都应当掌握以下基本技巧。

① 不要遗漏表现自己才能的重要资料。
② 保持高度敏锐和技巧灵活的思维状态。
③ 回答既要表现自己的个性气质,又要表现出对招聘方的尊重与服从。
④ 认真倾听对方的提问,并注意对方的反应,以便及时调整自己的不恰当的回答。
⑤ 避免提到"倒霉""晦气""不幸""疾病"之类可能招致对方忌讳的字眼。

7.2 工作沟通

人在职场,每天至少有三分之一的时间是在工作中度过的,营造一个愉快的工作环境,从工作中获得快乐与满足,是每个职场中人所刻意追求的,因为只有这样,才有助于事业的成功。因此,现代人在工作中必须讲究与上司、同事、下级等的交往艺术,讲究办公室礼仪。

1. 与上司沟通的艺术

在一个工作单位里,最重要的人际关系非与上级的交往莫属,因为他可以提拔自己也可能处分自己。为了自己的事业有良好的发展空间,员工一定要学会与上级交往的艺术。

(1) 日常交际礼仪。员工在日常工作中,见到上司要主动打招呼。如果距离较远,不方便呼叫,则可注视之,目光相遇,点头示意;近距离时,用礼貌用语问候上司,如"王经理,您好";进上司办公室时,应先敲门,通报姓名,得到上司允许方可入内;与上司在一起时,言谈举止都要表现出应有的尊重和礼节。如与上司谈话时,如果自己坐着,而上司站着,就应该站起来,请上司就座,而不应该毫不在乎地坐在那里。

(2) 工作方面礼仪。工作中与上司的交往礼仪主要表现在汇报工作与执行工作上。在汇报工作时要注意自己的仪态,汇报时,表情应该自然,彬彬有礼,语速、音量都要适中,要让领导轻松又清楚地听到汇报内容,汇报的语气中要充分表现出对上司的尊重。在上司发表意见时,不要插嘴,不要显得不屑一顾。

在听领导布置工作时,一定要专心致志,不能目无领导。当工作无法完成时,或出现比较艰难的任务时,要及时通报,并说明缘由。工作中做错了事,要学会自我检讨,不要找借口,推卸责任。

(3) 与上司沟通的技巧。首先要让上司认可。上级最信得过的下级是爱岗敬业、忠于职守、勤勤恳恳的人,所以,作为一个下级,要乐于"鞠躬尽瘁,死而后已",要尽职尽责、积极主动,出色地做好本职工作,不可故作姿态,光说不练。要以自己的精明实干和出色的工作能力奠定和上司交往的基础。

另外,要虚心接受上司批评,巧妙指出上司的错误。谁都可能出错,面对上司的批评,一定要调整好心态,虚心接受批评。要有一定的组织观念,上司并非是在找茬,他是在履行他的职责。要尊重上级的意见。当上级的意见与自己的想法不一致时,如果他的意见没有错误,则应按上级的安排去做,如果上级的意见确实不妥,也不要当面顶撞,则应该巧妙地指正上级。

最后要注意不要到处表现自己。在上司面前,下级应表现得谦虚、朴实。正如一位西方教授所说,人们最迫切的愿望就是希望自己受到重视,尊重上司就会赢得上司的信任。同时,不要忘记赞扬的作用,真心的赞扬是对他人的一种尊重和肯定。不但可以满足上司的自尊心,还能赢得上司的好感与信任。还要记住,当自己在工作中有了功劳,不要到处去宣扬,以免让上司感到你是个居功自傲的人。遇到棘手的问题时,也要谦虚请教上司,不要越级去见别的上司。

2. 与同事沟通的艺术

在一天的工作中,大部分时间都是和同事在一起的。同事之间相处得如何,直接关系到自己的工作、事业的进步和发展。同事之间关系融洽、和谐,人们就会感到心情愉快,有利于工作的顺利进行。而同事之间既存在合作又有竞争的特点,使得同事关系微妙复杂,学会同事间的交往艺术,对自己的工作和生活都有很大帮助。

(1) 互相尊重。孟子有云:"爱人者,人恒爱之;敬人者,人恒敬之。"要处理好复杂的同事关系,必须要懂得尊重他人。尊重同事,就要尊重同事的隐私。隐私是关系到个人名誉的问题。背后议论人的隐私,会损害其名誉,可能造成同事间关系的紧张。当同事在写东西、阅读书信或打电话时,应避开,做到目不斜视、耳不旁听。尊重同事,还在于不轻易翻同事的东西。如果要找同事的东西,则要请同事代找,如果他本人不在,则要先征得同事的意见。

(2) 真诚待人,互相帮助。办公室是一个小社会,也是一个小集体。同事间要真诚相待、相互帮助、相互理解、相互宽容,这样的集体才能成为一个团结战斗的集体,才能成为一个有凝聚力,使人心情舒畅的大家庭。同事有困难时,应主动询问,伸出援助之手,给以人力、物力的帮助;当某位同事受挫时,应给予诚恳地安慰,热情地鼓励他,帮助他走出困境;当同事间发生误会时,要有度量,应主动道歉,说明情况,征得对方的谅解,这样会增进双方的感情,使关系更加融洽。对同事的错误和误解要能容纳,"宰相肚里能撑船",不可"小肚鸡肠"、耿耿于怀。

(3) 经济往来要一清二楚。同事之间可能有相互借钱、借物、馈赠礼品或请客吃饭的往来,但不能大意忘记。每一项都要清楚明白,即使是小款项也应记在备忘录上,以提醒自己及时归还。向同事借东西如不能及时归还,应每隔一段时间向对方说明一下情况。总之,同事间的物质经济往来要弄得清楚明白,无论是有意还是无意地占人便宜都会令对方感到不快,也会影响同事之间的关系。

(4) 透明竞争,权责分明。同事之间既有合作也避免不了竞争。与同事共处应遵守尊重、配合的原则,明确权责,尽量施展自己的才华,绝不轻率地侵犯同事的业务领域。应在透明、公平竞争中,各自施展自己的才华并求得发展。不要过分表现自己,免得落下孤芳自赏的名声,最后只是孤家寡人。但是也不可组建自己的小团伙,制造流言蜚语中伤某位竞争对手。同时做事要尽力而为,量力而行,踏踏实实做好自己的本职工作,不让别人有诋毁自己的机会,努力创造更多与同事沟通的机会,增进同事间的感情,消除彼此间的隔膜,在合作中良性竞争。

(5) 言谈要得体。与同事交谈时,一定要注意语言要有分寸、要得体。工作场合中要保持高昂的情绪,即使遇到挫折、饱受委屈、得不到上级的信任时,与同事交谈也不要牢骚满腹、怨气冲天。不要把痛苦的经历当作谈资,一谈再谈,这样会让人退避三舍。谈论自己和别人时,不要滔滔不绝,要观察对方的反应来决定谈话应不应该继续进行。在工作场合中,不要说悄悄话,耳语就像噪声,影响人们的工作情绪,也会引起同事的反感。在与同事相处中,不要得理不饶人。有些人总喜欢嘴巴上占便宜,争上风。他们喜欢争辩,有理要争,没理就更要争三分,这样会使同事们感到烦闷,不利于同事之间的交往。要知道,一个好的倾听者,就是一个好的谈话者。善于倾听别人,能表现出自己对对方的关心与尊重,使对方获得满足感,从而愿意与自己交流。同事之间,善于倾听的人能拥有更多的朋友。

3. 与下级沟通的艺术

孔子认为"君使臣以礼",领导对下属应以礼相待。礼贤下士在中国已经存在了近两千年,像中国古代的点将台、拜将台,都是礼遇下属的体现。作为领导者,应该以礼对待员工,积极与员工进行有效的沟通。

(1) 待人要公平、公正。《孙子兵法》中所言"上下同欲者胜"。只有上下同心,企业才会有发展。要做到这一点,领导者必须尽力做到公平、公正。因此,上级应该坚持客观、公正地对待下级,不要受情绪的影响。要学会做一个好的倾听者,站在下属的角度去考虑问题。身为领导者,要能听出下属的弦外之音、言外之意,对于下属的情绪和处境要多加理解,抛开自己的情绪。

作为领导,待人不能受偏见的影响,应该平等待人。有些人对某人向来印象不好,无论那个人有多么好都会视而不见、听而不闻。领导者不应该被各种各样的偏见蒙蔽了心灵。同时,身为领导者也不应该太偏激独断,能够听取别人意见才会与员工建立融洽的关系。

"经营之神"松下幸之助就是一位善于倾听,待人公正的企业家。他经常问他的下属,"说说看你对这件事是如何考虑的?""如果是你做的,你会怎么办?"他一有时间就到工厂里转转,以便于听取工人的意见和建议。

(2) 尊重理解下属。一个成功的领导者应该尊重和理解下属,为工作营造一个良好的氛围。上级要尊重下属的人格,尊重他们的意见和建议,让每个人都感受到自己是团队的一员。当下属的工作没有按预定目标完成时,要学会换位思考,理解他们的难处,不能把责任都推到他们头上。领导者要有宽容人的度量,在与下属沟通时,不可分亲疏远近,也不能因顾及面子而冷落了才智之士奋发向上的心,还要以开阔的心胸容纳别人,原谅别人的过错。一个好的上司,要在尊重理解员工之时,宽以待人,严于律己。遇事先从自己身上找原因,这样才能博得下属的爱戴和敬重。

(3) 拿捏好批评和表扬。表扬和批评相结合是人类自古以来形成的一种管理方法。对于领导者,批评和表扬下属是激励他们继续努力工作必不可少的手段。但是生活中却常能见到对员工大呼小叫、颐指气使的领导和不断抱怨的员工,这就说明批评和表扬需要一定的技巧,才会达到好的效果。

批评是需要理由的。而很多领导会不知不觉地把批评下属当作是发泄情绪或证明自己权威的一种手段。一个优秀的领导者应该在工作中建立明确的奖惩制度,并且贯彻落实,奖罚有度,才能树立好自己的威信。

批评下属时可以先表扬后批评。因为想让别人顺从地听取批评的意见不是一件容易的事。所以在进行批评时,可以先从正面肯定开始,这样才不会被看成只是针对个人,会让人更好地接受。同时,可以提出一些好的建议和忠告来帮助他们改进自己的工作。

批评下属的时候要就事论事。在对员工进行批评的时候,要尽量避免使用一些会使问题扩大化的词语,注意就事论事。如男性主管不可以对女职员说"你们女人就是这样"。

批评下属的时候也要选对场合。一般情况下,不要在众人面前批评员工,这样虽然会起到杀一儆百的作用,但会伤害到被批评者的自尊,同时对领导者的形象和涵养也会有不好的影响。尤其值得注意的是,不能当着某部门员工的面批评此部门的领导,这样会让这个受批评的领导尴尬,也会给他以后的工作带来不好的影响。

批评的态度要宽容。批评是帮助员工发现自己的缺点并加以改正和完善的一种手段,而不是彻底毁灭一个人的自信心。所以领导者在批评下属的时候,语气要温和,不能大动干戈,咄咄逼人。

表扬的技巧在前面的"学习情境"中有详细叙述,这里不再赘述。

4. 讲究办公室礼仪

办公室礼仪最能体现一个人是否具备良好的素质和个人修养,因为办公室是日常工作的地方,同事们在这里朝夕相处,很多礼仪需要我们去注意,良好的礼仪不仅能树立个人和组织的良好形象,也会关系到一个人的前程和事业发展。

(1) 办公室内的一般礼仪规范。这主要包括:①要守时,不迟到不早退。上班时间要按时报到,遵守午餐、上班、下班时间,不迟到不早退,否则会给领导留下一个懒散、没有时间观念的印象。另外,要严格遵守上班时间,一般不能在上班时间随便出去办私事。②不要随便打私人电话。有些企业规定办公时间不要随便接听私人电话,一般在外国公司里用公司电话长时间地经常性地打私人电话是不允许的。③做了错事要勇于承认。如果有些小的事情办错了,当上司询问起来时,这事与自己有关,即使别的同事都有一些责任,也要直接替大家解释或道歉,如果是自己做错了事,则更要勇于承担责任,绝不可以诿过于别人。④乐于助人。当同事需要帮助,一定要热心地帮助解决。在任何一个工作单位里,乐于助人的人都是有好人缘的。⑤不要随便打扰别人。当我们自己已经将手头的工作干完时,一定不要打扰别人,不要与没有完成工作的人交谈,这样做是不礼貌的。⑥爱惜办公室公共用品。办公室的公用物品是大家在办公室的时候用的,不要随便把它拿回家去,也不要浪费公用物品。

(2) 办公室环境礼仪。当人们走进办公区的情绪是积极的、稳定的,就会很快进入工作角色,不仅工作效率高,而且质量好;反之,情绪低落,则工作效率低,质量差。如果在办公区内,具有整洁、明亮、舒适的工作环境,则容易使员工产生积极的情绪,充满活力,工作卓有成效。随着现代化进程的加快,人们的办公"硬件"水平逐渐提高,办公环境也在不断改善,人们的工作效率也应该相应的提高。

① 办公室桌面环境。办公室的桌椅及其他办公设施,都需要保持干净、整洁、井井有条。正如鲁迅先生所说,"几案精严见性情",心理状态的好坏,必然在几案或其他方面体现出来。

从办公桌的状态可以看到当事人的状态,会整理自己桌面的人,做起事来肯定也是干净爽快。他们为了更有效地完成工作,桌面上只摆放目前正在进行的工作文件,在休息前应做好下一项工作的准备,因为用餐或去洗手间暂时离开座位时,应将文件覆盖起来;下班后的桌面上只能摆放计算机,而文件或是资料应该收放在抽屉或文件柜中。

② 办公室心理环境。"硬件"环境的加强仅仅是提高工作效率的一个方面,而更为重要的往往是"软件"条件,即办公室工作人员的综合素质,心理素质。这个观点正在被越来越多的"白领"们所接受。

办公室内的软件建设是需要在心理卫生方面下一番功夫的。因为"精神污染"从某种意义上说要比大气、水质、噪声的污染更为严重。它会涣散人们工作的积极性,乃至影响工作效率和工作质量。为此,在办公室内需要不断提高心理卫生水平。

学会选择适当的心理调节方式,使工作人员不被"精神污染"。领导应主动关心员工,了解员工的情绪周期变化规律,根据工作情况,采取放"情绪假"的办法。工作之余多组织一些文娱体育活动,既丰富文化生活,又宣泄了不良情绪。有条件的可以建立员工心理档案,并定期组织"心理检查",这样可以"防微杜渐",避免严重心理问题的产生。经常组织一些"健心活动"。使员工能够保持积极向上、稳定的情绪,掌握协调与控制情绪的技巧与方式。

(3) 办公室里谈话注意事项。这包括:①一般不要谈工资等问题。在很多公司里,每一个人的工作不一样,得到的报酬也不一样。如果你说出你的工资比别人高时,则容易引起一些麻烦事。②不要谈私人问题。在办公室谈论私人话题,特别是遇到的不好的事情和不好的心情,会影响别人的情绪,或者引起别人对自己不好的看法,如果不注意,则不但会影响形象,也会影响前途。③不要评论别人的是非。俗话说,"当面多说好话,背后莫议人非"。当有人在评论别人时,不要插嘴,也不要充当谣言的传播者。

案例分析

1. 应聘

小李:(推门进来,重重地关上门。坐在主考官面前,默不作声。)

主考官:你是李东吧?请问,你是从哪所学校毕业?什么时候毕业的?

小李:(不解地)您没有看我的简历吗?您问的这些问题简历上都写着呢。

主考官:看了。不过我还是想听你说说。那么,请用一分钟叙述一下你的简单情况。

小李:(快速地)我在大学里学的是文秘专业,实习时在一家广告公司负责文案。这几年,我报考了英语专业的自学考试,目前已通过五门功课的考试。我很想到贵公司工作,因为贵公司的工作环境很适合年轻人的发展。我希望贵公司给我一个机会,而我将会回报贵公司一个惊喜。

主考官:(皱起眉头)好吧,回去等通知吧。

小李:(急匆匆走出去,又急匆匆返回来拿放在椅子脚旁的帆布皮包。)

(资料来源:佚名.商务礼仪案例集[EB/OL].[2020-02-09]. https://www.taodocs.com/p-350730115.html.)

思考与讨论：

小李这次面试为什么失败？

2. 糟糕的应聘者

以下是某企业人力资源经理对求职者的忠告。

面试从你接到电话通知的那一刻就已经开始了。也许是等待就业的心情比较迫切吧，我在通知有资格参加下一轮面试的面试者时，一般从电话另一头听到的都是一些浮躁的声音，这里摘了一段我们的对话，供大家参考。

"喂"。

"喂，您好，请问是×××先生吗？"

"你是谁啊？"（当时，我的心里已经不高兴了，但是不会表露出来。）"我是××公司的，请问您参加了我们公司的招聘吗？"

"哪个公司？"（肯定是撒大网了）"我们把您的面试时间安排在了明天的×××，地点在×××。"

"我记一下，你们是什么公司？"（Oh, My God！）……

这样我就会把我的看法写在他（她）的简历上，供明天面试的时候参考，影响可想而知！

（资料来源：佚名. 电话面试时的自我介绍[EB/OL]. [2018-12-03]. https://www.docin.com/p-2154667586.html.）

思考与讨论：

(1) 应该怎样接通知你参加面试的电话？

(2) 你认为面试是从什么时候开始的？为什么？

3. 面试得来的经验

用人单位在招聘人员时，除了对学历、年龄、性别有专门规定外，还对应聘者的工作经验做了相应的要求。我在刚刚毕业时对此很不屑，工作经验不就是工作中获得的实践知识吗？课本上枯燥、烦琐、复杂的理论知识都难不倒我，那些所谓的实践知识又会有多难掌握呢？但一次普通的面试却改变了我的看法。

2000年5月，我前往一家有名的咨询公司应聘，从招聘信息上得知，该公司的主要业务是为本市和外埠企业联系代理商和经销商，并提供办公场所搜寻、公司注册、办公事务代理和会务组织等服务。这家合资公司面向社会招收业务人员时，对应聘者的实际工作经验没作专门规定。我在大学学的是企业管理，条件与公司的各项要求相符，所以顺利通过了初试，对接下来的面试我也很有信心。

按照面试单上的地址，我提前来到了公司所在的富华大厦。大厦门口，两名精干的保安站在那里，立在他们前面的不锈钢牌上写着醒目的大字：来客请登记。我问其中的一位保安："1616房间怎么走？"保安抓起了电话，过了一会儿告诉我："对不起，1616房间没人。""不可能吧。"我赶忙解释："今天是A咨询公司面试的日子，我这儿有他们的面试通知。"

那位保安看后又拨了几次电话，然后告诉我："对不起，1616没人，我不能让你上去，这是大厦内部的规定。""我真的是来面试的，公司面试单上写的就是今天。"

"那我再帮你试试看。"时间一秒一秒地过去，我心里虽然着急，却也只有耐心等待，同时祈祷那该死的电话能够接通。

9点10分,已经超过约定时间10分钟了,保安又一次礼貌地告诉我电话没通。不可能,难道是我记错了?我再次翻开面试单,用磁卡电话拨通了那个印得不起眼的电话号码……电话那头终于传来了久违的声音,对方请我速上16楼1616房,因为内线电话有误,他们还应我的要求告知了保安。

等我忐忑不安地推开经理室的门时,已远远超过了面试的时间。"年轻人,你迟到了15分钟。"

"但我真的很想加入贵公司,我相信我能够胜任相应的工作。"

"很好,我公司就需要有韧劲的业务人员,为达到目的,百折不回。刚才保安接不通电话,实际上就是我们面试的一部分,以考验你的应变能力,你完成得不错。不过面试还没有结束,我公司准备购置一批计算机,请你到大厦旁边的计算机市场了解一下最新的计算机行情。"

15钟后,我将从计算机市场要来的几份价目表交给了经理。"这是零售价,如果批发15台,价格是多少呢?"又过了一刻钟,等我把从销售商那里问到的计算机批发价格告诉经理后,他又问我:"计算机的UPS电源怎么卖?另外,打印机、电脑桌有没有优惠?"

"那我再去电脑城了解一下。"看到我疲于应付的样子,经理叫住了我,并让秘书递给我一杯茶。"你在面试的第一阶段做得不错,有闯劲,能够突破常规,遇事多想一步。但从后面完成市场调查的任务来看,还显稚嫩。"

"我们做业务必须有良好的观察和思考能力,想法要多、要深,能够快人一步。业务人员不仅要善于动手,还要善于动脑,如果不能做到这点,就不可能为客方提供有效的信息与咨询服务,为采购商提供质优、价廉、物美的产品,反而会造成人力、物力、财力的浪费。"

求职以失败告终,但我将那次宝贵的经验记在日记本上:工作中要注意锻炼自己的领悟力和洞察力,独立思考、多谋善断,凡事比别人多想几步,才能真正取得成功。

在以后的工作中,我及时调整了自己的思维方式,努力提高自己的应变能力和处理问题的能力。我告诫自己:不要一味地苦干蛮干,只埋头拉车而不抬头看路,否则就是在原地踏步,明天重复昨天和今天的错误。最近一次同学聚会上,我把同样的话告诉了大家。这时的我,已是一个国际知名品牌的地区代理商了。

(资料来源:雪火.面试得来的经验[J].公关世界,2004(11).)

思考与讨论:

(1) 请仔细阅读这一案例,然后谈谈感受。

(2) 你认为企业招聘时最看中求职者的什么素质?

4. 职场跋涉

1996年的夏天,我攥着打工4年的积累加上从数家亲戚朋友那里东拼西借的8万元,开了一家小小的快递公司。千万别以为是特快专递,那得有强大得多的资金实力和不一般的邮政背景。我的公司,不过是替人送牛奶、送报纸、送广告、送水、换煤气罐一类而已。

公司的规模很小,总共才十五六个人,每个人都不同程度地承担了送货的任务,也包括我自己在内,每天晚上下班回家和早晨上班,都会顺路送一部分货品。销售商往往把我们的利润压得最低，由于工作简单、可替代性强，这也是没有办法的事。所以，我不得不普遍采用二手单车，不得不拼命压低工人的工资。

即便如此，公司开业半年多，也仅仅是勉强持平而已。好在业务总算慢慢增长着，我也打算再招几个人，更年轻力壮些的，可以多做些活，效率也高得多。

1997年春节过后不久，一个叫唐明的中专生前来面试，长得白白净净的，还戴着一副书生气十足的眼镜，怎么看也不像个踩单车送货的。

"我们这里最好的工人，每天也只能跑300多个客户，一个月也才600多元钱，而且无论多么恶劣的天气，你都得把定额部分完成。你可要想清楚了，不要硬着头皮上了，到时候落下一身病，我可承担不起。"我不无怀疑地看着眼前的这个年轻人，想着赶紧把他打发走。

"我可以不要底薪，全部按件计酬。即使做得不好，您也不会有任何损失。给我一个机会吧，一个月就行！如果一个月下来业绩太差，我马上就走。"唐明态度非常诚恳地说。

也许是他恳请的眼神打动了我，我破例留下了他，就像他说的一样，反正也没什么损失。

第一个月，唐明的业绩比我想象的略好一些，平均一天可以跑200个的客户。因此，他被留下了。

第二个月，他的业绩已经是全公司最好的，平均每天可以跑500个客户，当然收入也是全公司最高的。我简直不敢相信。看他细细的胳膊细细的腿，一副手无缚鸡之力的书生样，凭着一辆破旧不堪的单车，又是如何跑下如此骄人的业绩？

"告诉我，你究竟是怎么做到的。"我把唐明叫到办公室。

"其实很简单。我把所有属于我的和我团队的客户按居住地划成好几个片区，然后对路线运用运筹学理论进行规划，就可以大大提高效率。然后，我每天抽出一定的时间拜访客户，他们当中有许多人都和我成了朋友，当然也就会向他们的邻居推销我们公司的产品，于是，我的客户一天比一天多，而且越来越集中，当然业绩也就成倍地上升了。"

我再一次看看面前的这个中专生，还是一副书生气十足的样子，但他眼神中的有些东西却是我不熟悉的。

"你是学什么的？"我突然想起了这个问题，因为只是送货，之前我从来没有考虑过工人的学历。

"会计。"

"会计？"我一愣，他是学会计的？那怎么会找一份送货的工作？

大约他也看出了我的疑惑，于是微笑着解释道："现在学会计的越来越多，连大专生找一份工作都艰难，更何况我们中专生呢？我找了两个月的工作，也没有哪家公司愿意让一个中专生做会计，还是要感谢你收留了我。其实有一碗饭吃已经是幸运的了，也无所谓专业对口啦！"

后来，唐明成了公司的会计，并且给了我很多有效的建议，公司规模越来越大，渐渐地有了第一家加盟店，然后是第二家、第三家……

在开了第十家加盟店之后，唐明通过自考拿到了本科毕业证书，离开公司去了一家更大的民营企业。我没有阻拦他,因为不想让私人的感情阻碍了他美好的前程。

(资料来源:黄大庆.尊重一个人的含义[J].读者,2002(19).)

思考与讨论:

(1) 求职的心态是非常重要的,本案例对你有何启示?

(2) 在职场中应当怎样拼搏?唐明的成功得益于哪些方面?

实践训练

1. 模拟松下幸之助的面试场面

请阅读下面的短文,然后组织几个同学,3人一组模拟松下幸之助的面试场面。

松下幸之助的求职经历

被称为"经营之神"的松下幸之助,当他还只是一个 9 岁的小学生时,因为家里贫穷,就不得不告别母亲,和父亲一起到大阪去打工,过着一种自己养活自己的生活。十四五岁的时候,他到一家大阪电器公司去应聘,当公司的总经理看到,站在他面前的还是一个衣着破烂又有些瘦弱的孩子时,总经理从心里不想要他,但又不好意思让这个少年太伤心,就随口说了一句:"我们现在不缺人手,你过两个月再来吧。"

过了两个月,松下果然来了,总经理又推辞说:"我们需要的是一个懂电器知识的人,你懂吗?"松下老实地告诉他说自己不懂。

回到了家里,松下就买了几本有关电器知识的书,看了两个月后,又来到了这家公司,并告诉那位总经理说:"我已经学会了许多电器知识,并且以后我会一边工作一边学习。"谁知听了这话,那位经理反而皱了皱眉头说:"小伙子,出入我们这家公司的都是有点绅士风度的人物,你看你这身脏兮兮的衣服,我们怎么要你呢?"松下听后,笑了笑说:"这好办!"

回家后,他就让爸爸拿出所有的积蓄,给他买了一身漂亮的制服,又一次来到了这家电器公司,这一下那位总经理可算真服了松下,他一边用欣赏的目光看着松下,一边笑着说:"像你这样有韧劲的求职者,我可是第一次遇到啊,就凭你的这股韧劲,我也不能不要你了啊!"

从不向失败低头,这正是松下幸之助最后走向成功的秘诀!

(资料来源:佚名.成就工业的品格[EB/OL].[2014-09-08]. http://www.doc88.com/p-3751020226164.html.)

2. 撰写求职简历

实训目标:能够针对岗位,结合自身实际撰写能打动用人单位的简历。

实训学时:2学时。

实训地点:教室。

实训准备:2个不同单位的招聘广告。

实训方法:每位学生根据两个不同单位的招聘广告,给自己编写两份侧重点不同的简历。

3. 举行模拟招聘会

实训目标：锻炼学生自我推销能力，积累应聘经验，掌握应聘礼仪，增强自信心，全面认识自我。

实训学时：4学时。

实训地点：实训室。

实训准备：模拟招聘企业情况、需求岗位、面试问题、面试桌椅等。

实训方法：

（1）选3～4名学生担任某企业面试考官，其他同学担任求职者。

（2）面试考官先介绍单位及岗位需求情况，然后求职者依次进行1分钟自我介绍，面试考官提问，求职者回答问题。

（3）最后教师总结、点评。

自主学习

（1）阅读以下材料，然后谈谈你的看法。

① 某大学生毕业后到一家公司求职，公司经理照例同他进行面试谈话。开始，一切谈得都很顺利，由于对他的第一印象很好，经理随后就拉家常式地谈起了自己在休假期间的一些经历，这位大学生走神了，没有认真听取经理后来的谈话内容。临走时，经理问他有何感想，这位大学生说："您的假期过得不错，好极了！"经理盯了他好一会儿，最后冷冷地说："好极了？我生病住进了医院，整个假期都待在医院里！"

② 周先生曾去报社应聘业务主管。主持面试的负责人问他平常都有什么爱好，周先生回答说"爱看书"。招聘者问："主要是哪方面的书？"周先生说自己爱读西方哲学著作。当招聘者要求周先生推荐一部西方哲学著作的时候，周先生搜肠刮肚偏偏一部都想不起来。实际上，他的确接触过几部哲学名著，但都没怎么精读，加之年日已久，已经忘得差不多了。周先生本以为，这样的回答可以把自己塑造成一个爱读书、学识渊博、有能力胜任报社主管一职的人。没想到，聪明反被聪明误，在招聘者眼中，周先生不够诚实，不够谦虚，言过其实，甚至有爱吹牛、弄虚作假之嫌。面试结果可想而知，他没有收到录用通知。

③ 一位大学毕业生走进一家报社，问道："你们需要一位好编辑吗？"言下之意自己当然就是"好编辑"了，语气是那么的自信。

"不。"对方拒绝得十分干脆。

"那么，是否需要印刷工呢？"依然是坚持不懈。

"不！我们现在什么职位都没有空缺。"看来报社根本不想进人！

可是……

"那么，你们一定需要这个东西。"这位大学生从公文包里拿出一个精美的小牌子，上面写着："额满，暂不雇用。"

报社主任笑了，他开始用一种欣赏的眼光来重新审视面前的这位年轻人了。最后这位年轻人被录用到报社销售部当经理。

(2) 以下是一则面试对话，请分析应聘者面试失败的原因。

面试官：从你的简历得知，你的英语已过了国家六级水平，真是不简单呀。

面试者：您过奖了。其实我周围很多同学都达到了这个水平，我也是一般而已。况且，我还有很多不足，比如，我的计算机水平总是无法提高，很多同学都过了二级，我还是停留在初级水平上；还有一些专业课掌握得也不好，让我头痛得很。有时，我也觉得自己很没用。

面试官：原来你对自己很没信心。

(3) 设想你对成为一位宾馆公关部经理向往已久，现在有了这样的一个机会，但你的竞争对手很多，那么在面试时你该如何推销自己？

(4) 日本的一些大公司在招聘人才并进行面试时，专门就说话能力规定了若干不予录用的条文。其中有：

应聘者声如蚊子嗡叫，不予录用；

说话没有抑扬顿挫者，不予录用；

交谈时不得要领者，不予录用；

交谈时不能干脆利落回答问题者，不予录用；

说话无朝气者，不予录用；

说话颠三倒四、不知所云者，不予录用。

对于日本大公司招聘人才的以上规定，你有何看法？

(5) 面试官问："关于工资，你的期望值是多少？"应试者反问："你们打算出多少？"如果是你，那么会这样反问面试官吗？为什么？

(6) 一位男性应聘者听到考官席上两个人窃窃私语，好像是说自己个子太低、形象不佳，不适合到该公司求职。假如你是这位求职者，那么你会怎样扭转对自己明显不利的局面？

(7) 在本任务的案例导入的情景中，A先生在求职中哪些行为是不恰当的？请指出并说明理由。

任务 8
网 络 沟 通

任务目标

- 了解网络沟通的特征；
- 熟悉网络沟通的主要方式；
- 把握网络沟通的策略。

案例导入

老师的提醒

一名学生发了一封电子邮件给他的老师，信件开头是 Hi，然后直呼老师的名字。老师说，从信件用词看，这名学生的英文水平不低，怎么就不懂基本的通信礼仪呢？

为了证实自己的猜测，他回信要求这名学生打印或手写一封信给他。对比两封信，老师感慨不已：这名懂得通信礼仪的学生，为什么在虚拟世界里不遵守通信礼仪呢？

他再次回信提醒这名学生，传统的通信礼仪完全适用于现代的网络世界。

(资料来源：佚名. 网络礼仪常识[EB/OL]. [2014-10-20]. http://www.hrbu.edu.cn/xcb/info/1025/1239.htm.)

8.1 网络沟通概述

网络沟通是以互联网为工具，以文字、声音、图像及其他多媒体为媒介的沟通方式。网络沟通的主体是企业等组织，计算机网络是沟通媒介，对象是企业等组织的内部和外部公众。网络沟通是电子沟通的一种，需要借助计算机网络来实现相互间的沟通，主要手段包括建立企业网站、电子邮件传递；设立领导信箱、讨论区；建立信息管理系统；搭建即时通信工具平台等。网络沟通突破了时间与空间的界限，使人与人之间的沟通不再受时空限制，人们步入了一种新型的沟通环境之中。在网络沟通中，由于网络覆盖了许多文化背景、经济背景及教育程度不同的用户，交流中极有可能产生误解和对立，因此，遵守网络沟通的规则和礼仪十分重要。

1. 网络沟通的特征

网络作为继报纸、广播、电视之后出现的第四种具有超强影响力的传播媒介，具有其他媒介无法替代的功能,在信息沟通方面发挥着越来越独特的作用。网络沟通与传统沟通方式相比较,具有以下特点[①]。

(1) 信息资源十分丰富、空间容量大。由于网络信息技术的不断进步,加之人们对网络的日益青睐,各种信息通过大型门户网站和搜索引擎等被加入互联网,使互联网成为一个信息和知识的宝库。人们可以轻松地通过搜索引擎查到需要的文字、图像、视听资料。在以往传统的沟通方式中,无论是人际沟通还是大众沟通都会不同程度地受到时间、空间等各种因素的干扰和影响,而网络沟通空间巨大、容量无限,它不仅可以跨越地域、文化和时空进行沟通,而且可以通过"超链接"功能把信息接到其他相关信息上,使互动式信息容量远远超过现实世界中的静态信息。

(2) 沟通交互性、多维性、即时性、直复性。网络沟通的特色是互动性,网络沟通不仅仅是媒体作用于用户,更多的是用户可以作用于媒体,用户可以对网络信息进行阅读、评论或下载,进行加工、处理。网络沟通不仅能向用户显示文字资料,还能同时显示图形、活动图像和声音,人们可以通过留言、直接通话或视频沟通,实现即时交流。互动式媒体使用户有控制权和前所未有的影响力,不仅影响企业或组织提供给他们的服务,也影响这些服务提供的时间和地点。特别是随着网络技术不断向宽带化、智能化和个体化方向发展,用户在更广阔的领域内实现声、图、像、文字等一体化的多维信息的共享和人机互动。所谓直复性沟通,是指企业和公众通过网络直接连接。它不像以往的沟通方式,往往要通过一定的环节,特别在新闻传播中,编辑、记者经常充当"守门员"的角色,经过层层审查才能与公众见面。而网络沟通则节省了编辑加工环节,立即可以发布信息。企业也可直接向消费者发布新闻或者通过查询相关的新闻组、网络论坛来发现新的顾客群,研究市场态势,直接得到大量真实的信息反馈等。

(3) 空间开放性、虚拟性和相对平等性。网络空间面向每一个人,人人都可以利用网络发表自己的观点和见解,既可以利用网络展示自己的技能,也可以利用网络发表自己的"作品"(如博文)等。空间的开放性、虚拟性决定了沟通的平等性。人们可以实名或匿名运用网络进行相对自由的沟通。

(4) 沟通形式多样,可选择的沟通工具众多。人们既可以在网上浏览信息、阅读电子图书、进行英语对话交流、观看电视和电影,也可以玩游戏、作画、健身;既可以一对一交流,也可以群体交流。近年来,即时通信工具的种类越来越多、功能越来越强大、使用越来越方便,而且十分经济,很多功能可以免费使用。

总之,网络沟通是一种全新的沟通方式,是一种集个体沟通(电子邮件)、组织沟通(如电子论坛或电子讨论组)和大众沟通于一体的沟通形式。网络沟通已经掀起了一场沟通方式的革命,它改变人们的沟通意识,对组织的沟通管理也提出了新的挑战。

2. 网络沟通的主要方式

(1) 即时通信。近几年互联网发展迅速,即时通信的功能日益丰富,不仅能够即时发送和接收互联网消息,而且逐渐集成了电子邮件、博客、音乐、电视、游戏和搜索等多种功能。即时通信(IM)也已不再是单纯的聊天工具,它已经发展成集交流、资讯、娱乐、搜索、

[①] 郭文臣.管理沟通[M].3版.北京:清华大学出版社,2017.

电子商务、办公协作和企业客户服务等为一体的综合化信息平台。例如,为大家所熟知的即时通信工具有 QQ、MSN 等,即时通信工具改变了互联网的交流方式,充分发挥了网络在沟通方面的优势。QQ 作为即时通信工具的代表,相较于以前的点对点的沟通方式,其主要特点如下。

① 虚拟性。QQ 的虚拟性是其网络沟通的主要特点。人们可以隐藏真实姓名、性别、年龄等各种隐私,以及不愿为人所知的信息,而且可以根据自己的实际情况决定与他人网上聊天的时间,使人们可以畅所欲言。

② 多点性。QQ 改变了原有传统的沟通方式,不仅可以实现"点对点"的沟通,而且可以实现一点对多点,甚至多点对多点的沟通与交流。相比较传统的信件、电话等仅仅"点对点"的沟通,QQ 的沟通方式更趋于多样、便捷。例如,我们可以加入诸多的 QQ 群,直接进行群聊,或者作为一名观众。虚拟的网络互动在这里成了现实。

③ 多功能性。QQ 作为一种即时通信工具,已不仅仅局限于"通信"这一普通功能,还开发出了诸多更新、更全面的实用功能。例如,我们可以开设个人的 QQ 空间,展示个性自我;可以传送文件,代替电子邮箱的功能;可以视频聊天,带来更真实的聊天感受;可以玩游戏、看电影,带来全新的影音体验;可以用手机短信互动,无论对方在线与否,都能通过 QQ 与其沟通。QQ 俨然已成为日常生活中不可或缺的邮件、电话、电视等工具的综合体。

(2) 电子邮件。电子邮件(electronic mail,E-mail)是互联网上的重要信息服务方式。通过网络的电子邮件系统,用户可以用极其低廉的价格(或是免费)把信息发送到世界上任何指定的、同样拥有邮件地址的另一个或多个用户的电子邮箱中。电子邮件内容可以是文字、图表、视听材料等。E-mail 具有使用简易、投递迅速、收费低廉、易于保存、全球畅通无阻等特点,已经成为利用率最高的沟通形式和沟通工具。

① 电子邮件的书写技巧。电子邮件的书写通常应以纸质信函的格式进行书写。书写电子邮件时,还应当注意以下几方面。

- 主题明确。添加邮件主题是电子邮件与纸质信函的主要不同之处。商务人员在撰写电子邮件时,一定要在 Subject(主题)栏设定一个邮件主题。该主题应明确、具体、提纲挈领,但不宜过长(如"关于洽谈会的准备事宜"等),以便收件人通过主题快速判断邮件内容的轻重缓急,减轻查找或阅读邮件的负担。

- 内容规范。与纸质商务信函一样,电子邮件也应当用语规范、内容完整。与此同时,电子邮件的书写还应注意以下两个方面:一是尽量避免使用晦涩难懂的缩略语,且不要使用网络用语和符号表情,以免影响商务信函的专业性和严肃性;二是在英文电子邮件中,切勿使用大写字母书写正文,以免被误解为态度恶劣或强硬。

- 签名恰当。商务人员可在电子邮件的签名档中列入写信人的姓名、公司、电话、传真、地址等信息,还可以列入个人的座右铭或公司的宣传口号等信息,但信息行数不宜过多,一般不超过 4 行。

- 附件合理。商务人员可以通过电子邮件的附件发送整理成文档形式的文件,还可以发送照片、音频、视频等文件。在使用邮件的附件功能时,应在邮件的正文中对附件进行简要说明,并提示收件人查看附件。

若附件为特殊格式的文件,则应在正文中说明其打开方式,以免影响收件人查看。

应为附件设定有意义的文件名。当附件的数目较多(多于 2 个)时,应将其打包成一个压缩文件。

若附件容量较大(超过 25MB),则应事先确认收件人所使用的邮件服务系统有足够的容量收取,否则应将附件分割成多个小文件分别发送。

② 电子邮件的收发细节。在发送和接收电子邮件时,应当注意以下几个细节。

- 及时确认发送状态。发送电子邮件后,一定要及时确认邮件是否已经发送成功。确认邮件发送状态的方法通常有两种:一种是检查被发送的邮件是否已显示在"已发送"列表中,若该列表中有显示,则表明发送成功;另一种是邮件发送几分钟后,检查邮箱中有无系统退信,若无系统退信则表明发送成功。
- 通知收件人。在发完电子邮件后,一定要打电话通知收件人查收并阅读邮件,以免耽误重要事宜。
- 及时回复。收到重要或紧急的电子邮件后,通常应当在 2 小时内回复对方,以示尊重。对于一些不紧急的电子邮件,则可暂缓处理,但一般不可超过 24 小时。

回复邮件时,最好将原件中相关的问题抄到回件上,然后附上结构完整的答复内容。若只回复"已知道""对""谢谢""是的"等,则是非常不礼貌的。

(3) 博客。博客是近年来发展速度最快的互联网工具,它从 2001 年正式登录中国,便以星火燎原之势迅速发展。博客作为一种媒介和一种网络交流方式,其个人性、即时性、共享和交互性、可信性等特质,已开始显示出其巨大的应用方面的价值。

① 博客的概念。学界一般将博客(Blog)描述为:"一个博客就是一个网页,它通常是由简短且经常更新的帖子所构成,上边张贴的文章都按照年份和日期排列。博客可从有关公司、个人、新闻,或是日记、照片、诗歌、散文,甚至科幻小说中发表或张贴。许多博客是个人心中所想之事情的发表,也有非个人的博客,一般是一群人基于某个特定主题或共同利益领域的集体创作。博客是对网络传达实时信息。撰写这些 Web 日志或博客的人就叫作博主(Blogger)或博客写手"。简单地说,Web 日志是在网络上的一种流水记录形式,所以也称为"网络日志",或简称为"网志"。

最初的博客出现于 20 世纪 90 年代,1993 年发布了博客软件工具的测试版;1999 年网络日志被正式命名;2002 年国内最早的博客服务提供商出现,博客中国与 BlogCN 相继建立;到 2006 年左右,博客作为一种新的媒体现象,其影响力大有超越传统媒体之势。

② 博客的特点。在我国,博客的发展十分迅速,这与其突出的个性特点是分不开的。博客有以下几个方面的特点。

- 零进入壁垒。博客是"零进入壁垒"的网上个人出版形式,"零进入壁垒"主要是指满足"四零"条件,即"零技术、零编辑、零成本、零形式"。
- 共享性强。对博客而言,分享是博客赖以存在的基础。当每个博客以自己的网页组成博客们的共同主题时,博客们便在这个虚拟的空间中共享观点、思想、知识、信息。此时便体现出"梅特卡夫定律",即网络的价值,随着用户数量的平方数增加而增加,或者说信息共享的价值是以博客数量的平方来计算。
- 交互性。在博客中,博主通过发布的日志来同读者进行交流,读者通过在博客中发布评论与其他读者或者博主进行沟通。这样便形成了一个围绕着博客与博客、博客与读者、读者与读者之间交互的开放的沟通圈。

- 可信性。也可称为"权威性",一个受欢迎的、点击率高的博客,往往在大众心目中都具有较高的权威性,其发布的内容具有极强可信度。因为一旦其发布虚假信息被大众察觉,便失去了可信性,该博客的大众访问量就会大大降低。
- 个性化。在博客中由于没有上司领导,没有工作要求,没有内容主题和文体的限制,博主们在毫无思想压力的轻松状态下畅所欲言,将自己认为最有价值的东西以个人的独特方式展现出来,让公众尽情感受以"个人大脑"作为网络搜索引擎和思想发源地的魅力。
- 信息形式多样。博客作为一种网络媒体,可以记录各种形式的信息,也可以随时查询,具有档案的作用。而报纸虽然能够记录文字信息,被人们多次浏览,但却记录不了视频和声音;电台和电视台能够播放声音和视频,但很难记录下来,人们看过一遍再想看第二遍时就得等重播。博客则不然,文字、声音和视频都能记录下来,无论什么时候想要查询都可以轻松做到。因此,博客传播的速度和效率在很多时候能超越传统媒体。

(4) 微博。

① 微博的概念。微博,即微型博客(Micro Blog)的简称,是一个基于用户关系的信息分享、传播及获取平台。用户可以通过 Web、WAP 等各种客户端组建个人社区,以较短字数的文字更新信息(微博已经取消字数限制)并实现即时分享。这是根据微博的产生背景得到的定义。

国内知名新媒体领域研究学者陈永东,在国内率先对微博进行了定义:微博是一种通过关注机制分享简短实时信息的广播式的社交网络平台。对此定义有五方面的理解。

一是关注机制:有单向和双向两种。

二是简短内容:字数一般较为简短。

三是实时信息:最新实时信息。

四是广播式:公开的信息,谁都可以浏览。

五是社交网络平台:把微博归类为社交网络。

对微博通俗的解释为:它提供了一个平台,在其中你既可以作为观众,浏览你感兴趣的信息,也可以作为发布者,发布内容供别人浏览。发布的内容一般较为简短。当然也可以在此平台上发布图片,分享视频等。微博最大的特点就是:发布信息快速,信息传播的速度快。例如,你有 200 万听众,你发布的信息就会在瞬间传播给 200 万人。

② 微博的特点。微博,草根性更强,且广泛分布在桌面、浏览器和移动终端等多个平台上,有多种商业模式并存,或形成多个垂直细分领域的可能。但无论哪种商业模式,都离不开用户体验的特性和基本功能。归纳起来微博具有以下几方面特点。

a. 便捷性。信息共享便捷迅速。可以通过各种连接网络的平台,在任何时间、任何地点即时发布信息,其信息发布速度超过传统纸媒及网络媒体。

微博网站即时通信功能非常强大。通过 QQ 和 MSN 直接书写,在没有网络的地方,只要有手机,也可即时更新想要发布的内容。类似于一些大型突发事件或引起全球关注的大事,如果有微博博主在场,利用各种手段在微博上发表出来,其实时性、现场感及快捷性,甚至超过传统媒体。

b. "背对脸"。与博客上面对面的表演不同,微博上是背对脸的交流,就好比你在计算机前打游戏,路过的人从你背后看着你怎么玩,而你并不需要主动和背后的人交流。可以一点对多点,也可以点对点。当你追踪一个自己感兴趣的人或事时,只需两三天就会上瘾。移动终端提供的便利性和多媒体化,使得微型博客用户体验的黏性越来越强。

微博信息获取具有很强的自主性、选择性,用户可以根据自己的兴趣偏好,依据对方发布内容的类别与质量,来选择是否"关注"某用户,并可以对所有"关注"的用户群进行分类;同样,微博宣传的影响力具有很大弹性,与其发布的内容质量高度相关。其影响力基于用户现有的被"关注"数量,微博用户发布信息的吸引力、新闻性越强,对该用户感兴趣、关注该用户的人数也就越多,影响力也会越大,只有拥有更多高质量的粉丝,才能让你的微博被更多人关注。此外,微博平台本身的认证及推荐也有助于增加被"关注"的数量。

c. 原创性。在微博上大量原创内容爆发性地被生产出来。有研究学者认为,微博的出现具有划时代的意义,真正标志着个人互联网时代的到来。博客的出现,已经将互联网上的社会化媒体推进了一大步,公众人物纷纷开始建立自己的网上形象。然而,博客上的形象仍然是化妆后的表演,博文的创作需要考虑完整的逻辑,这样大的工作量对于博主成了很重的负担,但是"沉默的大多数"也在微博客上找到了展示自己的舞台。

(5) 微信。微信是一个为智能手机提供即时通信服务的免费应用程序,支持跨通信运营商、跨操作系统平台通过网络快速发送免费(需消耗少量网络流量)语音短信、视频、图片和文字,同时,也可以使用通过共享媒体内容的资料和基于位置的"摇一摇""朋友圈""公众平台""语音记事本"等服务插件。

① 微信的功能。微信的服务功能具体如下。

- 聊天:支持发送语音短信、视频、图片(包括表情)和文字,是一种聊天软件,支持多人群聊。
- 添加好友:微信支持查找微信号、查看 QQ 好友添加好友、查看手机通信录和分享微信号添加好友、摇一摇添加好友、扫描二维码添加好友等方式。
- 实时对讲机功能:用户可以通过语音聊天室和一群人语音对讲。但与在群里不同的是,这个聊天室的消息几乎是实时的,并且不会留下任何记录,在手机屏幕关闭的情况下仍可进行实时聊天。
- 其他功能:朋友圈、语音提醒、通信录安全助手、QQ 邮箱提醒、私信助手、微信摇一摇、语音记事本、游戏中心等。

② 微信礼仪。在商务活动中使用微信应注意如下礼仪。

- 昵称:建议使用真实姓名,最好带上你的公司名称或者产品名称;不然很难保证都对你过目不忘。
- 头像:尽可能接近本人,这样见到本人的时候,容易对上号。

- 签名：给一些有用信息，比如你想告诉别人什么，免得别人还得问你。
- 打招呼：不要说"你好"，不要问"在不在啊"，请直接说明来意。
- 拉群：拉群之前请一定征求被拉对象的意见，否则会引起不必要的矛盾。
- 群昵称：建议针对群的主题修改一下自己的群昵称，降低一下沟通成本。
- 群名称：一个清晰明了的群名称，下次大家就都能知道这是个什么样的群了。
- 朋友圈：这个无评论，无意见，发什么都行，如果做商务微信用，请不要每天发5条以上的吃喝玩乐信息。
- 发数字：有时候发一串数字，如电话号码、银行卡号等，请单独发一条信息，不然很多手机没法单独复制信息。
- 邮件：对于比较重要的事情，邮件一定比微信更合适，发微信很容易被遗忘。

8.2 网络沟通的策略

在信息化背景下，网络沟通的应用早已普及化，可是如何在日新月异的数字化时代之下真正提高沟通的效率呢？我们应该在网络沟通方面注重以下常用策略。

1. 保留传统沟通方式

有时候我们只是相隔一墙，推开门就可以畅快地聊天，然而我们的谈话却更多地通过微信、QQ并配合着各类表情符号来进行。有时候我们住在同一城市，拿起电话就可以畅快地聊天，然而我们更倾向于关注他人的博客、开心网，心情好的时候给他们留言，工作空闲的时候跟他们在微信上调侃。久而久之彼此的距离已经在无形中越来越远。网络沟通似乎耗费与面对面沟通相同的时间成本，却难以起到真实人际沟通中的卓越成效。

传统的沟通方式——面对面的沟通，仍然是最重要的沟通方式，因为网络沟通并不能替代人与人之间的直接交流。在直接交流中，可以观察别人的表情、神态、语气、肢体语言等非语言信息，并确保沟通的有效性与反馈的及时性，同时能够节约大量的时间。因此，在信息技术普及的今天，人们在越来越依赖这些新技术传递信息的同时，仍然应重视面对面的传统交流方式，把传统沟通方式与网络沟通方式相结合，以确保沟通的有效性与反馈的及时性。

2. 发送信息须三思

人们经常会收到各种并不适用的、甚至错误的信息。在日常的网络沟通过程中，信息发送者应对其信息进行认真的考虑和筛选，并且有针对性地选择接收者进行发送。在信息传递前，应深思熟虑，切勿盲目地群发，否则既造成了接收者个人信息的外泄，又造成了信息发送的无效性后果。

3. 分辨信息的真伪性

在使用网络沟通时，人们无法根据表情、神态、语气等来判断信息的准确含义，文字可以掩盖人们的真实情感，人们无法仅凭文字来判断信息的隐性含义，造成真假难辨的情况出现。所以网络沟通中，双方要把意思尽量表达清楚，使用正确的网络表情辅助交流，实在不行还是要借助传统的面对面交流。

4. 注重信息的保护

我们在体验网络带来便捷沟通的同时，也给我们的信息安全造成了很大的安全威胁。网络犯罪率日趋上升，将给人们的生活带来极大的负面影响。人们的隐私在互联网上将一览无余，因此对于银行存款账号、社会保险账号等信息的安全防范应该特别重视。

在进行网络沟通时，不要随便发布内部文件和信息，以免造成泄密。要加强安全自保意识，公用账户、私人密码不要在公众场合使用。还要防范黑客、病毒，不要使用盗版软件，要谨慎对待不明电子邮件。对于有关部门发布的信息预警，要及时采取措施防范。

5. 尊重他人的隐私

不要随意公开他人私人邮件、聊天记录和视频等内容；尊重他人的知识产权，尊重他人的劳动成果，不要剽窃、随意修改和张贴他人的劳动成果，除非他人主观愿意。

6. 充分尊重他人

网络中更加需要彼此尊重。如在 QQ 聊天当中，有些不熟悉的人一上来就发视频请求，更有甚者如果你不接受视频请求就不停地发，这类人的做法太可恶，是对对方极不尊重的做法，因为对方需要的是一个独立的个人空间。这种做法最后得来的结果便是被对方拉入黑名单或被直接删除。因此，网络交往必须以尊重他人为基础。

网络沟通首要注意的一条就是"记住人的存在"。虽然网络是虚拟的，甚至有种说法叫作"在网上谁也不知道你是一条狗"，但是既然你参与了网络，就应该以在乎自己一样的态度来在乎对方，尊重对方就等于尊重自己。聊天也好、发 E-mail 也好、跟帖也好，必须以不侵犯他人的言论权为基础，必须言谈举止都恰当才能树立你在网络中的实际形象，只有这样你在网络中才会备受别人尊重。

7. 讲究网络礼仪

在网络沟通中，为了表示尊重对方，展现自己使用网络的负责态度，同时避免带给对方使用网络的不便及无意间产生的误解，网络礼仪就显得非常重要。网络礼仪的英文名称为 netiquette（来自 network etiquette），顾名思义，网络礼仪是一般所谓的礼仪迁移到网络情境下所产生的新名词。网络礼仪使网络使用者能够遵守网络公约，做一个有礼貌、有规矩，懂得保护自己，避免伤害别人的"网络公民"。

案例分析

1. 网络——沟通的桥梁

"现在我随时都会打开计算机瞧瞧学生们又往留言簿和邮箱里发来了什么。这已经成习惯了。"南海一中校长邓兵这样对记者说。近日，记者在南海一中采访时见到，上网已成为师生间常用的沟通方式。自从网络进入校园，3 年来仅邓校长一人，回复学生各种留言就超过 40 万字！网络正在校园德育中扮演着越来越重要的角色。记者了解到，在南海一中，学校主页留言簿和全校老师的电子邮箱都向学生公开。学校鼓励学生通过这种方式与老师们沟通，提出意见和建议。师生间每日里网上话题不断，从谈理想、论人生，到穿校服、住宿舍，即使是一些面对面难以开口的话题也不例外。

"学生的网上留言什么内容都有,谈心事的自然不少,还有很多牢骚和意见,甚至还有学生上网诅咒我的。"邓校长笑着说,"这些反映都有内在的原因,如果是发牢骚,一定是沟通不够;如果是提意见,就要检讨学校的规章是否合理。至于诅咒嘛,越来越少了。"如今,回复学生的各种留言与邮件成了邓校长和许多老师每日必做的功课,或安抚,或解释,或鼓励,三言两语却效果良好。

南海一中的主页留言簿,家长、校友们也喜欢造访。邓校长指着一个出现频率很高的网名"大蜜蜂哥哥"告诉记者,这个今年刚考上大学的学生,高三时就常在网上留言,如今毕了业还留恋这里。"这个'胆大包天'的学生在网上称呼我'小兵兵'校长。"邓校长笑着说。在最近的留言中,这个"大蜜蜂哥哥"说:"永远也忘不了被自己称为'小兵兵'的校长和母校。"

邓校长告诉记者,在实施网络德育以前,校长主要通过"校长信箱"与学生沟通,而老师们更是要费不少口舌,往往枯燥又没效果。如今不论哪位同学写下留言、提出疑问,老师们都会回答,并且全校师生都能在网上浏览,取得了事半功倍的效果。邓校长还表示,"信息获取量的增加,眼界开阔了,整个人的素质也随之提高,并带动了学校整体素质水平的提升。"

邓校长说,网络为师生架起了一座沟通的桥梁,将会越来越重要。

(资料来源:陈颖欣.南海一中:网络架起师生心桥[J].佛山晚报,2002-12-23.)

思考与讨论:

(1)你与老师、同学之间采取了哪些网络沟通方式?

(2)请为本校师生之间设计一个顺畅、合理的网络沟通渠道。

(3)试分析一下学校里哪些信息适合通过网络渠道发布,哪些信息适合通过传统沟通渠道发布。

2. 美国高管的网络沟通错误

一位美国公司的高管觉得员工太懒惰了,比如一上班就给自己冲咖啡,经常待在茶水间里聊天,下午不到5点经常有人偷偷下班。因此,他给全体员工发了一封E-mail,邮件中说希望所有人早上7点到公司,8点开会,晚上5点前不能离开。这封E-mail被一名员工传到雅虎网站,引起了轩然大波,因为美国文化是很反对高压管理的。结果这个公司的股价跌了很多,这名高管也因此辞职。

(资料来源:梁辉.有效沟通实务[M].北京:中国人民大学出版社,2010.)

思考与讨论:

(1)试分析这位高管在网络沟通中犯了什么错误。

(2)如果你是这位高管,你将采取什么样的沟通方式来达到严格要求员工的目的?

实践训练

1. 制定网络沟通行为规范

实训目标:明确网络沟通的基本规则和礼仪。

实训学时:2学时。

实训地点：教室。

实训方法：将全班学生分组，4～6人为一组，要求其结合所学网络沟通的知识和自身使用网络的体会，制定出一份网络沟通行为准则。在课堂上分组进行交流，师生共同评价。

2. 测试你是否是网络沟通的高手

(1) 你在回复朋友的邮件时，会在主题栏里（　　）。
　　A. 根据具体内容重新拟定一个标题
　　B. 习惯使用英文标题
　　C. 总是用 Re、Re…代替

(2) 你认为电子邮件内容的篇幅应该是（　　）。
　　A. 越短越好
　　B. 越长越好
　　C. 不计长短

(3) 有一封你认为很重要的邮件，于是你会（　　）。
　　A. 给客户发送一份，然后打电话告知对方你已经向他发送了邮件
　　B. 等待两天，如果没有得到回复，再发送一次
　　C. 为了让对方及时收到，一连将相同内容的邮件发送几次

(4) 你对自己的电子信箱会做出如下处理吗？（　　）
　　A. 每天打开信箱查看一次，及时处理所有邮件
　　B. 每周打开信箱查看一次，对全部邮件进行处理
　　C. 想起来就查看一次，有些邮件不必回复

(5) 你在发送电子邮件前保持的习惯是（　　）。
　　A. 发送前再认真检查一遍，确认无误后再发出
　　B. 为了节省时间，提高效率，写完后立即发送出去
　　C. 把收件人地址核对准确，信件内容不必检查

(6) 你是否喜欢在邮件里和好朋友开玩笑？（　　）
　　A. 是的，因为我们关系很好
　　B. 是的，但在每次开玩笑时都标明"开玩笑"
　　C. 不是，开玩笑容易被误解

(7) 你用 QQ 聊天时，对方夸大事实，并且撒谎，你会（　　）。
　　A. 讨厌撒谎的人，立即拆穿他的谎言
　　B. 只要不是恶意的欺骗，没必要拆穿谎言，继续正常聊天
　　C. 不必拆穿谎言，但从此不再与他聊天

(8) 你与普通网友的 QQ 聊天方式是（　　）。
　　A. 对方问一句，你答一句，很少主动开口
　　B. 主动发问，不放过任何问题，包括对方的年龄、工资等
　　C. 保持主动，但有些个人隐私问题必须回避

(9) 遇到想深入交往的网友时,你会(　　)。
　　A. 礼貌地请求加其为好友,如被拒绝就不再打扰对方
　　B. 加其为好友,并索要对方照片
　　C. 请求加其为好友,没有得到回复就再三提醒

(10) 你与普通网友聊天时,对"真诚相待"的理解是(　　)。
　　A. 网络是一个虚拟世界,不可向任何人实话实说
　　B. 反正谁都不认识谁,说实话也无所谓
　　C. 以真诚为主,但不能什么个人信息都公布于众

评分标准见表8-1。

表 8-1

选项\题号	(1)	(2)	(3)	(4)	(5)	(6)	(7)	(8)	(9)	(10)
A	3	3	3	3	3	1	1	2	3	1
B	2	1	2	2	1	2	3	1	1	1
C	1	2	1	1	2	3	2	3	1	3

测试结果:

(1) 将军级交流者(30分)。你完全是一个网络交流的高手,你在网络世界里会左右逢源,游刃有余。

(2) 尉官级交流者(16~29分)。你在网络交流艺术方面还存在一定欠缺,尚需要进一步努力,才能成为一个真正的网络交流高手。

(3) 列兵级交流者(10~15分)。你对网络交流艺术掌握甚微,甚至还不清楚基础的交流知识,在网络空间里不会受他人欢迎。所以,你应该认真研究一下相关学问了,否则怎么能成为一个"将军"呢?

(资料来源:张喜春,刘康声,盛暑寒.人际交流艺术[M].北京:清华大学出版社,北京交通大学出版社,2009.)

自主学习

(1) 结合自身感受谈谈网络沟通的特点。

(2) 请谈谈讲究网络沟通礼仪的现实意义有哪些。

(3) 使用电子邮件发送信息。在"收件人"一栏打上自己的电子信箱地址,给自己发一封公务的信件。然后作为信件接受方,感受一下信件格式、所用文字、预期是否恰当。

(4) 或许你在网上对人有不礼貌的行为,或许别人对你有不礼貌的行为。请试举一例,并根据所学的知识和技术,提出解决问题的方案。

(5) 收集几个你认为办得好的企业网站,并与同学就此展开讨论。

项目三　社交礼仪

课程思政要求：
- 进行社会主义核心价值观教育；
- 进行爱国主义教育；
- 开展诚信教育、法律意识教育和道德意识教育；
- 塑造职业形象，提高职业素养；
- 促进学生全面发展。

非礼勿视,非礼勿听,非礼勿言,非礼勿动。

——孔子

礼仪能带来良好的人际关系,而良好的人际关系又是提高生产力的要求。

——[新加坡]李光耀

礼貌是人类共处的金钥匙。

——[西班牙]松苏内吉

教养体现于细节,细节展示素质,素质决定成败。

——金正昆

任务 9
个人形象礼仪

任务目标

- 进行仪容细节的修饰,做到仪容整洁卫生;
- 能够根据自身面容的特点进行化妆,展现出富有魅力的妆容;
- 做到发型美观;
- 进行手部护理和脚部健美;
- 掌握服装穿着的规范,并掌握在不同场合的着装技巧;
- 了解职业着装饰物佩戴的原则和佩戴技巧;
- 明确服装与整体形象的关系;
- 能够以正确优美的站姿、坐姿、走姿、蹲姿塑造出良好的交际形象;
- 能够正确遵循眼神、微笑、手势等礼仪规范要求,展现出大方自然的个性形象;
- 能够杜绝各种不良的行为举止。

案例导入

同学聚会

今天是海霞大学毕业30周年同学聚会的日子。年近60岁的海霞在毕业后就再也没见过任何一位同学。对于今天的同学聚会,海霞非常激动。平时不怎么化妆的她觉得应该把自己好好地打扮一下。于是她涂上厚厚的白粉,抹上深紫色的口红和深蓝色的眼影,兴高采烈地来到聚会地点。当她出现在同学面前时,同学们都大吃一惊。有的同学还走过来关切地问她是否过得不如意,说她看起来脸色不好,充满了沧桑感,她的心情一下就降到了冰点,她纳闷儿同学们莫名的惊讶与关心,她觉得她自己过得很好。

(资料来源:陈光谊.现代实用社交礼仪[M].北京:清华大学出版社,2012.)

9.1 仪容

1. 仪容的基本要求

(1) 整洁。整洁是仪容美的基本要求,要做到仪容整洁,重要的是需要长年累月坚持不懈、不厌其烦地进行以下仪容细节的修饰工作。

① 坚持洗澡、洗脸。洗澡可以除去身上的尘土、油垢和汗味，使人精神焕发。条件允许的情况下要常洗澡，至少也要坚持每星期洗一次，在参加重大礼仪活动之前还要加洗一次。若脸上常有灰尘、污垢、泪痕或汤渍，难免让人觉得此人又懒又脏。所以除了早上起床后、晚上睡觉前洗脸之外，只要有必要、有可能，随时随地都要抽出一点儿时间洗脸净面。

② 保持手部卫生。手是人与外界进行直接接触最多的一个部位，它最容易沾染脏东西，所以必须勤洗手。除饭前、便后外，一切有必要的时候都应当讲究一下。此外，还要常剪手指甲，绝不要留长指甲，因为它不符合礼仪人员的身份，而且还会藏污纳垢，给人不讲卫生的印象，所以要经常剪，手指甲的长度以不长过手指指尖为宜。

③ 注意口腔卫生。口腔是表现清洁感的另一个重点。与人说话时，牙齿上嵌有食物残渣是很让人厌恶的，它会给人留下邋遢、作风马马虎虎的印象，所以我们应该注意口腔卫生。此外，还应当特别注意口中的异味，也就是通常所说的口臭。与人交谈时，如果口中散发出难闻的气味，会使对方很不愉快，自己也会很难堪。口腔产生异味的原因有很多，口腔内本来就有多种细菌，能够分解食物残渣中的淀粉类物质和蛋白类物质，产生酸性或其他异味。坚持随时刷牙、漱口的习惯，口腔中细菌没有作用的对象，异味自然就消除了。有时候我们吃葱、韭菜、大蒜、萝卜等刺激性食物，口腔中也会产生强烈异味。在与人交谈之前，如果碰巧吃了这一类食物，可在口中嚼一点茶叶、红枣和花生，它们有助于清除异味。必要时，可以使用口香糖减少口腔异味。但参加比较正式的交际活动时，在他人面前大嚼口香糖是不礼貌的行为。

造成口腔异味的另一个原因是口腔疾病，如龋齿、牙龈炎、牙槽脓肿、口腔溃疡等。这种原因造成的口腔异味，单靠刷牙漱口的方法不可能消除，需要到相关医院去治疗。

如果上述两种情况都已经排除，那么口腔异味就与体内疾病有关了，如消化不良、肺病、肝病、糖尿病、气管炎等，这就需要治疾病之本了。切记，口臭会使一个人的好印象大打折扣。坚持每天刷牙，消除口腔异味，维护口腔卫生，是非常必要的。如果有可能，在吃完每顿饭以后都要刷一次牙，切勿用以水漱口和咀嚼口香糖等无效的方法来替代刷牙。此外，平日还要养成不吃生蒜、生葱和韭菜等带刺激性气味的蔬菜的良好习惯，免得在工作中担心自己说话"带味道"，或是使接近自己的人感到不快。

④ 保持发部整洁。头发是人体的制高点，因为人们的发型多有不同，故此它颇受他人的关注。首先，要清洗头发，只有坚持经常洗头，方可确保头发不粘连、不板结、无发屑、无汗馊气味。一般认为，每周至少应当洗两三次头发。其次，要经常修剪头发。在正常情况下，应当每半个月左右修剪一次头发，至少也要确保每个月修剪一次；否则，自己的头发便难有"秩序"可言。最后，要经常梳理头发。梳理头发是每天必做之事，而且应当不止一次。按照常规，在下述情况下皆应自觉梳理一下自己的头发：一是出门上班前；二是换装上岗前；三是摘下帽子时；四是下班回家时；五是其他必要时。在梳理自己的头发时，还有三点应予注意：一是梳理头发不宜当众进行。作为私人事务，梳理头发时应当避开外人。二是梳理头发不宜直接下手，最好随身携带一把发梳，以便必要时使用。不到万不得已，千万不要以手指去代替发梳。三是断发、头屑不宜随手乱扔。梳理头发时，难免会产生少许断发、头屑等，随手乱扔是缺乏教养的表现。

⑤ 保持脚部清洁。脚作为支撑人体的重要部位，每天要进行运动。脚会分泌出大量

汗液,恶化脚底环境,为真菌繁衍提供温床,如不及时改善,会导致各种脚部疾病,如脱皮、脚癣、脚部溃烂等。所以,平时要注意洗脚,让其通气,擦些护脚霜,还要加以适当保健按摩,美化脚部肌肤。

⑥ 保持衣裳整洁。要勤换内衣,外衣也要定期清洗、消毒。要勤换鞋袜,保持鞋袜舒适干净,不要在集会或演出等公众场合脱鞋。

此外,要使用自己的毛巾、口杯、脸盆、牙刷和香皂,养成良好的卫生习惯。

(2) 美观。漂亮、美丽、端庄的外观仪容是形成良好的商务形象的基本要素之一。女士都希望自己在商务场合中变得更美丽,这是毋庸置疑的,但事实上,有些人认为把发胶、摩丝喷在头上,把各种色彩涂抹在脸的相应部位就美了。因此,我们经常可以看到"横眉冷对""血盆大口""油头粉面",这就不是美,而是丑了,美是从效果方面来说的。要使仪容达到美观的效果,首先必须了解自己的脸型及脸部特点,孰优孰劣要心中有数;其次要清楚怎样化妆、美发和矫正才能扬长避短,变拙陋为俏丽,使容貌更迷人。这些是要在把握脸部个性特征和正确审美观的指导下进行的。

(3) 自然。自然是美化仪容的最高境界,它使人看起来真实而生动,不是一张呆板生硬的面具。失去自然的效果,那就是假,假的东西就无生命力和美了。有位化妆师说过:"最高明的化妆术,是经过非常考究的化妆,让人家看起来好像没有化过妆一样,并且这化出来的妆与主人的身份相匹配,能自然表现那个人的个性与气质。次级的化妆术是把人凸显出来,让她醒目,引起众人的注意。拙劣的化妆术是一站出来别人就发现她化了很浓的妆,而这层妆是为了掩盖自己的缺点或年龄的。最坏的一种化妆术是化妆后扭曲了自己的个性,又失去了五官的协调,如小眼睛的人竟化了浓眉,大脸庞的人竟化了白脸,阔嘴的人竟化了红唇……"可见,化妆的最高境界是无妆,是自然。因此,美化仪容,要依赖正确的技巧、合适的化妆品;要一丝不苟,井井有条;要讲究过渡、体现层次;要点面到位,浓淡相宜,这样才能使人感受到自然、真实的美。

(4) 协调。美化仪容的协调包括:第一,妆面协调,指化妆部位色彩搭配、浓淡协调,所化的妆针对脸部个性特点,整体设计协调。第二,全身协调,指脸部妆容、发型与服饰协调,力求取得完美的整体效果。第三,角色协调,指针对自己在社交中扮演的不同角色,采用不同的化妆手法和化妆品。如作为职业人员,应注意化妆后体现端庄稳重的气质;专门从事公关、礼仪、接待、服务等工作的人员,抛头露面的机会多,要表现出一定的人际吸引魅力,就应浓淡相宜。第四,场合协调,指妆容、发型要与所去的场合气氛要求一致。日常办公,可略施淡妆;出入舞会、宴会,可浓妆扮之;参加追悼会,素衣淡妆。不同场合的不同妆容、发型,不仅会使装扮者身心愉悦,也会使周围的人心里舒服。

2. 发型

发型是构成仪容美的重要内容。美观的发型能给人一种整洁、庄重、洒脱、文雅、活泼的感觉。发型的选择要与性别、发质、服装、身材、脸型等相匹配,还要与自己的气质、职业、身份相吻合,这样才能扬长避短,和谐统一,显现出真正的美。

(1) 发型与性别。

① 对男士来讲,头发的具体长度有着规定的上限和下限。所谓上限,是指头发最长的极限。按照常规,一般不允许男士在工作时长发披肩,或者梳起辫子;在修饰头发时要

做到：前发不覆额，侧发不掩耳。男士头发长度的下限是不允许剃光头。

② 对女士来讲，在工作岗位上头发长度的上限是：不宜长于肩部，不宜挡住眼睛。长发过肩的女士在上岗之前，可以采取一定的措施，如将超长的头发盘起来、束起来、编起来，不可以披头散发。女士头发长度的下限也是不允许剃光头。

（2）发型与发质、服装。

① 一般来说，直而硬的头发容易修剪得整齐，故设计发型时应尽量避免花样复杂，应以修剪为主，设计简单而又高雅大方的发型。比如，梳理成披肩长发，会给人一种飘逸秀美的悬垂美感；用大号发卷梳理成略带波浪的发型或梳成发髻等，会给人一种雍容、典雅的高贵气质。

② 细而柔软的头发比较服帖，容易整理成型，可塑性强，适合做小卷曲的波浪式发型，显得蓬松自然；也可以梳成俏丽的短发，从而充分体现你的个性美。

在现代交际礼仪中，一个人的发式与服装有着十分密切的关系。什么样的服装应当有什么样的发式相配，这样才显得协调大方，高贵典雅的发髻配上一套牛仔服就会显得不伦不类，因此，只有和谐统一才能体现美。

（3）发型与身材。

① 身材高大威猛者，应选择显示大方、健康、洒脱美的发式，以避免给人大而粗、呆板生硬的印象。身材高大的女士，一般留简单的短发为好，切忌花样复杂。烫发时，不应卷小卷，以免与高大的身材不协调。

② 身材高瘦者，适合留长发，并且应适当增加发型的装饰性。如梳卷曲的波浪式发型，对高瘦身材有一定的协调作用。高瘦身材的女士不宜盘高发髻，或将头发削剪得太短，以免给人一种更加瘦长的感觉。

③ 身材矮小的女士，适宜留短发或盘发，因为露出脖子可以显得身材修长，并可以根据自己的喜好将发式做得精巧、别致一些，以显得优美、秀丽。身材矮小者不宜留长发或粗犷、蓬松的发型，那样会使身材显得更矮。

④ 身材较胖的女士，适宜梳淡雅舒展、轻盈俏丽的发式，尤其是应注意将整体发式向上，将两侧束紧，使脖子露出来，这样显瘦；若留长波浪，两侧蓬松，则会显得更胖。

另外，如果你的上身比下身长，或上下身等长，可选择长发以遮盖其上身；如肩宽臀窄，就应选择披肩发或下部头发蓬松的发式，以发盖肩，分散肩部宽大的视角；若颈部细长，可选择长发式，不宜采用短发式，以免使脖颈显得更长；若颈部短粗，则适宜选择中长发式或短发式，以分散颈粗的感觉。

总之，进行发式选择时，必须根据自己的体型，选择一个与之相称的发型。

（4）发型与脸型。

① 椭圆脸型：任何发式都能与它配合，达到美容效果。若采用中分头，左右均衡、顶部略蓬松的发式，会更贴切，以显脸型之美。

② 圆脸型：接近于孩童脸，双颊较宽，因此应选择头前部或顶部略半隆起的发式，两侧则要略向后梳，将两颊及两耳稍微留出，这样，既可以在视觉上冲淡脸圆的感觉，又可以显得端庄大方。圆脸型的人尤其适合梳纵向线条、垂直向下的发型或是盘发，使人显得挺拔而秀气。

③长脸型：其端庄凝重，但给人一种老成感，因此，应选择优雅、可爱的发式来冲淡这种感觉，顶发不宜太丰隆、前额处的头发可适当下倾，两颊部位的头发适当蓬松些，可以留长发，也可以齐耳，发尾要松散流畅，以发型的宽度来缩短脸的视觉长度。若将头发做成自然成型的柔曲状，会更理想。

④方脸型：前额较宽，两腮突出，显得脸型短阔，适宜选择自然的大波纹状发式，使整个头发柔和地将脸孔包起来，两颊头发可略显蓬松遮住脸，使人的视觉因线条的圆润而冲淡对其脸部方正直线条的印象。

⑤"由"字脸型：应选择宜表现额角宽度的发型，中长发型较好，可使顶部的头发梳得松软蓬松些，两颊侧的头发宜向外蓬出以遮住腮，在人的视觉上减弱腮部的宽阔感。

⑥"甲"字脸型：宜选择能遮盖宽前额的发型，一般来说，两颊及后发应蓬松而饱满，额部稍垂"刘海儿"，顶部头发不宜丰隆，以遮住过宽的额头。此脸型人适宜将头发烫成波浪形。

3. 化妆

（1）妆前准备。主要包括以下四个步骤。

①束发。用宽发带、毛巾等将头发束起或包起，最好再在肩上披条围巾，防止化妆时弄脏头发和衣服，也可避免散发妨碍化妆。这样会使脸部轮廓更加清晰明净，以便有针对性地化妆。

②洁肤。用清洁霜、洗面奶或洗面皂清洁面部的污垢及油脂，有条件还可用洁肤水清除枯死细胞、皮屑，然后结合按摩涂上有营养的化妆水。

③护肤。选择膏霜类，如日霜、晚霜、润肤霜、乳液等涂在脸上，可令肌肤柔滑，并能起到保护皮肤的作用。

④修眉。用眉钳、小剪修整眉形并拔除多余的眉毛，使之更加清秀。

（2）施妆过程。主要包括以下十个步骤。

①抹粉底。选择与肤色较接近的粉底，用海绵块或手指从鼻子处向外均匀涂抹，尤其不要忽视细小的部位，在头与脖子衔接处要渐渐淡下去；粉底不要太厚，以免像戴上一个面具。粉底抹完后要达到调整肤色、掩盖瑕疵、使皮肤细腻光洁的目的。

②画眉毛。首先用眉刷自下而上将眉毛梳理整齐，然后用眉笔顺眉毛生长方向一道道描画，眉毛从眉头起至其2/3处为眉峰，描至眉峰处应以自然弧度描至眉尾，眉尾处渐淡。最后用眉刷顺眉毛生长方向刷几遍，使眉道自然、圆滑。

③画眼影。眼影用什么颜色，用多少种颜色，如何画，是因人、因时而异的。一般来说，深色眼影刷在最贴近上睫毛处，中间色刷在稍高处向眼尾处晕染，浅色刷在眉骨下。

④画眼线。眼线要贴着睫毛根画，浓妆时可稍宽一些，淡妆时可稍细一些。上眼线内眼角方向应淡而细，外眼角方向则应加重，至外眼角时要向上挑一点，把眼角向上提，使其上翘。

⑤刷睫毛。先用睫毛夹子将睫毛由内向外翻卷，然后用睫毛刷从睫毛根到睫毛尖刷上睫毛液，为了使睫毛显得长些、浓些，可在睫毛液干后再刷第二遍、第三遍，最后再用眉刷上的小梳子将粘在一起的睫毛梳开。

⑥ 抹腮红。腮红应抹在微笑时面部形成的最高点,然后向耳朵上缘方向抹一条,将边缘晕开,可用腮红和阴影粉做脸型的矫正。如在宽鼻梁两侧抹浅咖啡色,鼻梁正中抹上白色,使鼻子立体感增强。

⑦ 定妆。用粉扑将干粉轻轻地、均匀地扑到妆面上,只需薄薄一层,以起到定妆的作用,使妆面柔和,吸收粉底过多的光泽。扑好粉后,用大粉刷将妆面上的浮粉扫掉。

⑧ 画口红。先用唇线笔画好唇廓,再将唇膏涂在唇廓内,可用唇刷涂,也可用棒式唇膏直接涂。口红的颜色应与服装及妆面相协调。为了使口红色彩持久,可用纸巾轻抿一下口红,然后扑上透明粉饼,再抹一次唇膏。

⑨ 喷香水。使用香水应注意两个问题:首先是香型问题。一般来说,应选择香味淡雅、清香的香水。如果香味浓烈刺鼻,四周的人会很难忍受。其次是在正确部位喷洒或搽香水。搽香水的正确部位一般是:耳后、胸前、手肘、手腕内侧及膝盖关节后面;也可将香水直接喷洒在空中,让香水粒子自然掉落在身上。千万不能全身各部位都搽上香水,这样不但无助于塑造你的整体形象,反而会使人对你敬而远之。

⑩ 补妆。化妆的妆面很容易被外界的环境所破坏,因此,随时补妆对保持妆面的完整是非常必要的。及时补妆要注意以下几方面:第一,随身携带吸面油纸,方便迅速去除分泌的面油;第二,若未带眼线笔,可用湿扫子蘸眼影粉来代替;第三,将矿泉水喷在面上,再用面纸吸干,可代替爽肤水;第四,要使妆面保持得更长久,可将润肤膏搽在干燥处,油脂分泌特别多的应搽爽肤粉;第五,搽唇膏要省时且效果好,可先用自然色唇膏搽上唇,然后再用同色唇笔描出唇形,最后再搽上配衬衣颜色的唇膏;第六,眼部化妆前,先在眼下扑一层粉,这样,即使眼部化妆的粉屑掉到眼下,只要用扫子一扫便可以了,不会弄污眼部及所有妆面了。

(3) 妆后检查。妆后检查主要从以下方面着手:①检查左右是否对称。检查眼、眉、腮、唇、鼻侧、两边形状、长短、大小、弧度是否对称、色彩浓淡是否一致。②检查过渡是否自然。检查脸与脖子、鼻梁与鼻侧、腮红与脸色、眼影、阴影层次等过渡是否自然。③检查整体与局部是否协调。检查各局部是否缺漏、有无碰坏,是否符合整体要求,该浓该淡是否达到了应有效果,整个妆面是否协调统一。④检查整体是否完美。化妆时切忌把镜子贴近脸部检查,虽然这样会看清细小的部分,但一般人只是在 1 米之外的距离与你面谈或打招呼。所以要在镜前 50 厘米处审视自己,对脸部整体的平衡做出正确的判断。

(4) 不同脸型的化妆。脸部化妆一方面要突出面部五官最美的部分,使其更加精致美丽;另一方面要掩盖或矫正缺陷或不足的部分。经过化妆品修饰的美有两种:一种是趋于自然的美;另一种是艳丽的美。前者是通过恰当的淡妆来实现的,它给人以大方、悦目、清新的感觉,最适合在家或平时上班时使用;后者是通过浓妆来实现的,它给人以庄重高贵的印象,可出现在晚宴、演出等特殊的社交场合。无论是淡妆还是浓妆,都要利用各种技术,恰当地使用化妆品,通过一定的艺术处理,达到美化形象的目的。不同的脸型应讲求不同的化妆技巧[①]。

① 椭圆脸型化妆。椭圆脸可谓公认的理想脸型,化妆时宜注意保持其自然形状,突

---

① 薛晶,杨玉霞.现代礼仪[M].北京:中国商务出版社,1993.

出其可爱之处,不必通过化妆去改变脸型。胭脂应涂在颊部颧骨的最高处,再向上、向外揉化开去;使用唇膏时,除唇形有缺陷外,尽量按自然唇形涂抹;眉毛可顺着眼睛的轮廓修成弧形,眉头应与内眼角齐,眉尾可稍长于外眼角。

正因为椭圆形脸是无须太多掩饰的,所以化妆时一定要找出脸部最动人、最美丽的部位,而后使其突出,以免给人平平淡淡、毫无特点的印象。

② 长脸型化妆。长脸型的人在化妆时力求达到的效果应是增加面部的宽度。涂胭脂时,应注意离鼻子稍远些,在视觉上拉宽面部。抹时,可沿颧骨的最高处与太阳穴下方所构成的曲线部位,向外、向上抹开去。施粉底时,若双颊下陷或者额部窄小,应在双颊和额部涂浅色调的粉底,造成光影,使之变得丰满一些。修正眉毛时,应令其成弧形,切不可有棱有角。眉毛的位置不宜太高,眉毛尾部切忌高翘。

③ 圆脸型化妆。圆脸型给人一种可爱、玲珑之感,若要修正为椭圆形并不十分困难。涂胭脂,可从颧骨起始涂至下颌部,注意不能简单地在颧骨突出部位涂成圆形。涂唇膏,可在上嘴唇涂成浅浅的弓形,不能涂成圆形的小嘴状,以免有圆上加圆之感。施粉底,可在两颊造阴影,使圆脸消瘦一点。选用暗色调粉底,沿额头靠近发际处起向下窄窄地涂抹,至颧骨部下可加宽涂抹的面积,使脸部亮度自颧骨以下逐步集中于鼻子、嘴唇、下巴附近部位。修眉毛,可修成自然的弧形,可作少许弯曲,不可太平直或有棱角,也不可过于弯曲。

④ 方脸型化妆。方脸型的人以双颊骨突出为特点,因而在化妆时,要设法加以掩蔽,以增加柔和感。涂胭脂,宜涂抹得与眼部平行,切忌涂在颧骨最突出处,可抹在颧骨稍下处并往外揉开。施粉底,可用暗色调在颧骨最宽处造成阴影,令其方正感减弱。下颚部宜用大面积的暗色调粉底造阴影,以改变面部轮廓。涂唇膏,可涂得丰满一些,以增强柔和感。修眉毛,应修得稍宽一些,眉形可稍带弯曲,不宜有角。

⑤ 三角脸型化妆。三角脸型的特点是额部较窄而两腮较阔,整个脸部呈上小下宽状。化妆时应将下部宽角"削"去,把脸变为椭圆状。涂胭脂,可由外眼角处起始向下抹涂,将脸部上半部分拉宽一些。施粉底,可用较深色调在两腮部位涂抹、掩饰。修眉毛,宜保持自然状态,不可太平直或太弯曲。

⑥ 倒三角脸型化妆。倒三角脸型的特点是额部较宽大而两腮较窄小,呈上阔下窄状。人们常说的瓜子脸、心形脸,即指这种脸型。化妆时,掌握的诀窍恰恰与三角脸相似,需要修饰的部分则正好相反。涂胭脂,应涂在颧骨最突出处,而后向上、向外揉开。施粉底,可用较深色调涂在过宽的额头两侧,而用较浅色调涂抹在两腮及下巴处,获得掩饰上部、突出下部的效果。涂唇膏,宜用稍亮些的唇膏以加强柔和感,唇形宜稍宽厚些。修眉毛,应顺着眼部轮廓修成自然的眉形,眉尾不可上翘,描时从眉心到眉尾宜由深渐浅。

(5) 化妆的禁忌。主要包括如下方面:① 切忌在公共场合化妆。在众目睽睽之下化妆是非常失礼的,这样做有碍于别人,也不尊重自己。② 女士不能当着男士的面化妆。如何让自己更加妩媚,是每个女性的私人问题,即便是丈夫或男朋友,这点距离也是要有的,从某种意义上来说"距离"就是美。③ 不能非议他人的妆容。由于个人文化修养、皮肤及种族的差异,每个人对化妆的要求及审美观是不一样的,不要总认为只有自己的妆才是最好的。在和他人交往的过程中,即便是好朋友,也不要主动去为别人化妆、改妆及修饰,这样做就是强人所难和热情过度。④ 不要借用别人的化妆品。在确实忘了带化妆盒而又需要化妆的情况下,除非别人主动给你提供方便,否则千万不要用人家的化妆品,因为这是极不卫生的,也是很不礼貌的。⑤男士使用化妆品不宜过多。目前,男士化妆品也越来越多,但男女有别。男士不能使用过多的化妆品,否则会给人带来不良的印象,你化妆后不要给人"男扮女装"的感觉。⑥女士不要忽视颈部皮肤的护理。颈部皮肤与脸部皮肤差不多,所以你不必去买专门的营养霜,可以使用用于脸部的护肤品,使用方法和程序跟面部护理一样,只不过在春天、秋天和冬天,脖子上因为有衣服和围巾等的遮掩,护肤用品的使用次数不必太频繁,可以在每天早晨或晚上使用一次,夏天因为脖子皮肤裸露在外时间较多,出外晒太阳时,应与脸部皮肤一样,使用防晒霜,每天两次爽肤和使用营养霜。女士把自己的颈部护理得与自己的脸一样年轻,就更加完美了。

(6) 男士的"化妆"。以上化妆主要针对女士而言,其实男士也应注意面容之美,除了有宗教信仰与风俗习惯者之外,男性不宜蓄留胡须,因为在交际场合"美髯公"并不美,它显得不清洁,还对交往对象不尊重,因此男性最好每天坚持刮一次胡须,绝对不可以胡子拉碴地上班或会面。如果有必要蓄须,也要考虑工作是否允许,并且要经常修剪,保持卫生,不管是留络腮胡还是小胡子,整洁大方最重要。

剃须虽然人人都会,但仍需要注意操作程序和方法。男士剃须的程序和方法具体包括如下几方面。

① 清洁皮肤。剃须前,应先用中性肥皂洗净脸部。如脸上、胡须上留有污物及灰尘,在剃须时,因剃刀对皮肤会产生刺激,有可能会轻微地碰伤皮肤,污物会引起皮肤感染。

② 软化胡须。洗净脸后,用热毛巾捂住胡须,或将软化胡须膏涂于胡须上,使胡须软化。过一会儿再涂上剃须膏或皂液,以利于刀锋对胡须的切割和减轻对皮肤的刺激。

③ 正确剃刮。剃须时应绷紧皮肤,以减少剃刀在皮肤上运行时的阻力,并可防止碰破皮肤,尤其是年纪大或者瘦弱的人,皮肤易起皱褶,更应绷紧皮肤,使之保持弹性和一定的支撑力。剃完后,用热毛巾把泡沫擦净或用温水洗净后,应检查一下还有没有胡碴。

④ 剃后保养。剃须后应注意皮肤保养,因为剃刮胡须时,对皮肤有一定的刺激,并且易使皮脂膜受损,为了在新皮脂膜再生之前保护好皮肤,应在剃须后用热毛巾再敷上几分钟,然后可选用须后膏、须后水、护肤脂或润肤霜等外搽,这样可形成保护膜,使皮肤少受外界刺激。

⑤ 胡须修剪与保养。对于蓄须者,修剪胡须时可用一把细齿小木梳和一把弯头小剪,先将胡须梳顺,然后再剪翘起的胡子和长于胡形的胡子,使修剪后的胡须保持整齐挺括的外形。上唇胡须的下缘要齐整,否则会影响面容美观。

如果要改变胡形,可用剪刀将不需要的部分仔细地修剪掉,不要一下子剪得太多,以免失手而影响胡形。胡须的保养首要清洁,每天应认真地清洗胡须,以免尘埃及脏物污染胡须和其根基部的皮肤。洗完后可涂少量的滋润剂,以保持胡须的柔软和光泽。

此外,还要注意经常检查和修剪鼻毛,在人际交往中,偶尔有一两根鼻毛黑乎乎地"外出",是很容易破坏他人对你的看法的;吸烟的男士要注意吸烟后嚼口香糖等去除烟味;有"汗脚"的男士应注意保持鞋袜清洁,鞋最好两双以上换着穿。

男士的形象与其精神面貌有很大关系,如果外表各方面都处于最佳状态,但双目无神,精神不振,这个人的形象也谈不上好,所以,男士要保持对生活的乐观,少些抑郁忧愁,多些爽朗欢笑。

4. 手部

交际活动中要经常与人握手,要做各种手势,所以健康美观的双手及手上的指甲都是不可忽视的一部分。

(1) 滋润双手。拥有一双纤纤玉手对女性来说非常重要。在端茶时,在签字仪式上众目注视时,如果自己的手非常漂亮,不但可以表现出自己的魅力,同时也会让他人觉得非常舒服。因此,平时就要多多注意手部的保养。

手部肌肤的油脂腺较少,较身体其他部分更易变得干燥,且又经常需要暴露于空气中。因此细心呵护双手要注意:

① 每晚用滋润的润手霜按摩双手。

② 经常除去手上的死皮。

③ 做家务或粗活时戴上手套。

④ 经常运动,使之保持柔软。

⑤ 偶尔可敷上一些现成或自制的护手膜。

(2) 护理指甲。和保持身体其他部位的健康一样,指甲也必须从护理和营养着手。指甲是身体最先表露紧张、疾病或不良饮食习惯症状的部分。如果它们的健康被忽视,便会出现干燥、起薄片和脆裂的现象,因此必须注意日常的营养和定期护理。定期修剪成椭圆形不仅使它变得美观,而且简单的按摩运动可保持它们的健康,可促进指尖血液循环,有利于营养和氧气输至指甲。

5. 脚部

现代人要上班就离不开一双脚,它支撑了我们全身的重量,能使我们到达我们想去的地方。脚的美化是我们外观美化的一个方面,尤其是在炎热的夏天,要穿凉鞋,脚的健美尤为重要。具体要注意以下方面。

(1) 每天洗脚。每天洗脚时应注意清洁脚趾之间的空隙,否则会引起脚臭或脚气;经常用刷子轻轻刷脚,将脚后跟、脚趾、脚底的死皮或硬茧洗刷干净,减少厚度。洗完脚后,将水擦干,再用润肤露或橄榄油涂抹整只脚部。

(2) 定期修剪趾甲,将趾甲剪平,不能剪太短,太短了不利于保护脚趾,还可能导致甲沟炎。

(3) 定期为脚部缓解疲劳。缓解脚部疲劳的方法有两种:一种是在温水中加入一小杯苹果醋或米醋,将双脚浸入泡 15~20 分钟后,平躺下来将脚垫高(要高于头部)。这样躺半小时后,基本上能消除脚部疲劳。另一种是准备两小桶水,一桶热水和一桶冷水。双脚先在热水中泡两分钟,再在冷水中泡两分钟,如此循环两三次就可消除脚部疲劳。

9.2 服饰

服饰是一种无声的语言,它能透露出一个人的个性、身份、涵养、经济状况、审美水平及其心理状态等多种信息。在人际交往中,服饰着装直接影响到别人对你的第一印象,关系到对你个人形象的评价,因此,所谓"三秒定乾坤"的说法也不无道理。得体规范的服饰,可以更好地表现出对交际对象的尊重,它反映了自身良好的素质和修养,进而展示出企业良好的精神面貌和管理水平。

1. 正装的穿着

服饰美能增强自信与自尊,树立良好形象。服饰穿着整洁大方、自然得体,不仅是对别人的尊重,也反映了自身形象、尊严与素养。

服装根据适用的场合不同,一般可分为功能与特点都不相同的两大类别。即在正式场合中穿着的礼服、职业装等正式服装和在非正式场合穿着的家居服、休闲服等便装。便装较注重自我感觉,方便、舒适、轻松,而正式服装较注重社会评价,严谨、规范、时宜。在社交活动中,人们更多穿着的是正式服装,正式服装主要有以下几类。

(1) 男士西装的穿着。西装是男士通用的职业服装,也是现代社交活动中最得体的服装。许多涉外机构,包括一些国内大企业,明文规定职员不能穿短裤、休闲装上班,要求男士必须穿西装打领带。一些剧院也规定了观看者须西服革履。男士服装的流行式样变化较小,因而应准备几套做工考究的西装以应付各种社交场合。

男士西服一般分为美式、英式和欧式三类。男士西装也分西服套装和西服便装。西服套装有两件套和三件套之分(外套、马夹、裤子);有双排扣和单排扣之分;有三个扣眼和两个扣眼之分。

一般男士正式西装最好备三件套,选用较好的毛织品或毛涤混纺织物,采用不鲜艳、无明显图案的单色。做工要精细,裁剪要合体,式样可趋于保守。为提高每套西装的利用率,可选偏暗的色彩,适用于办公室、会议、宴会等多种场合。平时上班或参加不太正式的社交活动,可以不穿马夹,只穿套装。有条件的,西装不妨多备一两套,暗色、中性色均有,以分别用于不同场合。

西装的上衣如果是双排扣,不管在什么场合都应把纽扣全部扣上;单排扣西装则可因场合而定,一般两个扣眼的只扣上面一个;三个扣眼的,可扣第二个。如全部扣上显得拘谨。扣第一个显得土气,只扣第三个显得流气,在非正式场合全部敞开既潇洒自由,又不失礼,但宴会、婚礼等正式场合必须扣上扣子。

西服套装要与领带、衬衫配套穿。在社交场合,穿西服套装一定要系领带,穿衬衫。在正式场合穿西服套装不仅要配领带与衬衫,而且衬衫领子要挺括、合体,颜色一般为浅色,白色衬衫能适应多种色彩的西装。西装衬衫领子的式样分为标准领、立领、宽角领等。

与西装配套穿的毛衣、毛背心应是"V"形领,领带应放在"V"形领毛衣里面。一身得体的西装,配上一条精致的领带,会尽显男士风度,领带对西装有烘日托月的妙处。

正式场合的领带以深色为宜;非正式场合的领带以浅色、艳丽些为好。领带的颜色一般不宜与服装颜色完全一样(参加凭吊活动穿黑西装系黑领带除外),以免给人以呆板的感觉。具体做法:一是领带底色可与西装同色系或邻近色,但二者色彩的深浅明暗不同,如米色西装配咖啡色领带;二是领带与西装同是暗色,但色彩形成对比,如黑西装配暗红色领带;三是一色的西装配花领带,花领带上的一种颜色尽可能与西装的颜色相呼应。领带的打法主要有以下几种。

① 平结。平结为最多男士选用的领结打法之一,几乎适用于各种材质的领带。要

诀：领结下方所形成的凹洞需让两边均匀且对称，如图 9-1 所示。

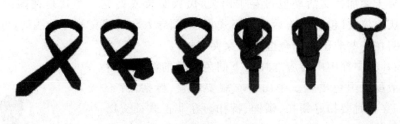

图 9-1　领带平结打法

② 交叉结。这是单色素雅质料且较薄领带适合选用的领结。喜欢展现流行感的男士不妨多加使用，如图 9-2 所示。

图 9-2　领带交叉结打法

③ 温莎结。温莎结适用于宽领带型的衬衫，该领结应多往横向发展，应避免材质过厚的领带，领结也勿打得过大，如图 9-3 所示。

图 9-3　领带温莎结打法

男士穿着西服套装时应注意：合体的上衣应长过臀部，四周下垂平衡，手臂伸直时上衣的袖子恰好过腕部。领子应紧贴后颈部。衬衫领子稍露出外衣领。衬衫的袖口也应长出外衣袖口 1~2 厘米。领带结需靠在衣领上，但不能勒住脱子，也不能太往下，显得松松垮垮，不精神。领带系好后，垂下的长度应触及腰带上，超过腰带或不及腰带都不符合要求。领带用领带夹固定，西装上衣左胸部的装饰袋，有时用来插放绢饰，不可用来放钢笔之类的其他东西，钢笔应放在衣服内袋中。西装的裤子要合体，要有裤线，裤长要及脚面 1~2 厘米。西服套装要配穿皮鞋，式样要稍保守，颜色与衣服相协调。在日常工作中及非正式场合的社交活动，男士可穿西服便装。西服便装上下装不要求严格配套一致。颜色可上浅下深，面料也可以上柔下挺。可以衬衫、领带配西裤，也可以不扎领带，不穿衬衫，穿套头衫或毛衣。

此外，男士参加社交活动也可穿中山装、民族服装或夹克。尤其是在国内参加活动时，如出席庆典仪式（包括吊唁活动）、正式宴会、领导人会见国宾等隆重活动，可穿中山装与民族服装，在一些非正式场合也可以穿夹克衫。

男士在社交中穿中山装应选择上下同色同质的深色毛料中山装，一般配以黑色皮鞋。中山装衣服要平整、挺括，裤子要有裤线。穿着时要扣好领扣、领钩、裤扣。在非正式社交场合中，男士也可穿夹克衫等便装，但同样应注意服装的清洁与整齐。

男士外出可准备一件大衣或风衣，在正式场合一般不宜穿风衣或大衣，在需要室外活动的场合，大衣或风衣既可保暖挡风，又可增添不少潇洒的风采。

标准的男士西装穿着如图 9-4 所示。①

（2）女士西服套裙的穿着。

① 选择合适的套裙。其包括：面料最好是纯天然质地、质量上乘的。上衣、裙子及背心等应选用同一种面料。在外观上，套裙所用的面料，讲究的是匀称、平整、滑润、光洁，不仅有弹性、手感好，而且应当不起皱、不起毛、不起球。色彩应当以冷色调为主，借以体现出着装者的典雅、端庄与稳重。一套

图 9-4　标准的男士西装穿着

套裙的全部色彩不要超过两种，不然会显得杂乱无章。图案要按照常规，商界女士在正式场合穿着的套裙，可以不带任何图案。点缀：不宜添加过多的点缀。一般而言，以贴布、绣花、花边、金线、彩条、亮片、珍珠、皮革等加点缀或装饰的套裙都不适宜商界女士穿着。尺寸要求上衣不宜过长，下裙不宜过短。裙子下摆恰好达小腿最丰满处是最为标准、最为理想的裙长。紧身式上衣显得较为正统，松身式上衣则看起来更加时髦一些。造型上，H 型上衣较为宽松，裙子多为筒式；X 型上衣多为紧身式，裙子大多为喇叭式；A 型上衣为紧身式，裙子则为宽松式；Y 型上衣为松身式，裙子多为紧身式，并以筒式为主。套裙款式的变化主要体现在上衣和裙子方面。上衣的变化主要体现在衣领方面，除常见的平驳领、驳领、一字领、圆状领外，青果领、披肩领、燕翼领等并不罕见。裙子的式样常见的有西装裙、一步裙、筒式裙等，款式端庄、线条优美；百褶裙、旗袍裙、A 字裙等，飘逸洒脱、高雅漂亮。

② 选择和套裙配套的衬衫。与套裙配套穿着的衬衫有不少的讲究。从面料上讲，主要要求轻薄而柔软，比如真丝、麻纱、府绸、罗布、涤棉等，都可以用作其面料。从色彩上讲，则要求雅致而端庄，不失女性的妩媚。除了作为"基本型"的白色外，其他各式各样的色彩，包括流行在内，只要不是过于鲜艳，并且与所穿套裙的色彩不相互排斥，均可用作衬衫的色彩。不过，还是以单色为最佳之选。同时，还要注意，应使衬衫的色彩与所穿的套裙的色彩互相般配，要么外深内浅，要么外浅内深，形成两者的深浅对比。

③ 选择和套裙配套的内衣。一套内衣往往由胸罩、内裤及腹带、吊袜带、连体衣等构

---

① 资料来源：http://male.ruilitang.com。

成。内衣应当柔软贴身,并且起着支撑和烘托女性线条的作用。有鉴于此,选择内衣时,最关键的是要使之大小适当。

内衣所用的面料,以纯棉、真丝等面料为佳。色彩可以是常规的白色、肉色,也可以是粉色、红色、紫色、棕色、蓝色、黑色。不过,一套内衣最好同为一色,而且其各个组成部分也为单色。就图案而论,着装者完全可以根据个人爱好加以选择。

内衣的具体款式甚多。在进行选择时,特别应当关注的是,穿上内衣之后,不应当使它的轮廓一目了然地在套裙之外展现出来。

④ 选择合适的鞋袜。选择鞋袜时,首先要注意其面料。女士所穿的与套裙配套的鞋子,宜为皮鞋,并且以牛皮鞋为上品。同时所穿的袜子,则可以是尼龙丝袜或羊毛袜。

鞋袜的色彩有许多特殊的要求。与套裙配套的皮鞋,以黑色最为正统。此外,与套裙色彩一致的皮鞋也可选择。但是鲜红、明黄、艳绿、浅紫的鞋子,最好莫试。穿着套裙时所穿的袜子,可有肉色、黑色、浅灰、浅棕等几种常规选择,只是宜为单色。多色袜、彩色袜,以及白色、红色、蓝色、绿色、紫色等色彩的袜子,都是不适宜的。

鞋袜在与套裙搭配穿着时,要注意其款式。与套裙配套的鞋子,宜为高跟、半高跟的船式皮鞋或盖式皮鞋。系带式皮鞋、丁字式皮鞋、皮靴、皮凉鞋等,都不宜采用。高筒袜与连裤袜,则是与套裙的标准搭配。中筒袜、低筒袜,绝对不宜与套裙同时穿着。

标准的女士套裙穿着如图9-5所示。

图9-5 标准的女士套裙穿着

2. 着装的色彩搭配

根据礼仪的需要和自己的特点,选择适当的服装色进行合理搭配,是穿好服装的第一需要。我们常说:"没有不美的色彩,只有不美的搭配。"人们往往会看到同一套衣服,不同人的不同搭配,产生的效果是截然不同的,不乱用颜色,才是适于穿戴的。

(1) 认识色彩。色彩中的"黑、白、灰"是"万能色",它与任何颜色搭配,尤其是永恒的黑色与白色年年都不落伍;许多世界著名时装大师都以黑、白为主题创造了时装的理想世界。有些色彩的组合对大多数人来说都是非常实用而且别致的。如红色与黑、白、深蓝的搭配;黄与黑、绿的搭配;蓝与白、黄的搭配等。还有粉红配浅蓝,黄褐配白色,黑色配浅绿等。

(2) 色彩搭配的基本法。主要有:①统一法。统一法即使用同一色系,根据其明暗深浅不同来搭配,造成一种和谐美,注意不能衔接太生硬,应尽量过渡自然。②对比法。对比法即用对比色搭配,如黑与白、红与黑、黄与蓝等。③调和法。调和法即用相近的颜色搭配,如红与橙、绿与蓝,配色明度、纯度应该有所差别,可以一种色深一些,另一种色浅一些。

(3) 色彩搭配的技巧。主要包括:①应根据肤色、身材、体型来确定颜色。如中国人是黄种人,应避免穿暗黄色、土黄色、紫色等颜色,因为这些颜色会使黄皮肤看上去衰老、不健康。再如身材肥大的人应尽量避免穿浅色、花色,深颜色会给人以收缩感。②要善于调节主色、补色、突出色三者的关系。比如穿西服套装,以西服套装的颜色为主色,以衬衫颜色为补色,用同系统的颜色搭配,而领带则可用对比色为突出色。这样能使服装显示出和谐而有层次的美。③应根据人的性格特征来选择颜色。色彩会带给人不同的感觉,如蓝色可以说是男性"永恒的颜色",它有高雅、理性、稳重的意义,能让人产生信服感、权威感;灰色象征着信心十足,由于它的色彩属性比较中庸、平和,所以不易表现出威严感,但会显得很庄重;红色似火,会使人感到热情奔放。因而性格活泼的人宜选择暖色、花色面料,性格沉着的人宜选深色、素色面料。④应根据不同场合选择颜色。英国女王伊丽莎白二世访问中国期间,走出机舱门第一个亮相,穿的是正黄色西服套裙,戴正黄色的帽子。这位女王本人喜欢红色和天蓝色,很少穿黄衣服。但在中国,几千年的历史上黄色是皇帝的专用色。女王来中国访问穿正黄色,既表示尊重中国的传统习俗,又显示了她作为一国君主的高贵身份。⑤要善于简化全身的色彩。色彩的组合适用于减法,全身的色彩种类不宜过多,一般情况下不应超过三种,否则让人感到烦乱、花哨。即便是一些饰品,如丝巾、手套、皮包等,也要尽量与服装配套或一致,以免凌乱繁杂。对于男士尤其要避免花哨,应严格控制鲜艳明亮的色彩。用于男士服饰上的色彩只能放在令人感到活泼、爽快的一两点上,起到画龙点睛的作用。

总之,色彩的组合对服装的穿着效果十分重要,要巧用色彩,善于配色,才能用不同色彩主调形成多姿多彩的你。

3. 着装的和谐之道

(1) 着装与身材相和谐。这里的自身形象有两个含义:一是指所从事的工作的职业形象;二是指自身的身材长相。如果作为一名公关人员,经常要出入各种重要的社交场合:新闻发布会、揭幕揭牌仪式、宴会舞会等,接触许多重要公众,上至国家、国际要人,下至平民百姓,应酬活动频繁,工作主题均围绕"形象"二字,所以自身的穿着形象理应重视。一般来说,选择的衣料要考究,做工要精细,裁剪式样要美观,以表现出稳重、大方、干练、富有涵养的公关礼仪形象。另外,着装与人的身材关系密切,因而应根据自己的特点来选择适宜的服装。俗话说:"三分长相、七分打扮。"把握自己的身材特点,扬长避短,会让服饰弥补缺憾。具体应注意以下几点。

① 体型较胖。体型较胖的人,应使用冷色调的、小花型的,质地较软的面料。因为粗呢、厚毛料、宽条绒等会造成增加面积的效果,使胖人看起来更胖,给人一种笨重感。大花型面料有扩张效果,暖色、明亮的颜色也有扩张感,这都是体型较胖者所不宜选取的。

② 身材矮小。身材矮小的人,宜穿一色服装,最好鞋袜也同色。如果爱穿花布,可选择清雅小型花纹为宜,衣领式样可取方领、V字领。裤子宜选用式样简单的传统式西裤,令腿显长。女士穿高跟鞋与颜色略深的丝袜,也能使双腿看上去较长,但不宜穿下摆有花纹的裙子。

③ 腰粗。腰粗的人,可选择剪裁自然、曲线不明显的款式,或选肩部较宽的衣服。不宜穿紧腰式的裤子,或是把上衣掖在里面,避免使人特别注意你的腰部。不要穿松紧带裙子,以免看起来更胖。

④ 腿型不佳。腿型不佳的人,可选择裙装与宽松的裤子。腿胖的女士可选有蓬松感的裙子和宽大的裤子,不宜穿对褶裙,以免更显腿粗;腿短的女士,穿裙装时选高腰设计加宽腰带,长裤则与上装同色。O型腿的人,应避免紧身裤,可穿质地优良的长裤或八分

裤。裙长保持膝盖以下。

(2) 着装与出入场所相协调。要根据场合的不同选择着装,通过适宜的穿着、打扮给他人留下美好的印象,以便于活动能顺利地开展。

① 正式场合。正式场合是指商务谈判、重要的商务会议、求职面试等正规、严肃的场合。男士在正式场合通常穿严肃的西服套装(上下装面料相同、颜色相同)。纯黑色西服在西方通常用于婚礼、葬礼及其他极为隆重的场合,而正式的商务场合最常使用的西服套装颜色为深蓝色和深灰色,深蓝色或深灰色西装搭配白衬衫,是商务场合男士的必备服装。女士在正式的商务场合当中,与男士西装相对应的是女士西服套裙或套裤(上衣领子与男士西装领子相似),而西服套裙又比西服套裤更正式。

② 半正式场合。半正式场合是指无重大活动、无重要严肃事务的商务场合。需要注意的是,有些着装要求非常严格的公司只有周末允许穿半职业装。男士在半正式场合,不用系领带,可以选择不太正式的西服上衣,比如亲切感更强的咖啡色西服,以及其他权威感较弱的明快颜色。面料可以选择更随意舒适的粗花呢等。上装和长裤采用不一样的面料和不一样的颜色,看上去更加轻松。搭配的时候要注意颜色与面料上下的平衡感。男士半职业装可以搭配高品质的针织衫及时尚感、休闲感较强的衬衫,衬衫的领型可有较多变化。长裤的面料和颜色可以更加自然随意。需要注意的是,长裤的款式还是以西裤款式为主,不可出现宽松裤、萝卜裤、牛仔裤等休闲时尚裤型。女士的半职业装款式变化与组合非常丰富,可以将正装的西服套裙与套裤分开来穿,搭配经典款式的连衣裙、针织衫、短裙、衬衫。各个款式的细节处理可以更加富有创意,颜色可以更加明亮丰富,但仍然要保持躯干线条的清晰干练。

③ 休闲场合。所谓"休闲",是指"停止工作或学习,处于闲暇轻松状态"。在这种休闲状态下,服装应当舒适、轻松、愉快,因此在款式上,男士和女士都采用宽松的款式,比如夹克衫、T恤衫、棉质休闲裤、牛仔装等。服装颜色可以选择鲜艳新奇的色彩。女士连衣裙、短裙或衬衫的款式细节、图案和色彩都可以更大胆、更丰富。

④ 商务酒会场合。西方男士在特殊场合的礼服分为晨礼服、晚礼服等,但近年来有逐渐简化的趋势。国内一般公司的小型商务酒会、聚会,男士穿深色西装即可,但是领带的图案和颜色都需要更加华丽一些。女士的服装尽量以小礼服风格的款式为主,但不宜过于暴露肌肤,领、袖、肩既不可过于裸露又不可过于严实,千万不要过于隆重、夸张,裙长在膝盖上下比较妥当。布料可以选用带丝缎短裙、纱裙等,也可用无领无袖单色连衣裙搭配亮丽的首饰、富有质感的毛皮围巾、丝巾等增强闪光点和华丽感。酒会穿的鞋可以选用丝缎面料、露趾的晚装鞋,提包可换成小巧一些的晚装包。

⑤ 晚宴场合。国际商务场合隆重晚宴需要晚礼服。晚礼服是20:00以后穿用的正式礼服,是礼服中档次最高、最具特色、最能充分展示个性的礼服样式。女士的晚礼服常与披肩、外套、斗篷等相搭配,与华美的装饰手套等共同构成整体装束效果。西方传统晚礼服款式强调女性窈窕的腰肢,夸张臀部以下裙子的重量感,肩、胸、臂的充分展露为华丽的首饰留下表现空间。面料通常选用闪光缎、丝光面料,充分展现华丽、高贵感。多配修饰性强、与礼服相宜的高跟鞋。中国女性的身材和西方女性有所不同,因此可以选用面料华丽、制作精美的旗袍式晚礼服,同样能够产生惊艳的效果。男士参加晚宴的时候可以根

据自身的喜好选择正式晚礼服或黑色西装,但一定注意细节处理要恰到好处。

⑥ 运动场合。商务人员会经常参加公司组织的体育比赛或观看体育比赛,参加此类活动应当穿运动装。运动装与休闲装都具有宽松、舒适的特点,但是运动装比休闲装更加适宜人体运动。不同的体育比赛有不同的运动装款式,参加活动之前应当准备好相应的服装。

⑦ 家居场合。下班回家之后通常应当换上家居服。家居服也有晨衣、睡衣等诸多款式,但其一致的特点是非常舒适、宽松、随意。因此,需要提醒商务人员注意的是,假如有客人来访,只要不是非常熟悉的人,就一定要换上休闲服或半职业装会见客人。即使是在家里,穿着睡衣之类的家居服见同事或客户也是非常不礼貌的。有些家居服的款式是会客时穿的,但也只适用于见很熟的朋友或邻居等。最后要提醒大家的是,家居服绝不可以穿到自家大门以外,哪怕你只是去楼下小卖店买瓶酱油,穿着睡衣也是非常失礼的。

(3) 着装整体要和谐。服饰的穿着与搭配要考虑整体协调性。具体要注意的事项如下。

① 切忌撞色。配色时要么用柔性搭配,运用同色系或类似色表现稳重;要么用暗性配色,以对比组合表现个性,如在正式服装中选用了撞击的颜色,如蓝西服、黄衬衫、红领带,会显得滑稽可笑。

② 切忌服装线条不配衬。例如,穿有条外衣配搭有条衬衫再配斜条领带,形象就不佳。

③ 切忌质感冲突。如厚重质料的上衣配厚重质料的衬衣,或毛呢上衣配一轻柔的裙子则不协调。

④ 忌款式配合不当。例如,外衣是传统的,领带却是很新潮的,会让人觉得不伦不类。

可见,着装只有把握自我特点,适应不同环境,并且保持整体的协调一致,才能穿出风采与神韵,显示出个性与风格。

4. 服装饰物的佩戴

饰物的佩戴要注意与个人的风格、服装的质地与整体形象等相一致,具体需要注意以下方面。

(1) 帽子与围巾。帽子可以遮阳,可以御寒,同时也给人的仪表增添各种不同的情趣美。帽子种类很多,如法式帽、西班牙式帽、宽檐帽、鸭舌帽、滑雪帽、水手帽、棒球帽等,帽子要注意与发型、脸型及服装的式样、颜色相配,还要注意与围巾相呼应。例如,简单优雅、线条流畅的圆形滚边帽下散落一头长发,最能表现出不造作的个性;而棕色的豹纹丝绒圆帽及围巾,既流行又不失沉稳,表现出酷劲十足。单单一条围巾也可以为服装增添色彩,如一条丝巾的随意变化,或围在肩上,或挂在脖子上下垂,或在头上改变发型都会起到意想不到的效果。冬季的一条长围巾披在一边的肩膀上,也会有意想不到的美感。

(2) 眼镜。眼镜不仅是实用的日常用品,也可以看成是"眼睛的服饰",眼镜的选择要适合人的脸型。正方形脸可选用稍圆或有弧度的镜片,这样可与方型脸互补,镜框顶端的位置必须凸起,远远高于下巴;长方形脸由于脸型过长,镜框必须尽可能遮住脸部中央以修短脸型,因此适合佩戴镜框较大的眼镜;圆形脸为减弱圆形的感觉,可选择有直线或有角度的镜框,黑色、咖啡色等较深色系也有改变脸型的效果;三角形脸由于前额宽、脸颊较尖,选择有细边和垂直线的镜框以平衡脸的下方,镜框不宜太高,过粗的鼻桥及深色、方型眼镜皆不合适。此外,个性也是考虑因素之一:较大鼻子要选择较大镜框来平衡;较小鼻子要戴浅色和较高鼻托的眼镜,可使鼻子看起来较长。

（3）包。无论是男士的公文包还是女士的坤包都应与所穿服装相协调，要保持包的清洁和美观。如果包中没有分隔夹层，可用几个小袋子将皮包分类。如女士的皮包中可放一些化妆品、钱、钥匙、纸巾、笔等用品，可将其分类装入不同的小袋，找东西乱翻一通或需把东西全倒出来才能找到，既破坏美感又浪费时间。正式社交场合，皮包最好拿在手上，而不是背在肩上。

（4）鞋。社交中，男士的鞋一般都是皮鞋，穿民族服装和中山装也可以穿布鞋。男士的皮鞋以黑色最为通用，样子以保守一点为宜。女士的皮鞋一般为敞口鞋或冬季的短靴，布鞋、凉鞋或长筒马靴一般不适用于正式社交场合及办公场所。女士鞋的颜色也以黑色为通用，也可与服装颜色协调一致。皮鞋要求线条简洁，无过多的装饰和亮物。女士穿高跟鞋的高度一般以3～4厘米为宜，最高不超过6厘米，此外，高跟鞋的鞋跟也不可太细，以免发生危险。

（5）袜子。社交中，男士的袜子应是深色的，最好是服装与鞋的过渡色。有的人在穿西装时穿白袜子，破坏了整体的稳重感，把人的视线吸引到了脚上，一双袜子破坏了精心设计的整体美。女士穿西服套装时的袜子也是同样的道理。穿裙子时最好穿连裤长袜。它比较适合各种款式的裙子，尤其是在穿一步裙、中间或两旁开衩的裙子时，以免穿半截袜大腿露出不雅。即使穿长筒袜，也要用吊袜带以免袜子松松垮垮或滑下。长袜以肉皮色系列最为通用。尽量穿有透明感的长袜，除非冬季穿很厚的衣裙、大衣时才可以厚实一点。

（6）首饰。对于服饰而言，首饰起着辅助、烘托、陪衬、美化的作用。从审美的角度来看，它与服装、化妆，一道被列为人们用以装饰、美化自身的三大方法之一。较之于服装，它常常发挥画龙点睛的作用。

在使用首饰时宁肯不用也不要乱用，所以使用首饰要注意讲究规则：在数量上以少为佳，下限是零，上限是三，必要时可以一件首饰也不戴。若有意同时戴多种时，在数量上不要超过三种，除耳环、手镯外，同类首饰不要超过一件，否则会给人凌乱之感，因此首饰要力求简单。浑身珠光宝气、饰品层见叠出的装扮只会起到相反的效果。

在色彩上要力求同色，若同时佩戴两件或两件以上的首饰时，应使其色彩一致，戴镶嵌首饰时应使其与主色调保持一致。千万不要使所戴的几种首饰色彩斑斓，同时还要注意首饰的色彩与服装的色彩协调。

在身份上要服从本人的身份，与自己的性别、年龄、职业、工作环境保持大体一致，而不宜使之相去甚远。如有的行业不让戴首饰，像医务工作者、宾馆服务员、厨师，这是由于行业特点决定的，该行业的人员应无条件地遵守。

在体形上要使首饰为自身体形扬长避短。选择首饰时应充分正视自己的形体特点。如脖子长的人适合戴短、粗的项链，脖子短的人适合戴细、长的项链，手掌大、手指粗的人不宜戴过大或过小的戒指；而手指短粗的人适合戴线条流畅的戒指，应避免戴方戒指或大嵌宝戒。手掌与手指偏小的人不适合戴大戒指，而适合戴小巧玲珑的戒指或小钻戒，可令手指秀丽可爱。

在佩戴方法上，女士也应注意：戒指戴在不同的手指上有不同的寓意，戴在食指上表示自己还没有男朋友，戴在中指上表示自己还在热恋，戴在无名指上表示已婚，戴在小指上表示主观上自愿独身。

项链的粗细应与脖子的粗细成正比,与脖子的长短成反比。从长度上分,项链可分为四种:短项链约 40 厘米,适合搭配低领上衣;中长项链约 50 厘米,可广泛使用;长项链约 60 厘米,适合在社交场合使用;特长项链约 70 厘米,适合用于隆重的社交场合。

耳环可分为耳环、耳坠、耳链,在一般情况下为女性所用,并且讲究成对使用。戴耳环时应兼顾脸型,不要选择与脸型相似的形状,以防同型相斥,使脸型方面的短处被放大。

胸针要注意别的部位,穿西服应别在左侧领上,穿无领上衣时应别在左侧胸前。发型偏左时胸针应当居右;发型偏右时胸针应当偏左,其高度应从上往下数第一粒、第二粒纽扣之间。

9.3　仪态

仪态比相貌更能表现人的精神。"站如松,坐如钟,走如风,卧如弓"是中国传统礼仪的要求,在当今社会中已被赋予了更丰富的含义。仪态属于人的行为美学范畴,它既依赖于人的内在气质的支撑,同时又取决于个人是否接受过规范的和严格的体态训练。英国哲学家培根说:"在美的方面,相貌的美,高于色泽的美,而优雅合适的动作又高于相貌的美。"在人际沟通与交往过程中,仪态充当着极为重要、有效的交际工具,它用一种无声的语言向人们展示出一个人的道德品质、礼貌修养、人品学识、文化品位等方面的素质与能力。

1. 站姿

站姿是静态的造型动作,是指人的双腿在直立静止状态下所呈现出的姿势,站姿是走姿和坐姿的基础,一个人想要表现出得体雅致的姿态,首先要从规范站姿开始。所谓"站如松",就是指人的站立姿势要像松树一样直立挺拔,双腿均匀用力。

(1) 标准站姿。标准站姿的要领包括:①头正。两眼平视前方,嘴微闭,脖颈挺直,头顶上悬,下颌微收,表情自然,面带微笑。②肩平。肩部微微放松,稍向后下沉,自然呼吸。③臂垂。两肩平整,两臂自然下垂于体侧,虎口向前,手指自然弯曲。④躯挺。挺胸收腹,臀部向内向上收紧。⑤腿并。女性两腿立直、贴紧,脚跟靠拢,脚尖呈 45°～60°夹角;男性可两脚分开,与肩同宽。

标准站姿如图 9-6 和图 9-7 所示。

(2) 不同场合的站姿。在升国旗、奏国歌、接受奖品、接受接见、致悼词等庄严的仪式场合,应采取严格的基本站姿,而且神情要严肃。在发表演说、新闻发言、做报告宣传时,为了减轻身体对腿的压力,减轻由于较长时间站立双腿的疲倦,可以用双手支撑在讲台上,两腿轮流放松。主持文艺活动、联欢会时,可以将双腿并得很拢站立,女士甚至站成"丁"字步,让站立姿势更加优美。站"丁"字步时,上体前倾,腰背挺直,臀微翘,双腿叠合,玉立于众人间,富有女性魅力,如图 9-8 所示。门迎、侍应人员往往站得时间很长,双腿可以平分站立,双腿分开不宜过肩。双手可以交叉或前握垂放于腹前;也可以背后交叉,右手放到左手的掌心上,但要注意收腹。礼仪小姐的站立,一般可采取立正的姿势或"丁"字步。如双手端执物品时,上手臂应靠近身体两侧,但不必夹紧,下颌微收,面含微笑,给人以优美亲切的感觉。

图 9-6 标准站姿(正面)　　图 9-7 标准站姿(侧面)　　图 9-8 "丁"字步站姿

(3) 不雅的站姿。主要包括身躯歪斜、弯腰驼背、趴伏倚靠、腿位不雅、脚位欠妥如"内八字"等。另外还有手位失当,如将手插在衣服的口袋内、双手抱在胸前或脑后、将双手支于某处或托住下巴等,以及站立时全身乱动等。

(4) 站姿的训练。可运用如下方法训练站姿:①对镜练习。在他人的帮助下,或自己对着镜子进行训练,便于纠正不良姿势,在找准标准站姿的感觉后,再坚持每次 20 分钟左右的训练。②靠墙站立练习。要求脚后跟、小腿、臀部、双肩、后脑勺都要紧贴墙壁,每次训练控制在 20~30 分钟,如图 9-9 所示。③头顶书练习要求把书放在头顶中心,为使书不掉下来,头、躯挺直,自然保持平衡,这种训练方法可以纠正低头、仰脸、晃头及左顾右盼等不良习惯,每次训练控制在 20~30 分钟,如图 9-10 所示。

图 9-9　靠墙站立练习　　　　　　图 9-10　头顶书练习站姿

2. 坐姿

坐姿是一种基本的静态体位,是指人在就座以后身体所保持的一种姿势。端庄优美的坐姿会给人以文雅、稳重、大方的美感,给人留下良好的印象。所谓"坐如钟",就是指坐姿要像钟一样端庄、沉稳、镇定。

(1) 标准坐姿。轻轻地走到座位前,缓慢转身,从座位左侧入座,坐在椅子上时,至少应坐满椅子的1/2~2/3。坐下后,头正颈直,下颌微收,面带微笑,双目平视前方或注视对方。身体要保持正直,挺胸收腹,腰背挺直。双腿并拢,小腿与地面垂直,双膝和双腿脚跟并拢。双肩放松下沉,双臂自然弯曲内收,双手呈握指式,右手在上,手指自然弯曲,放于腹前双腿上。标准式坐姿如图9-11所示。

一般情况下,要求女性的双腿并拢,而男性双腿之间可适度留有间隙。双腿自然弯曲,两脚平落地面,不宜前伸。在日常交往场合,男性可以跷腿,但不可跷得过高或抖动。女性大腿并拢,小腿交叉,但不宜向前伸直。如果女性着裙装,应养成习惯在就座前从后面抚顺一下再坐下,如图9-12所示。根据不同的场合和不同的座位,坐的位置可前可后,但上身一定要保持直立。

图9-11 标准坐姿

图9-12 整理裙装

(2) 坐姿的分类。以一个人的脚位为依据,男士、女士的坐姿可以做以下分类。

① 垂直式坐姿。这一坐姿就是通常说的"正襟危坐",在最正规的场合使用,男士、女士均适用。要领是:上身与大腿、大腿与小腿、小腿与脚部都呈直角,小腿垂直于地面,双膝、双腿完全并拢。

② 标准式坐姿。这一坐姿适用于各种场合。要领是:在垂直式坐姿的基础上,女士两脚保持小"丁字步",男士两脚自然分开呈45°角。

③ 曲直式坐姿。尤其是坐在稍微低矮一些的椅子上更为适用,是女士非常优雅的一种坐姿。要领是:大腿与膝盖靠紧,一脚伸向前,另一脚屈回,两脚前脚掌着地并在一条直线上。

④ 前伸式坐姿。这一坐姿适用于各种场合,一般为女士所采用。要领是:双腿与双脚并在一起,向前伸出一脚左右的距离。按方向共有三种:正前伸直、左前伸直和右前伸直。脚的位置可以是双脚完全并拢,也可以脚踝不交叉,脚尖不可跷起。

⑤ 后屈式坐姿。这一坐姿适用于各种场合,以女士为主。要领是:两腿和膝盖并

紧,两小腿向后屈回,脚尖着地,脚尖不可跷起。

⑥ 分膝式坐姿。这一坐姿适用于一般场合,为男士坐姿。要领是:两膝左右分开,但不超过肩宽,小腿与地面垂直,两脚脚尖朝向正前方,两手自然放于大腿上。

(3) 不雅的坐姿。不雅的坐姿包括不雅的腿姿和不安分的脚姿。

不雅的腿姿主要有:①双腿叉开过大。面对外人时,双腿如果叉开过大,不论是大腿还是小腿叉开,都极其不雅。②架腿方式欠妥。将一条小腿架在另一条大腿上,在两者之间还留出大大的空隙,成为所谓的"跷二郎腿"或架"4"字形腿,甚至将腿搁在桌上,就显得更放肆了。③双腿过分伸张。坐下后,将双腿直挺挺地伸向前方,这样不仅可能会妨碍他人,而且也有碍观瞻。因此,身前若无桌子,双腿尽量不要伸到外面来。④腿部抖动摇晃。力求放松,坐下后抖动摇晃双腿。

不安分的脚姿主要有:坐下后脚后跟接触地面,而且将脚尖跷起来,脚尖指向别人,使鞋底在别人眼前"一览无余"。另外,以脚蹬踏其他物体,以脚自脱鞋袜,都是不文明的。

(4) 坐姿的训练。最影响坐姿优美的是腿位和脚位,这是坐姿训练的主要内容。训练时要求上身挺直,腿姿优美。同时,还要注意入座和离座两个环节的训练。入座时,要轻而缓。走到座位前面转身,右脚后退半步,左脚跟上,保持上身的直立和身体的重心,轻轻地坐下。女性入座时,要稍微拢一下裙边。离座时,也要轻而缓。先采用基本的站姿规范,站定之后方可离开。若是起身就走,则会显得过于匆忙,有失稳重。

3. 走姿

走姿也称步态,是指一个人在行走过程中的姿势。它以人的站姿为基础,是站姿的延续,始终处于运动中。走姿体现的是一种动态美,能直接反映出一个人的精神面貌,表现一个人的风度、风采和韵味。有良好走姿的人会更显年轻有活力。所谓"行如风",就是指行走动作连贯,从容稳健。步幅、步速要以出行的目的、环境和身份等因素而定。协调和韵律感是步态的最基本要求。

(1) 标准的走姿。走姿的要领口诀是:双眼平视臂放松,以胸领动肩轴摆,提髋提膝小腿迈,跟落掌接趾推送。标准的走姿应该是上身基本保持站立的标准姿势,挺胸收腹,腰背笔直。两臂以身体为中心,前后自然摆动:前摆约35°,后摆约15°,手掌朝向体内。起步时身子稍向前倾,重心落前脚掌,膝盖伸直;脚尖向正前方伸出,行走时双脚踩在一条线缘上。正确地行走,上体的稳定与下肢的频繁规律运动形成对比,和谐、干净利落、鲜明均匀的脚步形成节奏感。前后、左右行走动作的平衡对称都会呈现行走时的形式美。男子走路两步之间的距离要大于自己的一个脚长,女子穿裙装走路时要小于自己的一个脚长。正常的情况下步速要自然舒缓,显得成熟自信,男子行走的速度标准为每分钟108~110步;女子每分钟118~120步为宜。

(2) 走姿的种类。主要有:①前行式走姿。身体保持起立挺拔,行进中若与人问候时,要同时伴随头部和上身的左右转动,微笑点头致意。禁止只转动头部,用眼睛斜视他人的举止。②后退式走姿。当与他人告别时,扭头就走是不礼貌的。应该是先后退两三步,再转身离去。退步时不能轻擦地面,不高抬小腿,后退的步幅要小些,两腿之间距离不能太大,要先转身再转头。③侧行式走姿。当引导他人前行或在较窄的走廊、楼道与他人相遇时,要采用侧行式走姿。引导时要走在来宾的左侧,身体稍向右转体,左肩稍前,右肩稍后,身体朝向来宾,保持两步左右的距离。介绍环境时要辅以手势,这样可以观察来宾的意愿,及时提供优质的服务。

(3) 不同环境的走姿。第一,在比较拥挤的环境中,要精神饱满,步态轻盈,行走的步幅、速度要适中,手臂的摆幅不宜过大,路遇来宾要让路,躲闪要灵敏,有礼貌。第二,在要求保持安静的地方,要避免发出大的响声,走路要轻盈;若穿皮鞋或高跟鞋在没有地毯的地方行走,要把脚后跟提起,尽量用脚掌着地行走,以免发出响声。第三,如在楼道、楼梯等环境里,由于过道狭窄,行走时要靠右行,途中如遇来宾走来,要提早侧身让路,并微笑点头致意,表示尊重。第四,进出电梯时,应遵循"先出后进"的原则。进出时,应侧身而行,以免碰撞、踩踏他人,进入电梯后,应尽量靠里边站。

(4) 不良的走姿。主要有以下几种。

① 横冲直撞。行进中,挑人多的地方行走,在人群之中乱冲乱闯,甚至碰撞到他人的身体,这是极其失礼的。

② 抢道先行。行进时,要注意方便和照顾他人,通过人多路窄之处务必要讲究"先来后到",对他人"礼让三分",让人先行。

③ 阻挡道路。在道路狭窄之处,悠然自得地缓慢而行,甚至走走停停,或者多人并排而行,显然都是不妥的。还须切记,一旦发现自己阻挡了他人的道路,务必要闪身让开,请对方先行。

④ 蹦蹦跳跳。务必要注意保持自己的风度,不宜使自己的情绪过分地表面化,如激动起来,走路便会变成了上蹿下跳,甚至连蹦带跳的失常情况。

⑤ 奔来跑去。有急事要办时,可以在行进中适当加快步伐。但若非碰上了紧急情况,则最好不要在工作时跑动,尤其是不要当着客户或服务对象的面突然狂奔而去,那样会令其他的人感到莫名其妙,产生猜测,甚至还有可能造成气氛过度紧张。

⑥ 制造噪声。应有意识地使行走悄然无声。正确的做法是:第一,走路时要轻手轻脚,不要在落脚时过分用力,走得"咯咯"直响;第二,上班时不要穿带金属鞋跟或钉有金属鞋掌的鞋子;第三,上班时所穿的鞋子一定要合脚,否则走动时会发出吧嗒吧嗒的令人厌烦的噪声。

(5) 走姿的训练。可以运用以下方法训练走姿。①顶书训练。将书置于头顶,面对镜子,行走时,双肩自然摆动,保持头正、颈直、目不斜视,可以纠正走路摇头晃脑、东瞧西望的毛病。②步位、步幅训练。在地上画一直线,行走时检查自己的步位和步幅是否正确,可以纠正八字脚及脚步过大或过小的毛病。③步态综合训练。最好在节奏感较强的音乐中训练走姿,行走时各种动作要协调,注意掌握好行走时的速度和节拍。

4. 蹲姿

俗话说"蹲要雅",蹲姿是人的身体在低处取物、拾物、整理物品、整理鞋袜时所呈现的姿势,它是人体静态美与动态美的综合。蹲姿要动作美观,姿势优雅。

(1) 标准的蹲姿。标准的蹲姿有以下要求:首先要讲究方位,当需要拣拾低处或地面物品的时候,可走到物品的左侧;当面对他人下蹲时,要侧身相向;当需要整理鞋袜或于低处整理物品时可面朝前方,两脚一前一后,一般情况是左脚在前、右脚在后,目视物品,直腰下蹲。直腰下蹲后方可弯腰捡低处或地面的物品,以及整理鞋袜或低处工作。取物或工作完毕,先直起腰部,使头部、上身、腰部在一条直线上,再稳稳地站起。标准的蹲姿如图 9-13 所示。

(2) 蹲姿的种类。蹲姿主要有高低式、单膝点地式和交叉式三种。

① 高低式。这是常用的一种蹲姿,基本特征是双膝一高一低。此蹲姿男士、女士均可适用。要领是:下蹲后,左脚在前,右脚在后;左脚完全着地,小腿基本垂直地面;右脚要脚掌着地,脚跟提起;右膝要低于左膝,右膝内侧可靠于左上腿的内侧,形成左膝高右膝低的姿态。臀部向下,基本上以右腿支撑身体。女士应注意紧靠双腿,男士两腿之间可有适当的距离,如图 9-14 所示。

② 单膝点地式。这种蹲姿适用于男士,其特征是双腿一蹲一跪。它是一种非正式的蹲姿,多用于下蹲时间较长或为了用力方便时采用。下蹲后,右膝点地,臀部坐在脚跟之上,以脚尖着地;另一条腿全脚掌着地,小腿垂直于地面。双膝同时向外,双腿尽力靠拢,如图 9-15 所示。

图 9-13 标准的蹲姿

图 9-14 高低式蹲姿

图 9-15 单膝点地式蹲姿

③ 交叉式。这种蹲姿优美典雅,其基本特征是双腿交叉在一起,此蹲姿适用于女士。要领是:下蹲后,左脚在前,右脚在后,左小腿垂直于地面,全脚着地。左腿在上,右腿在下,二者交叉重叠,右膝从后下方伸向左前侧,右脚跟抬起,脚掌着地,两腿前后靠近,全力支撑身体。上身略向前倾,臀部朝下,如图 9-16 所示。

(3) 蹲姿的注意事项。下蹲时,速度切勿过快,不要突然下蹲,特别是在行进中下蹲时尤其要注意。在他人身边下蹲时,不要方位失当,最好与之侧身相同,正面面对他人或背对他人下蹲都是极不礼貌的。在大庭广众之下下蹲时,身着裙装的女性一定要注意掩饰。不要在工作中随意采用蹲姿,也不可蹲在椅子上或蹲在地上休息。

错误的蹲姿如图 9-17 所示。

图 9-16 交叉式蹲姿

图 9-17 错误的蹲姿

（4）蹲姿训练方法。要有意识地、主动并经常地进行标准蹲姿训练，形成良好习惯。可以运用压腿、踢腿、活动关节等方式加强腿部膝关节、踝关节的力量和柔韧性训练，这是优美蹲姿的基础。平时在进行蹲姿训练时可以配上优美的音乐，放松心情，减轻单调、疲劳之感。

5．眼神与微笑

眼神与微笑属于非语言沟通中的态势语言，已在本书任务5中介绍。这里再补充介绍一下眼神与微笑的训练。

（1）眼神训练法。每人一面小镜子、音乐播放器材、CD、优秀影视剧中的演员和节目主持人通过眼神表达内心情感的影像资料等。运用以下方法坚持天天训练，不要间断，必使目光明亮有神。

① 睁大眼睛训练。有意识地练习睁大眼睛的次数，增强眼部周围肌肉的力量。

② 转动眼球训练。头部保持稳定，眼球尽最大的努力向四周做顺时针和逆时针360°转动，增强眼球的灵活性。

③ 视点集中训练。点上一支蜡烛，视点集中在蜡烛火苗上，并随其摆动，坚持训练可达目光集中、有神，眼球转动灵活。

④ 目光集中训练。眼睛盯住3米左右的某一物体，先看外形，逐步缩小范围到物体的某一部分，再到某一点，再到局部，再到整体。这样可以提高眼睛的明亮度，使眼睛十分有神。

⑤ 影视观察训练。观看影像资料，注意观察和体会优秀影视剧中的演员和节目主持人是如何通过眼神表达内心情感的。

（2）微笑训练。每人准备一面小镜子、音乐播放器材、CD、优秀影视剧中的演员和节目主持人微笑的影像资料等物品，在教室进行训练，练习微笑之前要忘掉自我和一切的烦恼，让心中充满爱意。训练时可以配上优美的音乐，放松心情，减轻单调、疲劳之感。

① 情绪记忆法。即将自己生活中最高兴的事件情绪储存在记忆里，当需要微笑时，可以想起那件最令你兴奋的事，脸上会流露出笑容。注意练微笑时，要使双颊肌肉用力向

上抬,嘴里念"一"音,用力抬高口角两端,注意下唇不要过分用力。普通话中的"茄子""田七""前"等的发音也可以辅助微笑口形的训练。

② 对镜训练法。对着镜子,练习微笑,调整自己的嘴形,注意与面部、其他部位和眼神的协调,做最令自己满意的微笑表情,到离开镜子时也不要改变它。

6. 手势

手是人体上最富灵性的器官,如果说"眼睛是心灵的窗户",那么手就是心灵的触角,是人的第二双眼睛。手势在传递信息、表达意图和情感方面发挥着重要作用。手的"词汇"量是十分丰富的。据语言专家统计,表示手势的动词有近200个。如招手致意、挥手告别、握手友好、摆手回绝、合手祈祷、拍手称快、拱手答谢(相让)、抚手示爱、指手示怒、颤手示怕、捧手示敬、举手赞同、垂手听命等。可见,丰富的手势语在人们交往中是不可缺少的。

在社会交往中,手势有着不可低估的作用,生动形象的有声语言再配合准确、精彩的手势动作,必然能使交往更富有感染力、说服力和影响力。社交中常见的手势和手势语如下。

(1) 引领的手势。在各种交往场合都离不开引领动作。例如,请客人进门,让客人坐下,为客人开门等,都需要运用手与臂的协调动作。同时,由于这是一种礼仪,还必须注入真情实感,调动全身活力,使心与形体形成高度统一,才能做出色、做出美感。引领动作主要有以下几个表现形式。

① 横摆式。以右手为例:将五指伸直并拢,手心不要凹陷,手与地面呈45°角,手心向斜上方。腕关节微屈,腕关节要低于肘关节。做动作时,手从腹前抬起,至横膈膜处,然后,以肘关节为轴向右摆动,到身体右侧稍前的地方停住。同时,双脚形成右丁字步,左手下垂,目视来宾,面带微笑。这是在门的入口处常用的礼让的姿势,如图9-18所示。

② 曲臂式。当一只手拿着东西,扶着电梯门或房门,同时要做出"请"的手势时,可采用曲臂手势。以右手为例:五指伸直并拢,从身体的侧前方,向上抬起,至上臂离开身体的高度,然后以肘关节为轴,手臂由体侧向体前摆动,摆到手与身体相距20厘米处停止,面向右侧,目视来宾,如图9-19所示。

图9-18 横摆式引领手势

图9-19 曲臂式引领手势

③ 斜下式。来宾入座时,手势要斜向下方。首先用双手将椅子向后拉开,然后一只手曲臂由前抬起,再以肘关节为轴,前臂由上向下摆动,使手臂向下成一斜线,并微笑点头示意来宾,如图 9-20 所示。

(2) 招呼他人的手势。手放于体侧,手臂伸直在一条直线上,向前向上抬起,手掌向下,屈伸手指做搔痒状或晃动手腕,如图 9-21 所示。这种手势在中国、欧洲的大部分地区及拉丁美洲的许多国家都比较适用,但在美国、日本等国却与此相反,他们用掌心向上,手指向内屈伸手指做搔痒状或晃动手腕招呼别人。

图 9-20　斜下式引领手势

图 9-21　招呼他人的手势

(3) 挥手道别的手势。身体要站直,不晃动,目视对方,手臂伸直,呈一条直线,手放在体侧,向前向上抬至与肩同高或略高于肩,手臂不可弯曲,掌心朝向对方,指尖朝向上方,五指并拢,手腕晃动,如图 9-22 所示。

(4) 指引方向的手势。当有人询问去处时,要先行站直,不可尚未站稳或在行走中指引方向。手臂伸直在一条直线上,五指并拢,手掌翻转到掌心朝上,与肩平齐,直指准确方向。目光要随着手势走,指到哪里看到哪里,否则易使对方迷惑。指引方向后,手臂不可马上放下,要保持手势顺势送出几步,以体现对他人的关怀和尊敬。

(5) 递接物品的手势。双手递送、接取物品,不方便双手时,也可用右手,但绝不可单用左手。双方距离比较远时,应起身站立,主动走近对方递送或接取物品。递送时最好直接递至对方手中并且要方便对方接取。递送有文字、图案、正反面的物品时,要正面向上且朝向对方;接取物品时,要缓而稳,不要急于抢取。递物品如图 9-23 所示。递送带尖、带刃或其他易于伤人的物品时,应使其朝向自己或朝向他处,切不可朝向对方,如图 9-24 所示。

(6) 展示物品的手势。应使物品在身体的一侧展示,不要挡住本人头部。展示的位置不同表明物品的意义不同:当手持物品高于双眼之处时,适用于被人围观时采用;当手持物品位于眼睛下方、胸部上方,双臂横伸时物品自肩至肘部以内时,给人以放心、稳定感;当手持物品位于眼睛下方、胸部上方,双臂伸直时在肘部以外时,给人以清楚感,通常在这个位置展示想让对方看清楚的物品;当手持物品位于胸部以下,给人以漠视感,通常展示不太重要或不太明显的物品时采用,如图 9-25 所示。

图 9-22　挥手道别的手势

图 9-23　递物品

图 9-24　递笔、刀、剪子

图 9-25　展示物品

（7）鼓掌的手势。鼓掌是在观看文体表演、参加会议、迎候嘉宾时表示赞赏、鼓励、祝贺、欢迎等情感的一种手势。要领是：以右手掌心向下有节奏地拍击左掌，不可左掌向上拍击右掌；不可右掌向左，左掌向右，两掌互相拍击。鼓掌时间要长短相宜，大约 5～8 秒钟为宜。

（8）常见手势语。手势语是以手的动作和面部表情表达思想、进行交际的手段。使用时，多伴有上肢和身体的动作。社交中常用的手势语如下。

① OK 的手势。拇指和食指合成一个圆圈,其余三指自然伸张。这一手势于 19 世纪初期风靡美国,其意义相当于英语的 OK,即"好了""一切妥当""赞扬""允许""了不起""顺利"。OK 手势在西方某些国家比较常见,但应注意在不同国家其语义有所不同,如在法国表示"零"或"无";在印度表示"正确";在中国表示"零"或"三"两个数字;在日本、缅甸、韩国则表示"金钱"。

② 伸大拇指手势。大拇指向上,在说英语的国家多表示 OK 之意或是打车之意;若用力挺直,则含有骂人之意;若大拇指向下,多表示坏、下等人之意。在我国,伸出大拇指基本上是向上伸表示赞同、一流、好等;向下伸表示蔑视、不好等。

③ V 字形手势。伸出食指和中指,掌心向外,其语义主要表示胜利(英文 Victory 的第一个字母)。这一手势来源于英国首相温斯顿·丘吉尔。在第二次世界大战中,英国在对德国抵抗中处于较为不利的地位。首相丘吉尔在演说中使用了这样的手势,代表 Victory(胜利)之义,号召人们起来保家卫国,坚决同法西斯斗争到底。这一手势受到人们的欢迎和喜爱,很快风靡全国。现在,这一手势已经风靡世界。在赛场上,在人们互相祝贺的各种场合都不难发现这一手势频频亮相。需要注意的是,如果将手心向内做出这样的手势,在英国、澳大利亚和新西兰等国,就成了一种亵渎侮辱他人的信号。在中国,可以使用类似的手势表示数字"2"。在欧洲各地,这一手势也用来表示"2"。

④ 伸出食指手势。这种手势在我国及亚洲一些国家表示"一""一个""一次"等;在法国、缅甸等国家则表示"请求""拜托"之意。在使用这一手势时,一定要注意不要用手指指人,更不能在面对面时用手指着对方的面部和鼻子,这是一种不礼貌的行为,容易激怒对方。指人时的正确手势如图 9-26 所示。

图 9-26　指人时的正确手势

⑤ 捻大拇指手势。商人、推销员、银行职员等经常与钱打交道的人常常使用捻指手势表示"钱",这是因为在日常生活中,人们使用这一动作来点钱。捻大拇指的手势是这样的:拇指与食指相捏,然后用拇指向上,食指向内,做出两指相捻的动作。人们注意到,在使用这一手势时,食指是向里、向内移动的。这一下意识的动作方向暗示了谈钱者希望"向里"收钱的愿望。当人想得到报酬或各种形式的好处时,其食指一定会向"里"移动,这是无意识地对有形的钱或无形的其他好处的"期盼"与"接收"。相反,如果使用这一手势时,食指是向外移动的,这恰恰与人们弹掉什么东西的手势相似,那么,它所表示的意思就不再是内敛或内聚了,就成了表示"排除"和"解除"的信号。

⑥ 十指交叉的手势。这是将十指交叉在一起,置于桌上或身体一侧的动作。这一手势的含义不一。实际上,对这种手势的理解有两种:许多情况下,人们将这种姿势看作是自信,因为使用这一手势的人总是神情自若,面带微笑,言谈中也总显得无忧无虑。另外,也有人将这种手势看作是一种消极的人体信号,它表示情绪沮丧、心理矛盾或敌对情绪,也可以表示紧张或被控制的思想情绪,但到底是哪一类,需结合具体情况而定。

⑦ "尖塔式"手势。这是将左手的五指和右手的五指,分别指尖相对和相交,形成近

似尖塔的形状。根据"尖塔"的指向,可以把这种手势分为"上耸式"和"下垂式"两种。哪些人喜欢使用"尖塔式"手势呢?那些比较自信的人较之不那么自信的人,更常使用这一手势以显示他们的高傲和自信。在上下级之间,这种手势主要用来表示"高人一等""万事皆通"和"唯我独尊"的心理状态。具体而言,具有相当权势的各级各类领导人物较多地使用这种手势。上耸式手势是两拇指朝向自身,其余各指相对,指向上方的塔尖式手势。这一手势是大脑产生"拔尖儿"思想时,手做出的下意识动作,它与高傲、盛气凌人及"我比人强"等思维活动有关。一般来说,大多数自信的男人喜欢使用这一手势。下垂式手势是与之相反的手势,拇指向外,其余各指指向下方。对于大多数女性而言,她们更习惯于使用这种手势。下垂式的尖塔式手势也是思维中的"拔尖儿"的一种下意识表现,是在遇到"山外有山,人外有人"的情况,遇到比自己更"拔尖儿"者时,手势者做出的"让步"的人体表示。

⑧ 捻指作响手势。就是用手的拇指和食指弹出声响,其语义或表示高兴,或表示赞同,或是无聊之举,有轻浮之感。应尽量少用或不用这一手势,因为其声响有时会令他人反感或觉得没有教养,尤其是不能对异性用此手势,这是带有挑衅、轻浮之举。

总之,手势语能反映出复杂的内心世界,但运用不当,便会适得其反,因此在运用手势时要注意几个原则:首先要简约明快,不可过于繁多,以免喧宾夺主;其次要文雅自然,因为拘束低劣的手势会有损于交际者的形象;再次要协调一致,即手势与全身协调,手势与情感协调,手势与口语协调;最后要因人而异,不可能千篇一律地要求每个人都做几个统一的手势动作。

(9)手势训练。准备音乐播放器材、CD、投影设备,毛泽东、周恩来等伟人的音像资料等。训练时首先观看毛泽东、周恩来等伟人的音像资料,然后在四面墙安装了长度及地镜子的形体训练室开始训练。每两人一组对着镜子练习常用手势并互相纠正。教师最后点评、总结。注意练习时调整体态,保持良好的站姿,并且表情自然。

7. 举止

一个人的举止端庄、行为文明、动作规范,是良好素养的表现,它能帮助个人树立美好形象,也能为组织赢得美誉,反之,则会损害组织形象。《人民日报》有过这样一则报道:中国长江医疗机械厂经过艰难的谈判即将与美国客商约瑟先生签订"输液管"生产线的合同。然而在参观车间时,厂长陋习难改,在地上吐了一口痰,约瑟看后一言不发,掉头就走,只留给厂长一封信:"我十分钦佩您的才智和精明,但您吐痰的一幕使我彻夜难眠。一个厂长的卫生习惯可以反映一个工厂的管理素质。况且我们合作的产品是用来治病的,人命关天。请原谅我的不辞而别,否则上帝都会惩罚我的。"一口痰毁了一项合同,可见,日常举止是优美仪态的一个重要组成部分,端庄的举止,文明的行为体现在日常生活中的方方面面,社交中也要求人们的举止有一定的约束。例如,以下不受欢迎的坏习惯和不良举止就应在交际中努力戒除。

(1)打哈欠。当你在与人谈话的时候,尤其是当对方在滔滔不绝地发表意见时,那时你也许感到疲倦了,这时要按捺住性子让自己不打哈欠,因为这会引起交际对象的不快。打哈欠在社交场合中给人的印象是:表现出你不耐烦了,而不是你疲倦。

(2)掏耳和挖鼻。有的人有这类不雅的小动作,大家正在喝茶、吃东西的时候,掏耳的小动作往往令旁观者感到恶心,这个小动作实在不雅,而且失礼。即使你想"洗耳恭听"此时此地也不是时候。同样,用手指挖鼻也是非常失礼的动作。

(3) 剔牙。宴会上,谁也免不了有剔牙的小动作,既然这小动作不能避免,就得注意剔牙时不要露出牙齿,而且不要把碎屑乱吐一番,最好用左手掩嘴,头略向侧偏,吐出碎屑时用纸巾接住。

(4) 搔头皮。有些头皮屑多的人,在社交的场合也忍耐不住头皮屑刺激的瘙痒,而搔起头皮来。搔头皮必然使头皮屑随风纷飞,这不仅难看,而且令旁人大感不快。搔头皮这种行为在社交场合是非常失礼的。特别是在宴会上,或者较为严肃、庄重的场合,这种情况下搔头皮是很难叫人谅解的。

(5) 双腿抖动。这种小动作多发生在坐着的时候,站立时较为少见。这种小动作,虽然无伤大雅,但双腿颤动不停,令对方觉得不舒服,而且也给人情绪不安定的感觉,这也是失礼的。同样,让跷起的腿钟摆似的打秋千也是相当难看的姿态。

(6) 频频看表。在与人交谈时,如果无其他重要约会,最好少看自己的手表。这样的小动作会使对方认为你还有什么重要的事情,不会使谈话继续下去;同时,你的这种小动作可能引起对方的误会,认为你没有耐心再谈下去。如果你确实有事在身,不妨婉转地告诉对方改日再谈,并表示歉意。

案例分析

1. 美中不足

一天,黄先生与两位好友来到某知名酒店小聚,接待他们的是一位五官清秀的服务员,接待服务工作做得很好,但是显得无精打采的。黄先生一看到她就觉得心情欠佳,仔细留意才发现,这位服务员没有化工作淡妆,在餐厅昏黄的灯光下显得病态十足。上菜时,黄先生又突然看到传菜员涂的指甲油缺了一块儿,他的第一个反应就是"不知是不是掉到我的菜里了"。但为了不惊扰其他客人用餐,黄先生没有将他的怀疑说出来。用餐结束后,黄先生唤柜台内的服务员结账,但服务员却一直对着反光玻璃墙面修饰自己的妆容,丝毫没注意到客人的需求。自此以后,黄先生再也没有去过这家酒店。

(资料来源:吴蕴慧,徐静. 现代礼仪实务[M]. 上海:上海交通大学出版社,2008.)

思考与讨论:

(1) 请指出案例中服务员在仪容方面存在的问题。

(2) 本案例对你有哪些启示?

2. 换妆

吴菲是某高校文秘专业的高才生,毕业后就职于一家公司做文员。为适应工作需要,上班时,她毅然放弃了"清纯少女妆",化起了整洁、漂亮、端庄的"白领丽人妆":不脱色粉底液,修饰自然、稍带棱角的眉毛,与服装色系搭配的灰度高、偏浅色的眼影,紧贴上睫毛根部描画的灰棕色眼线,黑色自然型睫毛,再加上自然的唇型和略显浓艳的唇色。虽化了妆,却好似没有化妆,整个妆容清爽自然,尽显自信、成熟、干练的气质。但在公休日,吴菲又给自己来了一个大变脸,化起了久违的"清纯少女妆":粉蓝或粉绿、粉红、粉黄、粉白等颜色的眼影,彩色系列的睫毛膏和眼线,粉红或粉橘的腮红,自然系的唇彩或唇油,看上去娇嫩欲滴,鲜亮淡雅,倍感轻松。

心情好,工作效率自然就高。一年来,吴菲以得体的外在形象、勤奋的工作态度和骄人的业绩,赢得了公司同人的好评。

(资料来源:国英.公共关系与现代礼仪案例[M].北京,机械工业出版社,2004.)

思考与讨论:

(1) 你如何评价吴菲的两种妆容?

(2) 你对"化妆不只是技术,还是一门艺术、一种生活"这句话是如何理解的?

3. 改换发型

德祥集团公司的张董事长有一次要接受电视台的采访,为郑重起见,事前张董事长向公司特聘的个人形象顾问咨询有无特别需要注意的事项。形象顾问专程赶来之后,仅向张董事长提了一项建议:换一个较为儒雅而精神的发型,并且一定要剃去鬓角。他的理由是:发型对一个人的上镜效果至关重要。果然,改换了发型之后的张董事长在电视上亮相时,形象焕然一新。他的发型使他显得精明强干,他的谈吐使他显得深沉稳健。两者相辅相成,令电视观众们纷纷为之倾倒。由此可见,发型对商界人士的形象起着重要的不可替代的作用。

(资料来源:紫苏.个人美发礼仪[EB/OL].[2008-04-01].http://www.douban.com/group/topic/2886540/.)

思考与讨论:

(1) 发型对商界人士的形象设计究竟有何作用?

(2) 发型设计有哪些原则?

(3) 本案例对你有哪些启示?

4. 财税专家应怎样着装

有位女职员是财税专家,她有很好的学历背景,常为客户提供很好的建议,在公司里的表现一直很出色。但当她到客户的公司提供服务时,对方主管却不太注重她的建议,她所能发挥才能的机会也就不大了。一位时装大师发现这位财税专家在着装方面有明显的缺憾:她26岁,身高147厘米、体重43千克,看起来机敏可爱,喜爱着童装,像个小女孩,其外表与她所从事的工作相距甚远,所以客户对于她所提出的建议缺少安全感、依赖感,所以她难以实现她的创意。这位时装大师建议她用服装来强调出学者专家的气势,用深色的套装,对比色的上衣、丝巾、镶边帽子来搭配,甚至戴上重黑边的眼镜。女财税专家照办了,结果,客户的态度有了很大的转变。很快,她成为公司的董事之一。

(资料来源:佚名.招募面试P[EB/OL].[2018-06-11].https://max.book118.com/html/2018/0609/171717579.shtm.)

思考与讨论:

(1) 时装大师给财税专家的着装建议有哪些?为什么?

(2) 本案例对你有哪些启示?

5. 小李的尴尬

小李和几个外国朋友相约周末一起聚会娱乐，为了表示对朋友的尊重，星期天一大早，小李就西装革履地打扮好，对照镜子摆正漂亮的领结前去赴约。北京的八月天气酷热，他们来到一家酒店就餐，边吃边聊，大家非常开心快乐！可是不一会儿，小李已是汗流浃背，不住地用手帕擦汗。饭后，大家到娱乐厅打保龄球，在球场上，小李不断地为朋友鼓掌叫好，在朋友的强烈要求下，小李勉强站起来整理好服装，拿起球做好投球准备，当他摆好姿势用力把球投出去时，只听到"嚓"的一声，上衣的袖子扯开了一个大口子，弄得小李十分尴尬。

（资料来源：佚名．礼仪培训案例[EB/OL]．[2019-06-26]．https://ishare.iask.sina.com.cn/f/bu22xt2Jzm1.html．）

思考与讨论：

（1）小李着装存在哪些问题？

（2）本案例对你有何启示？

6. 小芳的戒指

小芳毕业后到一家公司做文秘工作不久，一次在接待客户时，领导让她照顾一位华侨女士。临别时，华侨对小芳的热情和周到的服务非常满意，留下名片，并认真地说："谢谢！欢迎你到我公司来做客，请代我向你的先生问好。"小芳愣住了，因为他根本没有男朋友，何谈"先生"呢。可是，那位华侨也没有错，她之所以这么说，是因为看见小芳的左手无名指上戴有一枚戒指。

（资料来源：佚名．商务礼仪教学课件[EB/OL]．[2016-02-25]．https://max.book118.com/html/2016/1223/75999714.shtm．）

思考与讨论：

（1）从小芳这里我们应该汲取什么？

（2）佩戴戒指等饰物有哪些具体要求？

7. 用微笑沟通心灵

今年28岁的孟昆玉是北京东城区和平门岗的一位普通交警，凡是从这个十字路口经过的人，几乎第一感觉都是他的微笑。他的微笑不仅是他的一张"名片"，而且成为他工作中与司机有效沟通的"秘密武器"。孟昆玉参加工作8年来，每天都把笑容挂在脸上，用微笑化解矛盾，赢得理解，建立了非常和谐的警民关系，工作8年没有一起投诉，他不仅获得了"微笑北京交警之星""百姓心中好交警""首都五一劳动奖章"等荣誉称号，而且被广大网友盛赞为"京城最帅交警"。

警察，在人们心目当中，一般都是很严肃的。而孟昆玉，一个年轻的"80后"交警，何以有这样好的心态，能保持8年如一日的微笑呢？孟昆玉说："从参加工作以来，我的口头语就是'您好'。无论是路面上还是在单位见到同事，我觉得一个微笑，一个'您好'，就能够拉近人和人之间的距离，如果你给司机一个微笑，一个敬礼，一个'您好'，就有了沟通的基础。"

是啊，微笑是人类最美的表情，是人们心灵沟通的钥匙。当一个人对你微笑的时候，你能感觉到他心中的暖意，感受到他对你的善意和友好。反之，一个人若总是紧绷着脸，冷若冰霜,就会让人退避三舍,不愿接近。让我们都像孟昆玉一样,用微笑去沟通心灵,让文明成为一种行动,让我们居住的这座城市因你我更加绚烂!

(资料来源:侯爱兵.用微笑沟通心灵[EB/OL].[2009-10-22]. http://blog.sina.com.cn/s/blog_5a15f4820100fqg6.html.)

思考与讨论:

(1) 结合自身感受谈谈微笑的作用。

(2) 本案例对你有哪些启示?

8. 金先生失礼

风景秀丽的某海滨城市的朝阳大街,高耸着一座大楼,楼顶上"远东贸易公司"六个大字格外醒目。某照明器材厂的业务员金先生按原计划,手拿企业新设计的照明器材样品,兴冲冲地登上六楼,脸上的汗珠还未来得及擦一下,便直接走进了业务部张经理的办公室,正在处理业务的张经理被吓了一跳。"对不起,这是我们企业设计的新产品,请您过目。"金先生说。张经理停下手中的工作,接过金先生递过的照明器,随口赞道:"好漂亮啊!"并请金先生坐下,倒上一杯茶递给他,然后拿起照明器仔细研究起来。金先生看到张经理对新产品如此感兴趣,如释重负,便往沙发上一靠,跷起二郎腿,一边吸烟一边悠闲地环视着张经理的办公室。当张经理问他电源开关为什么装在这个位置时,金先生习惯性地用手搔了搔头皮。好多年了,别人一问他问题,他就会不自觉地用手去搔头皮。虽然金先生作了较详尽的解释,张经理还是有点半信半疑。在谈到价格时,张经理强调:"这个价格比我们预算高出较多,能否再降低一些?"金先生回答:"我们经理说了,这是最低价格,一分也不能再降了。"张经理沉默了半天没有开口。金先生却有点沉不住气,不由自主地拉松领带,眼睛盯着张经理,张经理皱了皱眉,"这种照明器的性能先进在什么地方?"金先生又搔了搔头皮,反反复复地说:"造型新、寿命长、节电。"张经理托词离开了办公室,只剩下金先生一个人。金先生等了一会儿,感到无聊,便非常随便地抄办公桌上的电话,同一个朋友闲谈起来。这时,门被推开,进来的却不是张经理,而是办公室秘书。

(资料来源:佚名.现代推销技术[EB/OL].[2019-04-08]. https://max.book118.com/html/2019/0406/8132020121002015.shtm.)

思考与讨论:

(1) 请指出金先生的失礼之处。

(2) 本案例对你有何启示?

实践训练

1. 举行仪容形象设计展示会

实训目的:掌握仪容礼仪的基本知识,展现出良好的仪容。

实训时间:1课时。

实训地点:实训室或教室。

实训步骤:

(1) 准备化妆盒、棉球、粉底霜、胭脂、眼影、眉笔、唇彩、香水等化妆用品。

（2）将全班学生分组，两人一组，要求根据所学仪容礼仪知识，展现出最美丽的妆容。

（3）在课堂上分组进行形象展示，最好用数码相机进行拍摄，由学生互评，要求从面部化妆、发型设计方面进行重点评价。

（4）由教师进行总结评价，重点评价各组存在的共性问题。

（5）由全班评出"最佳表现"妆容。

2. 举行着装展示会

实训目的：掌握服饰礼仪的基本知识，展现出良好的个人形象。

实训时间：1课时。

实训地点：实训室或教室。

实训步骤：

（1）学生分成小组，每组5~6人，每组设计不同场合（如正式场合、休闲场合等）的服饰穿戴与搭配。

（2）每组学生进行角色扮演，演示服饰的穿戴与搭配，用数码摄像机记录整个过程，然后投影回放，学生自我评价，找出不合规范之处。

（3）授课教师总结点评学生存在的个性和共性问题。

（4）最后全班评选出"最佳表现组"。

3. 仪态举止"情境模拟"活动

实训目的：掌握仪态礼仪的基本知识，具备优雅的举止，展现出良好的个人形象。

实训时间：2课时。

实训地点：实训室或教室。

实训步骤：

（1）同学分组，每个小组5~6人，设计各种情境（如求职面试、商务接待、商务拜访等场景等）展示基本的仪态礼仪；

（2）每组同学根据设计的情境进行角色扮演，展示基本的站姿、坐姿、走姿和蹲姿、表情、手势等仪态，用摄像机记录展示的全过程；

（3）根据录像，找出不规范的地方，同学可进行相互评价；

（4）最后由授课老师进行总结评价，全班同学评选出"最佳表现组"。

自主学习

（1）作为女士，请用5分钟时间给自己化一个漂亮的工作妆。如果结果不令你满意，要继续实践，反复练习，直到满意为止。

（2）作为男士该如何保持仪容整洁？请每天早晨上班前对着镜子检查一下，看看个人卫生方面还有哪些地方需要改进。

（3）根据自己的脸型、头型、身材及性格等设计一款适合自己的发型。

（4）根据自己的脸型、五官特征和皮肤状态，找到自己化妆时必须掩盖和修饰的部分及相应的解决方法。

(5) 皮肤护理训练。分小组操作,每组针对一种皮肤类型进行护理,每组中由一位同学重点操作,其他同学辅助操作(事先准备好脸盆、毛巾、清洁纸巾、洗面奶等物品)。

(6) 让我们一起来做手部健美操,具体方法是:将拇指放在手掌内紧紧握成拳,突然间打开,尽量将手指向外伸,10 次为一组,每天坚持做 5 组,这套动作可以起到锻炼手部关节的作用。

(7) 服装美的最高境界是外在美和内在美的统一,你对这个问题是怎样理解的?

(8) 在日常生活中你还发现哪些着装不符合礼仪要求的现象?应该怎样改进?

(9) 请根据周围同学的脸型、形体和个性特点,给他(她)在服饰运用上提些合理化建议。

(10) 学校将举行首届校园形象礼仪大赛,请为自己进行整体形象设计。

(11) 如果你所在的学校向学生征集校服设计方案,你班积极响应学校的号召,准备参与这项活动,你应该怎样做?请将你的设计思想与同学分享、讨论。

(12) 请每天拿出 10~20 分钟时间练习站、立、行、蹲等姿态。

(13) 你对自己的仪态满意吗?请观察一下你周围人士的站姿、坐姿、走姿等方面存在什么问题?提醒自己避免出现这些问题。

(14) 请制定一份"班级举止文明公约"。

任务 10

日常交际礼仪

■ 任务目标

- 在交际中能够得体地称呼对方；
- 得体地进行自我介绍、他人介绍，更好地与人相识；
- 熟练运用标准的握手、鞠躬等见面礼节；
- 能够设计富有特色的名片，在交际中能够规范地使用名片；
- 能够恰当地选择礼品、互赠礼品；
- 正确地运用鲜花表达情意；
- 礼貌地使用电话进行沟通；
- 礼貌地使用手机进行沟通；
- 接待和拜访符合礼仪规范要求。

■ 案例导入

修养是第一课

有一批应届毕业生22个人，实习时被导师带到北京的国家某部委实验室里参观。全体学生坐在会议室里等待部长的到来，这时有秘书给大家倒水，同学们表情木然地看着她忙活，其中一个还问了句："有绿茶吗？天太热了。"秘书回答说："抱歉，刚刚用完了。"林晖看着有点别扭，心里嘀咕："人家给你水还挑三拣四。"轮到他时，他轻声说："谢谢，大热天的，辛苦了。"秘书抬头看了他一眼，满含着惊奇，虽然这是很普通的客气话，却是她今天唯一听到的一句。

门开了，部长走进来和大家打招呼，不知怎么回事，静悄悄的，没有一个人回应。林晖左右看了看，犹犹豫豫地鼓了几下掌，同学们这才稀稀落落地跟着拍手，由于不齐，越发显得凌乱起来。部长挥了挥手："欢迎同学们到这里来参观。平时这些事一般都是由办公室负责接待，因为我和你们的导师是老同学，非常要好，所以这次我亲自来给大家讲一些有关情况。我看同学们好像都没有带笔记本，这样吧，王秘书，请你去拿一些我们部里印的纪念手册，送给同学们作纪念。"接下来，更尴尬的事情发生了，大家都坐在那里，很随意地用一只手接过部长双手递过来的手册。部长脸色越来越难看，来到林晖面前时，已经快要没有耐心了。就在这时，林晖礼貌地站起来，身体微倾，双手握住手册，恭敬地说了一声:"谢谢您!"部长闻听此言,不觉眼前一亮,伸手拍了拍林晖的肩膀:"你叫什么名字?"林晖照实作答,部长微笑点头,回到自己的座位上。早已汗颜的导师看到此景,才微微松了一口气。

两个月后,毕业分配表上,林晖的去向栏里赫然写着国家某部委实验室。有几位颇感不满的同学找到导师:"林晖的学习成绩最多算是中等,凭什么选他而没选我们?"导师看了看这几张尚显稚嫩的脸,笑道:"是人家点名来要的。其实你们的机会是完全一样的,你们的成绩甚至比林晖还要好,但是除了学习之外,你们需要学的东西太多了,修养是第一课。"

(资料来源:朗月.别不小心打败了自己[J].青年文摘,2000(10)红版.)

10.1　见面礼仪

1. 称谓

在社会交往中,交际双方见面时,如何称谓对方,这直接关系到双方之间的亲疏、了解程度、尊重与否及个人修养等。一个得体的称谓,会令彼此如坐春风,为以后的交往打下良好的基础,否则,不恰当或错误的称谓,可能会令对方心里不悦,影响到彼此的关系乃至交际的成功。

(1) 称谓的原则。

① 礼貌原则。合乎礼节的称谓,是向他人表达尊重的一种方式。在人际交往中,称谓对方要用尊称。现在常用的有:您——您好、您慢走;贵——贵姓、贵公司、贵方、贵校;大——尊姓大名、大作(文章、著作);老——王老、李老、您老辛苦了;高——高寿、高见等;芳——芳名、芳龄等。

② 尊重原则。一般来说,汉族人有崇大崇老崇高的心态,如对同龄人,一般称谓对方为哥、姐;对既可称"叔叔"又可称"伯伯"的长者,以称"伯伯"为宜;对副校长、副处长、副厂长等,也可在姓后直接以正职相称。

③ 恰当原则。许多青年人往往对人喜欢称"师傅",虽然亲热有余,但文雅不足,且普适性较差。对理发师、厨师、司机称"师傅"恰如其分,但对医生、教师、军人、干部、商务工作者称"师傅"就不合适了,如把小姑娘称为"师傅"则要挨骂了!所以,要视交际对象、场合、双方关系等选择恰当的称谓。

(2) 称谓的方式。称谓的方式如表10-1所示。

表10-1　称谓的方式

称谓的表达	举　　例
姓名	李平、张明、大李、老李、小李、俊杰
职务	张总经理或张总、刘市长、王局长、张主任、孙书记
职称	张教授、赵研究员、周工程师(周工)
学位	孙博士、冯博士
职业	马教练或马指导、王医生或王大夫、孙律师、邹会计、吴护士长、董秘书、服务员

续表

称谓的表达	举例
亲属	本人的亲属应采用谦称：家父、家叔；舍弟、舍侄；小儿、小女、小婿 对他人的亲属应采用敬称：尊母、尊兄 贤妹、贤侄；令堂、令爱、令郎 仿亲属称呼：大爷、大娘、叔叔、阿姨、大哥、大姐
涉外称呼	夫人、小姐、先生

(3) 称谓的禁忌。

① 使用错误的称谓。常见的错误称谓有两种：一是误读，一般表现为念错被称为者的姓名。比如"郁""查""盖"这些姓氏就极易弄错。要避免犯此错误，就一定要做好先期准备，必要时不耻下问，虚心请教。二是误会，主要指对被称为的年纪、辈分、婚否及与其他人的关系做出了错误判断。比如，将未婚妇女称为"夫人"，就属于误会。

② 使用不当的行业称谓。学生喜欢互称为"同学"，军人经常互称"战友"，工人可以称为"师傅"，道士、和尚可以称为"出家人"，这并无可厚非。但以此去称谓"界外"人士，并不表示亲近，没准对方不领情，反而产生被贬低的感觉。

③ 使用庸俗低级的称谓。在人际交往中，有些称谓在正式场合切勿使用。例如"兄弟""朋友""哥们儿""姐们儿""瓷器""死党""铁哥们儿"等称谓，就显得庸俗低级，档次不高。它们让人听起来感觉很肉麻，而且带有明显的黑社会的风格。逢人便称"老板"，也显得不伦不类。

④ 使用绰号作为称谓。对于关系一般者，切勿自作主张给对方起绰号，更不能随意以道听途说来的对方的绰号去称谓对方。至于一些对对方具有侮辱性质的绰号，例如，"北佬""阿乡""鬼子""鬼妹""拐子""秃子""罗锅""四眼""肥肥""傻大个""柴火妞""北极熊""麻秆儿"等，则更应当免开尊口。另外，还要注意，不要随便拿别人的姓名乱开玩笑。要尊重一个人，必须首先学会去尊重他的姓名。

2. 介绍

(1) 自我介绍。在不同场合，遇见对方不认识自己，而自己又有意与其认识，当场没有他人从中介绍，往往需要自我介绍。自我介绍要注意以下方面。

① 把握自我介绍的时机。在交际场合，自我介绍的时机包括：与不相识者相处一室；不相识者对自己很有兴趣；他人请求自己作自我介绍；在聚会上与身边的陌生人共处；打算介入陌生人组成的交际圈；求助的对象对自己不甚了解，或一无所知；前往陌生单位进行业务联系时；在旅途中与他人不期而遇而又有必要与人接触；初次登门拜访不相识的人；利用社交媒介，如信函、电话、电报、传真、电子信函，与其他不相识者进行联络时；初次利用大众传媒，如报纸、杂志、广播、电视、电影、标语、传单等，向社会公众进行自我推介、自我宣传时。

② 选择自我介绍的方式。自我介绍的方式主要有：第一，应酬式的自我介绍。这种自我介绍的方式最简洁，往往只包括姓名一项即可。例如，"您好！我叫王平。"它适合于一些公共场合和一般性的社交场合，如途中邂逅、宴会现场、舞会、通电话时。它的对象主

要是一般接触的交往人。第二,工作式的自我介绍。工作式的自我介绍的内容,包括本人姓名、供职的单位以及部门、担负职务或从事的具体工作等三项。比如说:"我叫唐婷,是大地广告公司的客户经理。"第三,交流式的自我介绍。也叫社交式自我介绍或沟通式自我介绍,是一种刻意寻求交往对象进一步交流沟通,希望对方认识自己、了解自己、与自己建立联系的自我介绍。适用于在社交活动中,大体包括本人的姓名、工作、籍贯、学历、兴趣以及与交往对象的某些熟人的关系等。如:"我的名字叫陈友,是招商银行的理财顾问,说起来我跟您还是校友呢。"第四,礼仪式的自我介绍。这是一种表示对交往对象友好、尊敬的自我介绍。适用于讲座、报告、演出、庆典、仪式等正规的场合。内容包括姓名、单位、职务等项。自我介绍时,还应多加入一些适当的谦辞、敬语,以示自己尊敬交往对象。如:"女士们、先生们,大家好!我叫宋河,是精英文化公司的常务副总。值此之际,谨代表本公司热烈欢迎各位来宾莅临指导,谢谢大家的支持。"第五,问答式的自我介绍。针对对方提出的问题,做出自己的回答。这种方式适用于应试、应聘和公务交往,在一般交际应酬场合也时有所见。举例来说,对方发问:"这位先生贵姓?"回答:"免贵姓张,弓长张。"

③ 掌握自我介绍的分寸。第一,语言要力求简洁。要节省时间,通常以半分钟左右为佳,如无特殊情况最好不要长于1分钟。为了提高效率,在作自我介绍时,可利用名片、介绍信等资料加以辅助。第二,态度要友好自信。态度要保持自然、友善、亲切、随和,整体上讲求落落大方、笑容可掬。要充满信心和勇气,敢于正视对方的双眼,显得胸有成竹,从容不迫。语气自然,语速正常,语言清晰。第三,内容要追求真实。进行自我介绍时所表达的各项内容,一定要实事求是,真实可信。过分谦虚,一味贬低自己去讨好别人,或者自吹自擂,夸大其词,都是不足取的。

(2) 他人介绍。他人介绍即社交中的第三者介绍。在他人介绍中,为他人做介绍的人一般由社交活动中的东道主、社交场合中的长者、家庭聚会中的女主人、公务交往活动中的公关人员(礼宾人员、接待人员、文秘人员)等。他人介绍要注意以下方面。

① 他人介绍的时机。这些时机包括:在家中或办公地点接待彼此不相识的客人;与家人外出,路遇家人不相识的同事或朋友;陪同亲友,前去拜会亲友不认识的人;陪同上司、来宾时,遇见了其不相识者,而对方又跟自己打了招呼;打算推介某人加入某一交际圈;受到为他人做介绍的邀请,等等。

② 他人介绍的顺序。一般来说,在被介绍的两个人中,应让女士、长者、位尊者拥有"优先知晓权",例如,介绍年长者与年幼者认识时,应先介绍年幼者,后介绍年长者;介绍长辈与晚辈认识时,应先介绍晚辈,后介绍长辈;介绍老师与学生认识时,应先介绍学生,后介绍老师;介绍女士与男士认识时,应先介绍男士,后介绍女士;介绍已婚者与未婚者认识时,应先介绍未婚者,后介绍已婚者;介绍同事、朋友与家人认识时,应先介绍家人,后介绍同事、朋友;介绍来宾与主人认识时,应先介绍主人,后介绍来宾。在他人介绍时要注意:

- 少数服从多数。当被介绍者双方地位、身份大致相似时,应先介绍人数较少的一方。
- 强调地位、身份。若被介绍者双方地位、身份存在差异,虽人数较少或只一人,也应将其放在尊贵的位置,最后加以介绍。

- 单向介绍。在演讲、报告、比赛、会议、会见时,往往只需要将主角介绍给广大参加者。
- 人数较多一方的介绍。若一方人数较多,可采取笼统的方式进行介绍。如:"这是我的家人""这是我的同学"。
- 人数较多各方的介绍。若被介绍的不止两方,需要对被介绍的各方进行位次排列。排列的方法:a.以其负责人身份为准;b.以其单位规模为准;c.以单位名称的英文字母顺序为准;d.以抵达时间的先后顺序为准;e.以座次顺序为准;f.以距介绍者的远近为准。

③ 他人介绍的细节。细节决定成败,在介绍中还要注意如下细节,只有这样才能取得良好的交际效果。

- 介绍者为被介绍者介绍之前,一定要征求一下被介绍双方的意见,切勿上去开口即讲,显得很唐突,让被介绍者感到措手不及。
- 被介绍者在介绍者询问自己是否有意认识某人时,一般不应拒绝,而应欣然应允。实在不愿意时,则应说明理由。
- 介绍人和被介绍人都应起立,以示尊重和礼貌;待介绍人介绍完毕后,被介绍双方应微笑点头示意或握手致意。
- 在宴会、会议桌、谈判桌上,视情况介绍人和被介绍人可不必起立,被介绍双方可点头微笑致意;如果被介绍双方相隔较远,中间又有障碍物,可举起右手致意,点头微笑致意。
- 介绍完毕后,被介绍双方应依照合乎礼仪的顺序握手,并且彼此问候对方。问候语有"你好,很高兴认识你""久仰大名""幸会幸会",必要时还可以进一步做自我介绍。此外,介绍时不要开玩笑,不要使用易生歧义的简称,特别是在首次介绍时要准确地使用全称。

他人介绍如图 10-1 所示。

3. 握手

(1) 握手的时机。握手是商务活动中最常用的礼节。一般来说,两人初次见面,朋友久别重逢,或者在社交场合偶遇同事、同学、同行、上司等要握手;在家待客和登门拜访,以及告辞或送行要握手;表示理解、支持、鼓励、肯定时要握手,表示感谢、恭喜、祝贺时也要握手。

(2) 握手的方式。距握手对象 1 米处,双腿立正,上身略向前倾,伸出右手,四指并拢,拇指张开,与对方相握,握手时力度适中,上下稍晃动三四次,随即松开手,恢复原状。与人握手,神态要专注、热情、友好、自然,要面含笑容,目视对方双眼,同时问候对方,如图 10-2 所示。

(3) 握手的力度。握手时为了表示热情友好,应当稍许用力,但以不握痛对方的手为限度。在一般情况下,握手不必用力,握一下即可。男子与女子握手不能握得太紧,西方人往往只握一下妇女的手指部分,但老朋友可以例外。

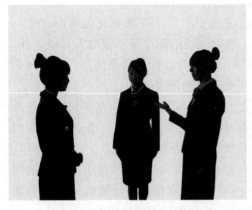
图10-1　他人介绍

图10-2　握手

(4) 握手的时间。握手时间的长短可根据握手双方亲密程度灵活掌握。初次见面者,一般应控制在3秒钟以内,切忌握住异性的手久久不松开。即使握同性的手,时间也不宜过长,以免对方欲罢不能。但时间过短,会被人认为傲慢冷淡,敷衍了事。

(5) 伸手的次序。根据礼仪规范,握手时双方伸手的先后次序,一般应遵守"尊者先伸手"的原则,应该由尊者先伸出手来,位卑者只能在此后予以响应,而绝不可贸然抢先伸手,不然就是违反礼仪的举动。其规则主要包括:男女之间握手,男方要等女方先伸手后才能握手,如女方不伸手,无握手之意,可用点头或鞠躬致意;宾主之间,主人应向客人先伸手,以示欢迎;长幼之间,年幼的要等年长的先伸手;上下级之间,下级要等上级先伸手,以示尊重;多人同时握手切忌交叉,要等别人握完后再伸手。值得注意的是:在公务场合,握手时伸手的先后次序主要取决于职位、身份。而在社交、休闲场合,它则主要取决于年龄、性别、婚否。

(6) 握手的禁忌。握手虽然司空见惯,看似平常,但是它可被用来传递多种信息,因此在行握手礼时应努力做到合乎规范,并且注意下述几点。

不要用左手与他人握手,尤其是在与阿拉伯人、印度人打交道时要牢记此点,因为在他们看来左手是不洁的。

不要在握手时争先恐后,而应当遵守秩序,依次而行。特别要记住,与基督教信徒交往时,要避免两人握手时与另外两人相握的手形成交叉状,这类似十字架,在基督教信徒眼中是很不吉利的。

不要戴着手套握手,在社交场合女士的晚礼服手套除外。

不要在握手时戴着墨镜,只有患有眼疾或眼部有缺陷者才能例外。

不要在握手时将另外一只手插在衣袋里。

不要在握手时另外一只手依旧拿着香烟、报纸、公文包、行李等东西而不肯放下。

不要在握手时面无表情,不置一词,好似根本无视对方的存在,而纯粹是为了应付。

不要在握手时长篇大论,点头哈腰,滥用热情,显得过分客套,让对方不自在、不舒服。

不要在握手时把对方的手拉过来、推过去,或者上下左右抖个没完。

不要在与人握手之后,立即揩拭自己的手掌,好像与对方握一下手就会使自己受到感

（7）常见的其他见面礼。在国内外的交往中，除握手之外，以下见面礼也颇为常见。

① 点头礼。点头礼适用于路遇熟人，在会场、剧院、歌厅、舞厅等不宜与人交谈之处，在同一场合碰上已多次见面者，遇上多人又无法一一问候时。行礼的做法是：头部向下轻轻一点，同时面带笑容，不宜反复点头不止，也不必点头的幅度过大。

② 举手礼。行举手礼的场合与行点头礼场合大致相似，它最适合向距离较远的熟人打招呼。其做法是右臂向前方伸直，右手掌心向着对方，其他四指并齐、拇指分开，轻轻向左右摆动一两下。不要将手上下摆动，也不要在手摆动时用手背朝向对方。

③ 脱帽礼。戴着帽子的人，在进入他人居所，路遇熟人，与人交谈、握手或行其他见面礼时，进入娱乐场所，升挂国旗，演奏国歌等一些情况下，应自觉主动地摘下自己的帽子，并置于适当之处，这就是所谓脱帽礼。女士在社交场合可以不用脱帽子。

④ 注目礼。具体做法是：起身立正，抬头挺胸，双手自然下垂或贴放于身体两侧，笑容庄重严肃，双目正视于被行礼对象，或随之缓缓移动。一般在升国旗时、游行检阅、剪彩揭幕、开业挂牌等情况下，使用注目礼。

⑤ 拱手礼。拱手礼是我国民间传统的会面礼，在过年时举行团拜活动，向长辈祝寿，向友人恭喜结婚、生子、晋升、乔迁，向亲朋好友表示无比感谢，以及与海外华人初次见面时表示久仰大名。行礼时应起身站立，上身挺直，两臂前伸，双手在胸前高举抱拳，自上而下，或者自内向外，有节奏地晃动两三下。

⑥ 鞠躬礼。鞠躬礼在日本、韩国、朝鲜等国家十分普遍。目前在我国主要适用于向他人表示感谢、领奖或讲演之后、演员谢幕、举行婚礼或参加追悼活动。行礼时应脱帽立正，双目凝视受礼者，然后上身弯腰前倾。男士双手应贴放于身体两侧裤线处，女士的双手则应下垂搭放于腹前，如图10-3和图10-4所示。下弯的幅度越大，表示敬重的程度就越大。

图10-3　鞠躬礼(15°)

图10-4　鞠躬礼(30°)

⑦ 合十礼。在东南亚、南亚信奉佛教的地区以及我国傣族聚居区，合十礼最为普遍。行合十礼时双掌十指在胸前相对合，五个手指并拢向上，掌尖和鼻尖基本持平，手掌向外侧倾斜，双腿立直站立，上身微欠低头，可以口颂祝词或问候对方，也可面带微笑，但不准手舞足蹈，反复点头。一般而论，行此礼时，合十的双手举得越高，越体现出对对方的尊

重,但原则上不可高于额头,如图 10-5 所示。

⑧ 拥抱礼。在西方,特别是在欧美国家,拥抱礼是十分常见的见面礼与道别礼。在人们表示慰问、祝贺、欣喜时,拥抱礼也十分常用。正规的拥抱礼,讲究两人正面面对站立,各自举起右臂,将右手搭在对方左肩后面;左臂下垂,左手扶住对方右腰后侧。首先各向对方左侧拥抱(见图 10-6),然后各向对方右侧拥抱(见图 10-7),最后再一次各向对方左侧拥抱,一共拥抱 3 次。在普通场合行礼,不必如此讲究,次数也不必要求如此严格。

图 10-5　合十礼

图 10-6　左侧拥抱

图 10-7　右侧拥抱

⑨ 亲吻礼。亲吻礼也是西方国家常用的见面礼。有时它会与拥抱礼同时使用。行礼时,通常忌讳发出亲吻的声音,而且不应将唾液弄到对方脸上。在行礼时,双方关系不同,亲吻的部位也有所不同。长辈吻晚辈,应当吻额头;晚辈吻长辈,应当吻下颌或吻面颊;同辈之间,通行应当贴面颊,异性应当吻面颊。接吻,即吻嘴唇,仅限于夫妻与恋人之间,而不宜滥用,不宜在当众进行。

⑩ 吻手礼。吻手礼主要流行于欧美国家。它的做法是男士行至已婚妇女面前,首先垂手立正致意,然后以右手或双手捧起女士的右手,俯首以自己微闭的嘴唇,去象征性地轻吻一下其手背或是手指。行吻手礼的地点,应在室内为佳。吻手礼的受礼者,只能是妇女,而且应是已婚的妇女。

4. 名片

名片是当今社会人际交往和公务活动中最经济实惠、最通用的介绍媒介,被人称作自我的"介绍信"和社交的"联谊卡",具有证明身份、广交朋友、联络感情、表达情谊等功能。名片的用途十分广泛,最主要的是用作自我介绍,也可随赠鲜花或礼物,以及发送介绍信、致谢信、邀请信、慰问信等使用,在名片上面还可以留下简短附言。

(1) 名片的规格、材质与色彩。名片一般为长 10 厘米、宽 6 厘米的白色卡片。我们经常使用的规格略小,长 9 厘米、宽 5.5 厘米。值得说明的是:如无特殊需要,不应将名片制作过大,甚至有意搞折叠式,免得给人以标新立异、虚张声势之感。

印制名片,最好选用纸张,并以耐折、耐磨、美观、大方的白卡纸、再生纸、合成纸、布纹纸、麻点纸、香片纸为佳。至于高贵典雅、纸质挺括的刚古纸、皮纹纸,则可量力而行,酌情选用,必要时还可覆膜。

印制名片的纸张,宜选庄重朴素的白色、米色、淡蓝色、淡黄色、淡灰色,并且以一张名片一色为好。

（2）名片的内容。一般的名片上应该印上工作单位、姓名、身份、地址、邮政编码等。工作单位一般印在名片的上方,社会兼职紧接工作单位排列下来;姓名印在名片中央,右旁印有职务、职称;名片的下方为地址、邮政编码、电话号码、传真、E-mail 地址等。如图 10-8 所示。

图 10-8　名片范例

名片的背面,一般都印上相应的英文作为对外交往时所使用。但也有些名片在背面印上企业、公司的简介、经营范围、产品及服务范围以方便客户和用作宣传。例如,大连市某县有一名副县长的名片,就是除了姓名、职务等内容之外,还有一幅本县的风光图片。照他的说法,这样做有利于增强人们的环保意识。原来该县是个海岛县,风光秀丽,近年来发展了旅游业,成为该县经济的支柱产业之一。在开发旅游资源的时候,他们首先想到的是保护自然环境,为子孙后代留下一片蓝天、碧水。它集宣传本地与普及环保意识于一体,获得了良好的经济效益和社会效益。

很多企业有标准的员工名片格式,有的要加印公司的标识、甚至企业经营理念,并且规定名片统一规格、格式等。

（3）递接名片。递名片给他人时,应郑重其事,使用双手或者右手,将名片正面面向对方,交予对方。切勿以左手递交名片,不要将名片背面面向对方或是颠倒着面向对方,不要将名片举得高于胸部,不要以手指夹着名片给人。若对方是少数民族或外宾,则最好将名片上印有对方认得文字的那一面面向对方。将名片递给他人时,口头应有所表示,可以说"请多指教""多多关照""今后保持联系""我们认识一下吧",或是先作一下自我介绍。递接名片如图 10-9 所示。

图 10-9　递接名片

接受他人名片时宜双手捧接,或以右手接,切勿单用左手接,接过名片,首先要看,这一点至为重要。具体而言,就是接过名片后,当即要用半分钟左右的时间,从头至尾将其认真默读一遍(见图10-10),如果名片中有不清楚的内容,要适时请教(见图10-11)。凡接过他人名片后看也不看,或手头把玩,或弃之桌上,或装入衣袋,或交予他人,都算失礼。接过他人名片后,应口头道谢,或重复对方所使用的谦辞敬语,如"请您多关照""请您多指教",不可一言不发。

图10-10 看名片内容

图10-11 适时请教

(4)索要名片。在交往中为了收集信息,和客户保持联络,免不了会向他人索要名片。但是在索要名片的过程中,要避免直言相告,可以试着采取以下方法:向对方提议交换名片;主动递上本人名片;询问对方(尊者或长辈):"今后如何向您请教?"询问对方(平辈或晚辈):"以后怎样跟您联系?"

(5)存放名片。在参加交际活动之前,要提前准备好名片,并进行必要的检查。随身所带的名片最好放在专用的名片夹里,也可放在上衣口袋里。不要把名片放在裤袋、裙兜、提包、钱包里,那样既不正式,又显得杂乱无章。在自己的公文包以及办公桌抽屉里,也应经常备有名片,以便随时使用。在交际场合,如感到要用名片,则应将其预备好,不要在使用时再去瞎翻乱找。参加交际活动后,应立即对所收到的他人名片加以整理收藏,以便今后使用方便。不要将它随意夹在书刊、材料中,压在玻璃板底下,或是扔在抽屉里面。存放名片的方法大体有四种,即按姓名的外文字母或汉语拼音字母顺序分类、按姓名的汉字笔画的多少分类、按专业或部门分类和按国别或地区分类,还可以交叉使用。若收藏的名片很多,还可以编一个索引,用起来就更方便了。

随着人际交往的不断深入,还可在收藏的他人名片上随手记下可供本人参考的资料,使其充当社交的记事簿。在收藏的他人名片上可记的有利于人际交往的资料有:收到名片时的具体情况。包括收到名片的地点、时间,以及是否与对方亲自交换等。在国外有一种做法,即把名片的右上角向下折,然后再使其恢复原状,它表示该名片是对方亲自与自己交换的。交换名片者个人的资料。例如性别、年龄、籍贯、学历、专长、嗜好等。这既可备忘,也可充当资料。交换名片者在交换名片后变化的情况,例如单位、部门的变化,职业的变动调任,职务、学衔的升降,联络方式的改变等。

5. 馈赠

中华民族素来重交情,古代就有"礼尚往来"之说。亲友和商务伙伴之间的正当馈赠是礼仪的体现,感情的物化。在社交活动中表达谢意敬意、祝贺庆典活动、祝贺开张开业、适逢重大节日、探视住院病人、应邀家中做客等场合都可以馈赠不同的礼物,用以增进友情。

(1) 礼品的选择。馈赠礼品的选择要考虑以下三个方面。

① 突出情意。馈赠礼品要重视其情感意义,着重体现礼品的精神价值和纪念意义。礼品作为友好的象征物,其意义并不在礼品本身的金钱价值,而在于礼品本身的寓意和通过礼品所传达的友好情意,这是馈赠礼品的基本思想,所谓"千里送鹅毛,礼轻情义重。"情义是无价的,是无法用金钱来衡量的。因此,在选择礼品时要着重考虑它的内涵以及想表达的情意。

② 匠心独运。送人礼品,与做其他许多事情一样,最忌讳"老生常谈""千人一面"。选择礼品,应当精心构思,富于创意,力求使之新、奇、特。这就是礼品的独创性。赠送具有独创性的礼品给人,往往可以令其耳目一新,既兴奋又感动,因为这等于是"特别的爱献给特别的你"。真是这样,赠送者在对方心目中往往也会因此"升值"。

③ 注意禁忌。1972年,尼克松总统准备访华,急于寻求能代表国家的礼物。美国保业姆公司闻讯后,趁此良机,向尼克松总统献上公司生产的一尊精致的天鹅群瓷器珍品,因为瓷器的英文China,与"中国"的英文拼写一样,尼克松一见,大喜过望,于是把这尊具有双重意义而且具有很高艺术价值的瓷器珍品带到了中国。这说明挑选礼品时,特别是在为交往不深或外地区人士和外国人挑选礼品时,应当有意识地使赠品与对方所在地的风俗习惯一致,在任何情况下,都要坚决避免把对方认为属于伤风败俗的物品作为礼品相赠,这样才表明尊重交往对象。选择礼品不应忽视的禁忌主要有以下四类:a. 个人禁忌。如在我国大部分地区,老年人忌讳发音为"终"的钟;恋人们反感于发音为"散"的伞。b. 民俗禁忌。如在俄罗斯最忌讳送钱给别人,因为这意味着施舍和侮辱;在欧美等国家药品不宜送人。c. 宗教禁忌。如伊斯兰教认为酒是万恶之源,所以不要向伊斯兰教徒送酒。d. 伦理禁忌。如各国均规定不得将现金、有价证券、过于高贵的奢侈品送给公务人员。

(2) 赠送礼品的礼仪。赠送礼品的形式多种多样,主要有当面赠送、托人赠送和邮寄赠送三种。当面赠送是最好的送礼形式,因为这样可以亲自介绍礼品的寓意、使用方法,直接表达情意。从而达到通过馈赠礼品来增进彼此的情意的目的,而且当面赠送还显示了送礼者的真诚、周到和热情。托人赠送,是请第三者代为转送礼品,此时应在礼品上附上自己的名片或者祝福的卡片,并事先通过电话告知对方。邮寄赠送是对居住异地的交往对象赠送礼品的一种表达方式,现在即使居住在同一个城市,有时也可以选择邮寄送礼的方式,邮寄礼品往往会给受礼者惊喜、奇妙的感觉,收到意想不到的效果。

送给他人礼品,尤其是在正式场合赠送于人的礼品,在相赠之前,一般都应当认真进行包装。可用专门的纸张包裹礼品或把礼品放入特制的盒子、瓶子里等。礼品包装就像穿了一件外衣,这样才能显得正式、高档,而且还会使受赠者感到自己备受重视。

现场赠送礼品时,要神态自然,举止大方,表现适当。千万不要像做了"亏心事",小里小气,手足无措。一般在与对方会面之后,将礼品赠送给对方,届时应起身站立,走近受赠者,双手将礼品递给对方,如图10-12所示。礼品通常应当递到对方手中,不宜放下后由对方自取。如礼品过大,可由他人帮助递交,但赠送者本人最好还是要参与其事,并援之以手。若同时向多人赠送礼品，最好先长辈后晚辈、先女士后男士、先上级后下级，按照次序有条不紊地进行。

当面亲自赠送礼品时要辅以适当的、认真的说明。可以说明因何送礼，如若是生日礼物，可说"祝你生日快乐"；可以说明自己的态度，送礼时不要自我贬低，说什么"没有准备，临时才买来的""没有什么好东西，凑合着用吧"，而应当实事求是地说明自己的态度，比如"这是我为你精心挑选的""相信你一定会喜欢"等；可以说明礼品的寓意，在送礼时，介绍

图 10-12　双手递接礼物

礼品的寓意，多讲几句吉祥话是必不可少的；对较为新颖的礼品可以说明礼品的用途、用法。

（3）受礼和拒礼的礼仪。一般情况下，对于对方真心赠送的礼物不能拒收，因此没完没了地说"受之有愧""我不能收下这样贵重的礼物"这类话是多余的，有时还会使人产生不愉快的感觉。即使礼物不称心，也不能表露在脸上。接受礼物时要用双手，并说上几句感谢的话语。千万不要虚情假意，推推躲躲，反复推辞，硬逼对方留下自用；或是心口不一，嘴上说"不要，不要"，手却早早地伸了过去。

如果条件许可，在接受他人相赠的礼品后，应当尽可能地当着对方的面，将礼品包装当场拆封。这种做法在国际社会上是非常普遍的。在启封时，动作要井然有序，舒缓得当，不要乱扯、乱撕。拆封后还不要忘记用适当的动作和语言，显示自己对礼品的欣赏之意，如将他人所送鲜花捧在身前闻闻花香，然后再插入花瓶，并放置在醒目之处。

有时候，出于种种原因，不能接受他人相赠的礼品。在拒绝时，要讲究方式、方法，处处依礼而行，要给对方留有退路，使其有台阶可下，切忌令人难堪。可以使用委婉的、不失礼貌的语言，向赠送者暗示自己难以接受对方的好意，如当对方向自己赠送一部手机时，可以告之"我已经有一部了"；可以直截了当地向赠送者说明自己之所以难以接受礼品的原因。在公务交往中，拒绝礼品时此法最为适用，如拒绝他人所赠的大额贵重礼品时，可以说："依照有关规定，你送我的这件东西，必须登记上缴。"

（4）赠花的礼仪。鲜花是美好、吉祥、友谊和幸福的象征。我国早在汉代就有"折柳送别话依依"的诗句，可见在当时已有交际赠花之习俗。当今社交中无论是欢迎、送别、婚寿庆祝，还是节庆、开业、慰问、吊唁及国际交往中，人们经常赠之以鲜花，言志明心。但由于各地风俗习惯不同，花的含义也不同，送花时必须注意得体，要做到以下几点。

① 了解"花卉语"。当我们用花为媒来传递友谊时，要注意运用正确的"花卉语"，以免出现尴尬。以下是常见的花卉的寓意：荷花象征纯洁、淡泊和无邪；月季象征幸福、光荣；红玫瑰象征爱情；百合象征圣洁、幸福、百年好合；康乃馨象征健康长寿；梅花象征刚毅、坚贞不屈……在不同的国家和地区，同一种花也会有不同的寓意。如在一些国家，菊花和康乃馨被认为是厄运的象征；垂柳在美国表示"悲哀"，但在法国柳则是"仁勇"的象征。实际上，同一种类型的花卉，因其不同的颜色，也有不同甚至截然相反的意思。如红色的郁金香是"爱的表示"；蓝色的郁金香象征"诚实"；而黄色的郁金香则象征"无望

的恋爱"。因此,要恰当运用好"花卉语"。

② 不同的场合赠花。向恋人赠玫瑰花的花语是"我真心爱你";蔷薇花象征"我向你求爱,小天使";桂花表示"我挚意爱你"。这类花卉赠予恋人,可收心有灵犀一点通之功。若将这类花卉赠予其他对象,则会交际不成,反而引火烧身。

婚礼赠花可以送一束美丽鲜艳的由红玫瑰、吉祥草、文竹灯花组成的花束。红玫瑰象征爱情美好;吉祥草祝朋友吉祥如意、生活美满;文竹绿叶葱葱,祝朋友爱情永葆青春。此外并蒂莲表示"恩爱如初,幸福长存",百合花象征"百年好合",它们及红色郁金香等花都是婚礼的理想花卉。

慰问病人,送一束黄月季,表示"早日康复";一束芝兰,象征"正气清运,贵体早康",或送一束松、柏、梅花,以鼓励他与病魔做斗争"坚贞不屈""胜利属于你"。

庆贺生日赠花,年轻一点的可送其火红的石榴花、鲜红的月季花、美丽的象牙花,祝其前程如火一样红烈,青春如红花鲜艳等。对年老者,赠予万年青、寿星草、龟背竹等,以示祝福老人健康长寿,快乐幸福。

此外,新春佳节可以送大丽花、牡丹花、水仙花、桃花、吉庆果、金橘和富贵竹等;祝贺开业可以送红月季、牡丹、一品红、发财树(生意兴隆)等;看望父母可以送剑兰、康乃馨、百合、满天星(百年好合)等;送别朋友可以送芍药花(依依惜别);迎接亲友可以送紫藤、月季、马蹄莲(热情好客)等;给离退休者可以送兰花、梅花、红枫、君子兰等。

正式场合,如组织开张、纪念、庆典等,大多可送花篮;迎宾、欢送、演出中送给演员,大多送花环、花束;宴请、招待会等送胸花;参加追悼会时送花圈以示哀悼。

送花一般不能送单一的白色花,因为会被人认为不吉利;送玫瑰花时应送单数,不要送双数,但 12 除外,不要将红玫瑰送给未成年的小姑娘,不要将浓香型的鲜花送给病人。送一束花时最好用彩色透明纸将花包装好,再系一根与鲜花颜色相匹配的彩带,这样既便于携带,又使花显得更加漂亮。

10.2 通信礼仪

人所周知,现代社会乃是一个信息化的社会。对于现代人而言,信息就是资源,信息就是财富,信息就是生命,所以大家不约而同地对信息重视有加。目前,多种多样的现代化通信工具层出不穷。它们的出现,为人们获取信息、传递信息、利用信息,提供了越来越多的选择。

通信一般有其特定的含义,它是指人们利用一定的电信设备来进行信息的传递。被传递的信息既可以是文字、符号,也可以是表格、图像。当今,在日常生活里,人们接触最多的通信手段主要有电话、短信、传真、电子邮件等。通信礼仪通常是指在利用上述各种通信手段时,所应遵守的礼仪规范。

1. 电话礼仪

电话是人们开展社交活动不可缺少的工具,在日常生活和工作交往中,都要利用电话与别人取得联系和交谈。据美国《电话综述》(Telephone Review)说,一个人一生平均有 8 760 小时在打电话。在录像电话还没普及之前,人们通过电话给人的印象完全靠声音和使用电话时的习惯,要想有"带着微笑的声音"或者通过电话赢得信任,就必须掌握使用电话的礼节与技巧。

(1) 电话语言要求。目前大部分电话能传输的信号是声音,但这一信号载体却包含着许多信息。说话人想做什么,要做什么,是高兴还是悲伤,还有对另一方的信任感、尊重感,彼此都可以清晰地得知。这些都取决于电话的语言与声调。因此,电话语言要求礼貌、简洁、明了,以准确地传递信息。

① 态度礼貌友善。当我们使用电话交谈时,我们不能简单地将对方视做一个"声音",而应看作是面对一个正在交谈的人。尤其是对办公人员来说,我们面对的是组织的一名公众。如果你们是初次交往,那么,这样一次电话接触便是你给公众的第一次"亮相",应十分慎重。因此,在使用电话时,多用肯定语,少用否定语,酌情使用模糊用语;多用些致歉语和请托语,少用些傲慢语、生硬语。礼貌的语言、柔和的声音,往往会给对方留下亲切之感。正如日本一位研究传播的权威所说:"不管是在公司还是在家庭里,凭着个人在电话里的讲话方式,就可以基本判断出其'教养'的水准。"

② 传递信息简洁。电话用语要言简意赅,将自己所要讲的事用最简洁、明了的语言表达出来。因为通话的一方尽管有诸如紧张、失望而表情异常的体态语言,但通话的另一方不知道,他所能得到的判断只能是来自他所听到的声音。在通话时最忌讳发话人吞吞吐吐,含糊不清,东拉西扯。正确的做法是:问候完毕对方,即开宗明义,直言主题,少讲空话,不说废话。

③ 控制语速语调。通话时语调温和,语气、语速适中,这种有魅力的声音容易使对方产生愉悦感。如果说话过程语速太快,则对方会听不清楚,显得应付了事;太慢,则对方会不耐烦,显得懒散拖沓;语调太高,则对方听得刺耳,感到刚而不柔;语调太低,则对方会听得不清楚,感到有气无力。一般说话的语速、语调和平常的一样就行了,即使是长途电话,也无须大喊大叫,把受话器放在离嘴两三寸的地方,正对着它讲就行了。另外,通电话时周围有种种异样的声音,会使对方觉得自己未受尊重而变得恼怒,这时应向对方解释,以保证双方心情舒畅地传递信息。

(2) 接电话。

① 迅速、礼貌地接听电话。接电话首先应做到迅速接听,力争在铃响三次之前就拿起话筒,这是避免让打电话的人产生不良印象的一种礼貌。电话铃响过三遍后才做出反应,会使对方焦急不安或不愉快。正如日本著名社会心理学家铃木健二所说:"打电话本身就是一种业务。这种业务的最大特点就是无时无刻不在体现每个人的特性。""在现代化大生产的公司里,职员的使命之一是一听到电话铃声就立即去接。"接电话时,也应首先自报单位、姓名,然后确认对方,如:"您好!这是××公司营销部。"如果对方没有马上进入正题,可以主动请教:"请问您找哪位通话?"

② 仔细聆听并积极反馈。作为受话人,通话过程中,要仔细聆听对方的讲话,并及时作答,给对方以积极的反馈。通话听不清楚或意思不明白时,要马上告诉对方。在电话中接到对方邀请或会议通知时,应热情致谢。

③ 规范地代转电话。如果对方请你代转电话,应弄明白对方是谁,要找什么人,以便与接电话人联系。此时,请告知对方"稍等片刻",并迅速找人。如果不放下话筒喊距离较

远的人,可用手轻捂话筒或按保留按钮,然后再呼喊接话人。如果你因别的原因决定将电话转接到别的部门,应客气地告知对方,将电话转到处理此事的部门或适当的职员。如:"真对不起,这件事是由财务部处理,如果您愿意,我帮您转过去好吗?"

④ 认真做好电话记录。如果要接电话的人不在,应为其做好电话记录,记录完毕,最好向对方复述一遍,以免遗漏或记错。可利用电话记录卡片做好电话记录。电话记录卡片如图10-13所示。

```
给 _____
日期 _____        时间 _____

你不在办公室时                          先生
      _____  公司的 _____          女士
                                     小姐
电话
    ○电话              ○请打电话回去
    ○要求来访          ○还会打电话来
    ○是否紧急          ○回你的电话
         留言 _____
              _____
```

图10-13 电话记录卡片

⑤ 特殊情况的处理。电话铃响时,如果自己正在与客人交谈,应先向客人打声招呼,然后再去接电话。如果发觉打来的电话不宜为外人所知,可以先告诉对方:"我身边有客人,一会儿我再给您回电话。"不要抛下客人,在电话中谈个没完。这样身边的客人会有被轻视的感觉。不要在听电话时与旁人打招呼、说话或小声议论某些问题。如果通电话时,有人有急事来找你,应先对电话那端的人说声:"对不起。"如果为回答通话对方的提问,需向同事请教时,可说声:"请让我核实一下。"如果使用录音电话,应事先把录音程序整理好,把一些细节考虑周到。不要先放一长段音乐,也不要把程序搞得太复杂,让对方莫名其妙、不知所措。如果对方打错了电话,应当及时告之,不要讽刺挖苦,更不要表示出恼怒之意。如果来电人需要把电话打到别的部门,你可以说:"您要找的人在××部门,电话号码是××。"

(3) 打电话。

① 选择适宜的通话时间。打电话的时间应尽量避开上午7时前、晚上10时以后的时间,还应避开晚饭时间。有午休习惯的人,也请不要用电话打扰他。电话交谈所持续的时间也不宜过长,事情说清楚就可以了,一般以3~5分钟为宜。因为在办公室打电话,要照顾到其他电话的进出,不可过久占线,更不可将办公室的电话或公用电话做聊天的工具,这是惹人讨厌的行为。著名相声表演艺术家马季曾说过一段相声,名叫《打电话》,就是讽刺这种人的。

② 通话之前做好准备。通话之前应该核对对方公司或单位的电话号码、公司或单位的名称及接话人姓名。写出通话要点及询问要点,准备好在应答中使用的备忘纸和笔,以

及必要的资料和文件。估计一下对方情况,决定通话时间。

③ 注意通话的礼节。接通电话后,应主动友好,自报家门和证实对方的身份。除非通话的对方与你很熟悉,否则就该同时报出你的公司及部门名称,然后再提及对方的名称。打电话要坚持用"您好"开头、"请"字在中、"谢谢"收尾,态度温文尔雅。若你找的人不在,可以请接听电话的人转告,如:"对不起,麻烦您请转告×××……",然后将你所要转告的话告诉对方。最后别忘了向对方道一声谢,并且问清对方的姓名。切不可"咔嚓"一声就把电话挂了,这样做是不礼貌的,即使你不要求对方转告,你也应该说一声:"谢谢,打扰了。"打电话结束时,要道声谢谢和说声再见,这是通话结束的信号,也是对对方的尊重。注意声音要愉快,听筒要轻放。一般说,应是打电话的人先搁下电话,接电话的人再放下电话。但是,假如是与上级、长辈、客户等通话,无论你是通话人还是发话人,都最好让对方先挂断。

④ 特殊情况的处理。通话中如有人无意闯入,可以示意请此人坐下等候,或此人自觉退出等候。否则,你可向电话那端的人说声"对不起"后,简短和来人说两句话后(如可以说"等我打完这个电话再和你谈")继续通话。如果办公室有来客时电话铃响了,可以暂时不接。除非你一直在等这个电话。如属于这种情况,则应向来客说明情况。如果需要留言请对方回电,就要请对方记下你的电话号码。这样对方回电就不必再去查电话号码簿,即使对方是熟人,双方经常通电话,也要告诉对方回电的号码,同时别忘了告诉对方回电的合适时间。如果对方是在外地,则最好说明自己将于何时再打电话,请其等候,不可以让对方花钱打长途电话找你。如果要找的人不在,则应对代接你电话的人说:"谢谢,我过会儿再打。"或"如方便,麻烦您转告×××。"或"请告诉他回来后给我来个电话,我的电话号码是……。"切不可直接挂断电话。如果出现线路中断,打电话的一方应负责重拨,接电话的一方应稍候片刻。重拨越早越好,接通后应先表示歉意,尽管这并非自己的过错,可以说:"对不起,刚才线路出了问题。"即使通话即将结束时出现线路中断,也要重拨,继续把话讲完。要是在一定时间内打电话的一方仍然未重拨,接电话的一方也可以拨过去,然后询问:"刚才电话断了,不知您是否还有没讲完的事。"

2. 手机礼仪

无论是在社交场所还是工作场合,放肆地使用手机,已经成为礼仪最大的威胁之一,手机礼仪也越来越受到关注。在国外,如澳大利亚电信公司的各营业厅就采取了向顾客提供"手机礼节"宣传册的方式,宣传手机礼仪。在使用手机的时候应该注意以下礼仪。

(1) 注意手机使用的场合。在会议中和别人洽谈的时候,最好的方式还是把手机关掉,起码也要调到震动状态。这样既显示出对别人的尊重,又不会打断发言者的思路。而那种在会场上铃声不断,像是业务很忙,使大家的目光都转向他,这实际给人的印象只能是缺少教养。

注意手机使用礼仪的人,不会在公共场合或座机电话接听中、剧场里、图书馆和医院里接打手机,就是在公交车上大声地接打电话也是有失礼仪的。

公共场合特别是楼梯、电梯、路口、人行道等地方,不可以旁若无人地使用手机,应该把自己的声音尽可能地压低一下,而绝不能大声说话,同时不要妨碍他人通行。

在一些场合,比如在看电影时或在剧院打手机是极其不合适的,甚至也不要查看手机。

（2）考虑对方是否方便接听。给对方打手机时，尤其当知道对方是身居要职的忙人时，首先想到的是，这个时间他（她）方便接听吗？并且要有对方不方便接听的准备。在给对方打手机时，注意从听筒里听到的回音来鉴别对方所处的环境。如果很静，应想到对方在会议上，有时大的会场能感到一种空阔的回声，当听到噪声时对方就很可能在室外，开车时的隆隆声也能听出来的。有了初步的鉴别，对能否顺利通话就有了准备。但无论在什么情况下，是否通话还是由对方来定为好，所以"现在通话方便吗？"通常是拨打手机的第一句问话。其实，在没有事先约定和不熟悉对方的前提下，我们很难知道对方什么时候方便接听电话。所以，在有其他的联络方式时，还是尽量不打对方手机。

在餐桌上，关掉手机或是把手机调到震动状态还是必要的。避免正吃到兴头上的时候，被一阵烦人的铃声打断。

不要在别人能注视到你的时候查看手机，更不要一边与别人说话，一边刷手机，这对对方是极不礼貌的。

当与朋友面对面聊天时，不要正对着朋友拨打手机，避免发射时高频大电流对他产生辐射，让对方心中不愉快。

要讲究公德，不要用手机偷拍。在用手机拍照或摄像时应征得对方同意。

（3）注意安全使用手机。使用手机时必须牢记"安全至上"，否则不但害人，还会害己。要注意不要在驾驶汽车时，使用手机电话，或是查看寻呼机内容，以防止发生车祸；不要在病房、油库等地方使用手机，免得所发出的信号有碍治疗，或引发火灾、爆炸；不要在飞机飞行期间使用手机，否则极可能使飞机"迷失方向"，造成严重后果。

出于自我保护和防止他人盗机、盗取密码等多方面考虑，通常不宜随意将本人的手机借予他人使用，或是前往不正规的维修点对其进行检修。考虑到相同的原因，随意借用别人的手机也是不恰当的。

（4）注意使用手机的细节。手机已经被赋予多重功能，是人们须臾不可缺少的沟通交流工具，在使用中务必注意以下12个细节：一是未经许可，请勿擅自翻看别人的手机。二是跟人打招呼时，一定要摘下手机耳机，这是21世纪的"脱帽礼"。三是如果要在社交平台发布对方的照片或合照，也应该征得对方同意后再上传。四是当别人给你看的只是手机里的某一张照片时，请不要左右滑动。五是聊天时慎用"在吗"当开场白，得体的说法类似于"在吗？我问您个事儿/请您帮个忙"。六是别人使用手机时，不要在旁边或背后偷瞄。七是如果是重要的事情，不确定对方接听环境是否适宜，请不要发语音。若非闲聊，实在不方便，只能发语音时，请直奔主题，不要说过多无用信息，避免发大段语音浪费别人时间。八是如果不能及时回复对方消息，请事前获得谅解或事后表示歉意。九是不要随意根据手机款式和品牌去点评他人。十是面对长辈和领导，表情符号和表情包最好要慎用。十一是未经同意，不要把他人的微信名片或手机号码分享出去。十二是当众自拍并不总是得体的行为，尤其在比较严肃的场合。①

---

① 佚名.手机使用礼仪[EB/OL].[2020-07-31]. https://baijiahao.baidu.com/s?id=16737311882552094 26&wfr=spider&for=pc.

(5) 讲究手机置放文明。在一切公共场合,手机在没有使用时,都要放在合乎礼仪的常规位置。不要在并没使用的时候放在手里或是挂在上衣口袋外。放手机的常规位置有:一是随身携带的公文包里,这种位置最正规;二是上衣的内袋里;有时候,可以将手机暂放腰带上,也可以放在不起眼的地方,如手边、背后、手袋里,但不要放在桌子上,特别是不要对着对面正在聊天的客户。

10.3　接访礼仪

1. 接待的礼仪

(1) 做好迎宾的准备。迎接,是给客人以良好第一印象最重要的工作。在接待工作中,把迎宾工作做好,对来宾表示尊敬、友好与重视,来宾就会对东道主产生良好印象,从而为下一步深入接触打下基础。在迎宾工作中,要注意做好以下前期准备工作。

① 掌握基本状况。商务人员一定要充分掌握来宾的基本状况,尤其是主宾的个人情况,如姓名、性别、年龄、籍贯、民族、单位、职务、专业、偏好等,必要时还需了解其婚姻、健康状况、政治倾向与宗教信仰等。如果来宾尤其是主宾曾经来访过,则在接待规格上要注意前后一致,无特殊原因不宜随意升格或降格。来宾如报出自己一方的计划,比如来访的目的、来访的行程、来访的要求等,应在力所能及的前提下满足其特殊要求,尽可能对对方给予照顾。

② 制订具体计划。为了避免疏漏,一定要制订详尽的接待计划,以便按部就班地做好接待工作。根据常规,接待计划至少应包括迎送方式、迎送规格、交通工具、膳宿安排、工作日程、文娱活动、游览、会谈、会见、礼品准备、经费开支以及接待、陪同人员等基本内容。

③ 确认抵达时间。有时候,来宾到访时间或因其健康状况,或因紧急事务缠身,或因天气变化、交通状况等的影响,难免会有较大变动。因此,接待方务必要在对方正式起程前与对方再次确认一下抵达的具体时间,以便安排迎宾事宜。

(2) 交通工具停靠站迎宾礼仪。

① 迎宾人员。一般来说,迎送人员与来宾的身份要相当,但如果一方当事人因临时身体不适或不在当地等原因不能前来迎送也可灵活变通,由职位相当的人士或由副职出面。遇到这种情况,应从礼貌出发向对方做出解释。另外,迎宾人员最好与来宾专业对口。

② 迎宾地点。来宾的地位身份不同,迎宾地点往往有所不同。一般情况下,迎宾的常规地点有:交通工具停靠站(机场、码头、火车站等),来宾临时住所(宾馆),东道主的办公地点门外等。在确定迎宾地点时,还要考虑以下因素:双方的身份、关系及自身的条件。

③ 迎宾时间。到车站、机场去迎接客人,应提前到达,绝不能迟到让客人久等。客人刚下飞机或下车就能瞥见有人在等候,一定会感激万分;如果是第一次到这个城市,还能因此获得一种安全感。若迎接来迟,会使客人感到失望和焦虑不安,还会因等待而产生不快,事后无论怎样解释都无法消除这种失职和不守信誉而造成的印象。

④ 迎宾标识。如果迎接人员与客人素未见面,一定要事先了解一下客人的外貌特

征,最好举个小牌子去迎接。小牌子上尽量不要用白纸写黑字,这样会给人晦气的感觉;也不要写"××先生到此来",而应写"××先生,欢迎您!""热烈欢迎××先生"之类的字样;字迹力求端正、大方、清晰,不要用草书书写。一个好的迎宾标识,既便于找到客人又能给客人留下美好印象——当客人迎面向你走来时会产生自豪感。在单位门口,不要千篇一律地写上 Welcome 一词,而应根据来宾的国籍随时更换语种,这样会给来宾一种亲切感。

⑤ 问候与介绍。接到客人后,切勿一言不发、漠然视之,而要先与之略作寒暄,比如说一些"一路辛苦了""欢迎您来到我们这个美丽的城市""欢迎您来到我们公司"之类的话。然后要向客人介绍自己的姓名和职务,如有名片更好;客人知道你的姓名后,如一时还不知如何称呼你,你可以主动表示:"就叫我小×或××好了。"其他接待人员也要一一向客人作自我介绍,有时可由领导介绍,但更多的时候是由秘书承担这一职责。在作介绍时,态度要热情,要端庄有礼,要正视对方并略带微笑,可以先说"请允许我介绍一下",然后按职务高低将本单位的人员依次介绍给来宾。对于远道而来、旅途劳顿的来宾,一般不宜多谈。

⑥ 握手。握手是见面时最常见的礼节,双方相互介绍之后应握手致意。握手时,要注视对方,微笑致意,并使用"欢迎您"等礼貌用语。迎接来宾时,迎宾人员一定要主动与对方握手。

⑦ 献花。有时迎接重要宾客还要向其献花,一般以献鲜花为宜,并要保持花束的整洁、鲜艳。在社交场合,献什么花、怎么献花,常因民族、地域、风情、习俗、目的的不同而有所区别。一般情况下,应注意从鲜花的颜色、数目和品种三个方面加以考虑。

⑧ 为客代劳。接到来宾后,在走出迎宾地点时应主动为来宾拎拿行李,但对来宾手上的外套、坤包或是密码箱等则不必"代劳"。客人如有托运的物件,应主动代为办理领取手续。

(3) 陪车礼仪。客人抵达后从交通工具停靠站到住地以及访问结束后由住地到交通工具停靠站,有时需要主人陪同乘车。主人在陪车时,应请客人坐在自己的右侧。有司机的时候,后排右位最佳,应留给客人。上车时,应主动打开车门,以手示意请客人先上车,自己后上。一般最好让客人从右侧门上车,主人从左侧门上车,以免从客人座前穿过。如客人先上车坐到了主人的位置上,则不必请客人挪动位置。在接待客人时,客人一般会对将要参加的活动的有关背景资料、筹备情况、有关的建议,当地风土人情、气候、物产,富有特色的旅游点,近期本市发生的大事,本市知名人士的情况,当地的物价等感兴趣。所以,接待人员要向客人就上述信息做必要的介绍。

(4) 宾馆接待礼仪。将来宾送至宾馆,要主动代为办理登记手续,并将其送入房间。进入客人房间后,应告知客人餐厅何时营业,有何娱乐设施,有无洗衣服务等以便客人心中有数。客人一到当地,最关心的就是日程安排,所以应事先制订活动计划。客人到宾馆后,应马上将日程表送上,以便客人据此安排私人活动。根据活动安排,客人将与哪些人会面与会谈,也应向客人作简略介绍。为了帮助客人尽快熟悉访问地的情况,还可以准备一些有关这方面的出版物给客人阅读,如本地报纸、杂志、旅游指南等。考虑到客人旅途劳累,主人不宜久留,应让客人早些休息,分手前要说好下一次见面的时间和地点,并留下自己的地址和电话号码,以便客人有事时联系。

(5) 引导客人的礼仪。

① 注意迎接客户的三阶段行礼。我们国内通行的三阶段行礼包括15°、30°、45°的鞠躬行礼。15°的鞠躬行礼是指打招呼,表示轻微寒暄;30°的鞠躬行礼是敬礼,表示一般寒暄;45°的鞠躬行礼是最高规格的敬礼,表达深切的敬意。在行礼过程中,不要低头,要弯下腰,但绝不能看到自己的脚尖;要尽量举止自然,令人舒适;切忌用下巴跟人问好。

② 引导手势要优雅。男性接待人员在做引导时,应该是当访客进来的时候,需要行个礼,鞠个躬,手伸出的时候,眼睛要随着手动,手的位置在哪里眼睛就跟着去哪里。如果访客问"对不起,请问经理室怎么走",千万不要口中说着"那里走",手却指着不同的方向。女性接待人员在做指引时,手就要放下来,否则会碰到其他过路的人,等到必须转弯的时候,需要再次打个手势告诉访客"对不起,我们这边要右转"。打手势时切忌五指张开或表现出软绵绵的无力感。

③ 注意"危机"提醒。在引导过程中,要注意对访客进行危机提醒。比如,在引导访客转弯的时候,熟悉地形的接待人员知道在转弯处有一根柱子,就要提前对访客进行危机提醒;如果拐弯处有斜坡,就要提前对访客说"请您注意,拐弯处有个斜坡"。对访客进行危机提醒,让其高高兴兴地进来,平平安安地离开,这是每一位接待人员的职责。

④ 上下楼梯的引导方式。引导客户上楼梯时,假设接待者是女性,应请客人先走,客人从楼梯里侧向上行,引导者走在中央,配合客人的步伐速度引领;而引导客户下楼梯时,引导者应走在客人的前面,客人走在里侧,引导者走在中间,边注意客人动静边下楼梯。

⑤ 在走廊和电梯的引导方法。在走廊,接待人员应在客人的左斜前方,距离两三步远,配合步调。若左侧是走廊的内侧,应让客人走在内侧。引导客人乘坐电梯时,接待人员先进入电梯,等客人进入后关闭电梯门,到达时,接待人员按"开"的钮,让客人先走出电梯。

⑥ 注意开启会客室大门。会客室的门分为内开和外开,在打开内开的门时不要急着把手放开,这样会令后面的宾客受伤;如果要开外开的门,就更要注意安全,一旦没有控制好门,很容易伤及客户的后脑勺。所以,开外开门时,千万要用身体抵住门板,并做一个请的动作,当客人进去之后再随后将门轻轻地扣住,这是在维护客人的安全。

⑦ 会客室安排和客厅引导方法。正常情况会客室座位的安排:一般会客室离门口最远的地方是主宾的位子。假设某会议室对着门口有一个一字形的座位席,这些位子就是主管们的位子,而与门口成斜角线的位子就是主宾的位子,旁边是主宾的随从或者直属人员的位子,离门口最近的位子安排给年龄辈分比较低的员工。特殊情况时会客室座位的安排:会客室座位的安排除了遵照一般的情况,也要兼顾特殊情况。有些人位居高职,却不喜欢坐在主位,如果他坚持一定要坐在靠近门口的位子时,要顺着他的意思,让客人自己去挑选他喜欢的位置,接下来只要做好其他位子的顺应调整就好。当客人走入客厅,接待人用手指示,请客人坐下,看到客人坐下后,才能行点头礼再离开。如果客人错坐下座,可提请客人改坐上座,但不要勉强。

(6) 奉茶的礼仪。我国人民习惯以茶水招待客人。在招待尊贵客人时,选择什么茶具、怎样倒茶和递茶都有讲究。在给客人送茶时,茶具不能有破损和污垢,要清洗干净、擦亮,杯内的茶水倒至八分满即可,不可倒满,免得溢出来溅洒到客人身上。茶水冷热也要控制好,千万别烫着客人。端送茶水最好使用托盘,既雅观又卫生;托盘内放一块抹布更好,以便茶水溢出时擦拭。端茶时,有杯柄的茶杯可一手执杯柄一手托在杯底或单手执杯柄;若茶杯没有杯柄,注意不要用手握住茶杯,以减少手指和杯沿部分的接触,更不可把拇指伸入杯内。敬茶时可以按由右往左的顺序逐个奉上,也可按主要宾客或年长者—其他客人、上级领导—其他客人这个顺序敬奉。

(7) 接待时的礼仪。

① 主动热情接待客人。在客人到达本单位时,参与接待的相关领导和工作人员,应该前往门口迎接。进入办公室或会客室时,接待人员一般应起身握手相迎,对上级、长者、客户来访,应起身上前迎候。如果自己有事暂不能接待来访者,应安排秘书或其他人员接待客人,不能冷落来访者。正在接待来访者时,有电话打来或有新的来访者,应尽量让秘书或他人接待,以避免中断正在进行的接待。

② 要保持亲切灿烂的笑容。笑是世界的共通语言,笑是接待人员最好的语言工具,访客接待的第一秘诀就是展现亲切笑容。当客户靠近的时候,接待人员绝对不能面无表情地说"请问找谁?""有什么事吗?""您稍等……"这样的接待会令客人觉得很不自在,相反地,一定要面带微笑地说:"你好,请问有什么需要我服务的吗?"

③ 注意使用温馨合宜的招呼语。当接待顾客时,最好不要或者尽量减少使用所谓的专业术语,多使用客人易懂话语。比如医学专业术语、银行专业术语等,许多客人无法听懂那些专业术语,如果在与其交谈时张口闭口皆术语,就会让客人感觉很尴尬,也会使交流受到影响。所以,招呼语要通俗易懂,要让客人切身感觉到亲切和友善。同时,应尽量使用简单明了的礼貌用语,比如"您好""大家好""谢谢""对不起""请"等,向客人展现自己的专业风范。另外,还应该尽量使用生动得体的问候语。比如"有没有需要我服务的?有没有需要我效劳的?"这样的问候语既生动又得体。切忌不要使用类似"找谁?有事吗?"这样的问候语,会使客人感到不舒服,甚至会把客人吓跑。

④ 妥善处理客人意见或建议。对来访者的意见和观点不要轻率表态,应思考后再做答复。对一时不能作答的,要约定一个时间再联系。对能够马上答复的或立即可办理的事,应当场答复,迅速办理,不要让来访者无谓地等待或再次来访。对来访者的无理要求或错误意见,应有礼貌地拒绝,不要使来访者尴尬。

(8) 送别礼仪。送别,是留给客人良好的最后印象的一项重要工作。不管你前面的接待工作做得多么周到,如果最后的送别让客人备受冷落,整个接待工作就会功亏一篑。做好送别工作,关键在于一个"情"字。具体而言,送别时应注意以下礼仪。

① 提出道别。在日常接待活动中,宾主双方由谁提出道别是有讲究的。按照常规,道别应当由客人先提出来,假如主人首先与来客道别,难免会给人以厌客、逐客的感觉。

② 送别用语。宾主道别,彼此都会使用一些礼貌用语表达对对方的惜别之情,最简单、最常用的莫过于一声亲切的"再见!",除此之外,"您走好!""有空多联系!""多多保重!"等也是得体的送别用语。

③ 送别的表现。一般客人告辞离去,商务人员只需起身将其送至门口,说声"再见"

即可。如果上司要求你代其送客,则应视需要将客人送至相应的点;如果对方是常客,通常应将其送至门口、电梯门口或楼梯旁、大楼底下、大院门外;如果是初次来访的贵客,则要陪伴对方走得更远些。如果只将客人送至会议室或办公室门口、服务台边,则要说声"对不起,失陪",目送客人走远;如果将客人送至电梯门口,则宜点头致意,目送客人至电梯门关合为止;若将客人送至大门口或汽车旁,则应主动帮客人携带行李或稍重物品,并帮客人拉开车门,开车门时右手置于车门顶端,按先主宾后随员、先女宾后男宾的顺序或客人的习惯引导客人上车,同时向客人挥手道别,祝福旅途愉快,目送客人离去。在送别的过程中,切忌流露出不耐烦、急于脱身的神态,以免给客人匆忙打发他走的感觉。

2. 拜访的礼仪

拜访是公务、商务等社会活动中一件经常性的工作,是最常见的社交形式,同时也是联络感情、增进友谊的一种有效方法。要使拜访做得更得体、更有效,更好地实现拜访的目的,就要重视和学习拜访的礼仪。

(1) 约好时间。拜访前,应事先联络妥当,尽可能事先告知,最好是和对方约定一个时间,以免扑空或打乱对方的日程安排,即使是电话拜访也不例外,不告而访是非常失礼的。如果双方有约,应准时赴约,不能轻易失约或迟到。但如果因故不得不迟到或取消访问,一定要设法在事前立即通知对方,并表示歉意。拜访应选择适当的时间,选择一个对方方便的时间。做客拜访一般可在平时晚饭过后或假日的下午,要避免在吃饭和休息的时间登门造访。

(2) 做好准备。

① 明确拜访目的。无论是初次拜访还是再次拜访,都要事先明确拜访的主要目的。

② 准备有关资料。商务拜访,比如客户拜访,要准备的资料就包括公司及业界的资料、相关产品资料、客户的相关信息资料、销售资料及方案、针对可能出现的情况事先拟订解决方案或应对方案、一些小礼品等。此外,名片、电话号码簿等也要事先准备好。

③ 设计拜访流程。要针对拜访环节准备好最稳妥、最得体的称呼和开场白,选择好话题材料,确定话题范围等。

④ 电话预约确认。出发前应致电被拜访者,再次确认本次拜访人员、时间和地点等事宜。

⑤ 注意礼仪细节。到达前,最好先稍事整理服装仪容。如果是重要的拜访对象,要事先关掉手机,这体现了对拜访对象的尊敬,对访问事宜的重视。

(3) 上门有礼。到达拜访地点后,如果对方因故不能马上接待,可以在对方接待人员的安排下在会客厅、会议室或在前台,安静地等候。如果等待时间过久,可以向有关人员说明,并另定时间,不要显出不耐烦的样子。有抽烟习惯的人,要注意观察该场所是否有禁止吸烟的警示。即使没有,也要问问工作人员是否介意抽烟。如果接待人员没说"请随便看看"之类的话,就不要随便东张西望,到处窥探,那是非常不礼貌的。

到达被访人所在地时,一定要事先轻轻敲门,进屋后等主人安排后坐下。后来的客人到达时,先到的客人应站起来,等待介绍或点头示意。对室内的人,无论认识与否,都应主动打招呼。如果与对方是第一次见面,应主动递上名片,或作自我介绍。对熟人可握手问候。如果你带其他人来,要介绍给主人。

进门后,应把随身带来的外套、雨具等物品搁放到对方接待人员指定的地方,不可任意乱放。接茶水时,应从座位上欠身,双手捧接,并表示感谢。吸烟者应在主人敬烟或征得主人同意后,方可吸烟。和主人交谈时,应注意掌握时间。有要事必须与主人商量或向对方请教时,应尽快表明来意,不要不着边际,浪费时间。

(4) 礼貌告辞。拜访结束时彬彬有礼地告辞,可给对方留下良好的印象,同时也给下次的拜访创造良好的氛围和机会。所以,及时告辞、礼貌告辞这一环节相当重要。拜访时间长短应根据拜访目的和主人的意愿而定,通常宜短不宜长,适可而止。

当接待者有结束会见的表示时,应立即起身告辞。告辞时要同主人和其他客人一一告别。如果主人出门相送,应请主人留步并道谢,热情地说声再见。中途因特殊情况不得不离开时,无论主人在场与否,都要主动告别,不能不辞而别。

(5) 拜访过程礼仪。

① 准时到达。让被拜访者无故等候无论因何原因都是严重失礼的事情。如果是对方要晚点到,要安静等待。可充分利用剩余的时间,检查准备工作。

② 控制时间。谈话时开门见山,不要海阔天空,浪费时间。最好在约定时间内完成访谈,如果客户表现出有其他要事的样子,千万不要再拖延,如未完成工作,可约定下次拜访时间。

③ 注意言谈举止。要以优雅得体的言谈举止体现素质、涵养和职业精神,赢得对方的好感和敬重。即便与接待者的意见相左,也不要争论不休。要注意观察接待者的举止神情,当有不耐烦或有为难的表现时,应转换话题或口气。总之,要避免出现不愉快或尴尬的场面。

④ 处理好"握手"与"拥抱"的关系。必须事先搞清对方人员的真实身份,根据主次或亲疏的关系,处理好见面时的礼仪关系。

⑤ 尊重对方习惯。由于被拜访者的国籍、民族、年龄、性别以及爱好、兴趣、习惯各有不同,事先要了解清楚,并给予充分的尊重。

⑥ 讲究服饰。服饰事关拜访者自身的职业形象和所代表的机构形象,也体现对被拜访者的尊重。所以,拜访前对服饰的选择和斟酌马虎不得。

⑦ 及时致谢。对拜访过程中接待者提供的帮助要及时适当地致以谢意。

⑧ 事后致谢。若是重要约会,拜访之后给对方寄一封谢函或留一条短信,会加深对方的好感。

案例分析

1. 令人不悦的见面

小李今年大学刚毕业,在四海药业公司总经理办公室做秘书工作。一天,公司孙总经理派他到机场去接广州五湖集团公司销售部的吴立晶经理。小李准时来到机场,在出口处吴经理见到小李手中的字牌,走到小李面前说:"你好!你是小李吧,我是吴立晶!"小李连忙用不太标准的普通话说:"是的,是的,我是小李!您好!您就是广州过来的狐狸精(吴立晶)吧?我是孙总派来接您的。我是东北亚大学行政管理专业毕业的研究生,现在是孙总的秘书。"一边说一边准备与吴经理握手。

（资料来源：吴蕴慧，徐静.现代礼仪实务[M].上海：上海交通大学出版社，2008.）

思考与讨论：

(1) 从礼仪方面看，小李的不妥之处在哪里？

(2) 本案例对你有哪些启示？

2. 送蛋糕

有一位先生为一位外国朋友订做生日蛋糕。他来到一家酒店的餐厅，对服务小姐说："小姐，您好，我要为我的一位外国朋友订一份生日蛋糕，同时打一份贺卡，你看可以吗？"小姐接过订单一看，忙说："对不起，请问先生，您的朋友是小姐还是太太？"这位先生也不清楚这位外国朋友结婚没有，从来没有打听过，他为难地抓了抓后脑勺想想说："小姐？太太？一大把岁数了，太太。"生日蛋糕做好后，服务员小姐按地址到酒店客房送生日蛋糕，敲门，一女子开门，服务员小姐有礼貌地说："请问，您是怀特太太吗？"女子愣了愣，不高兴地说："错了！"服务员小姐丈二和尚摸不着头脑，抬头看看门牌号，再回去打个电话问那位先生，没错，房间号码没错。再敲一遍，开门，"没错，怀特太太，这是您的蛋糕"。那女子大声说："告诉你错了，这里只有怀特小姐，没有怀特太太。"砰的一声，门被大力关上，蛋糕掉地。

（资料来源：佚名.社交礼仪案例[EB/OL].[2020-04-08]. https://www.taodocs.com/p-379806315.html.）

思考与讨论：

(1) 案例中的女士因为什么生气并拒收蛋糕？

(2) 本案例对你有哪些启示？

3. 对方会看到你打电话的表情

日本有一位特别有名的销售员，有人结合他的经历写了一本书，叫《史上最伟大的推销员》。这个推销员的伟大之处在哪儿呢？他的工作中又有哪些有趣的故事？

有一天晚上，他回到家后，比较累了，决定先睡一觉。但他定了一个闹钟，同时告诉他老婆，晚上10:00的时候一定要把他叫起来，因为他跟一个很重要的客户约好在晚上10:30的时候打电话。

到晚上10:00的时候，不等他老婆催他，他听到闹钟就醒了，然后去洗手间洗漱，接着又是刮胡子，又是穿衬衫、打领带的，还穿上了西装和皮鞋。最后拿了个本子，在电话机旁正襟危坐，一到晚上10:30就准时给对方打电话。

业务倒是谈得很顺利，十几分钟就谈成了。但是他这番怪举动让他老婆感到很奇怪：不就一个电话吗？有必要搞得跟个神经病似的吗？大半夜的还要起来精心打扮一通，好像现在不是晚上，而是星期一早上。

你猜他是怎么解释的？他跟他老婆说，如果我很邋遢、很懒散，对方虽然看不到我的样子，但是我自己的精神面貌不好，而这会通过我的语气变化传达到对方那里。经过这么一番打扮，我看起来正式多了，人也精神多了。虽然看不见对方，我也要尊重对方，我相信，对方一定能感受得到！

一个人的成功与伟大，从来都不是无缘无故的。他凭借着这样的好心态赢得了众多的客户,很多客户觉得,不论何时和这个推销员打电话,都会感觉他精神百倍,好像全心全意地在做这件事。客户要是感觉到你是全心全意的,哪怕只是对待一通电话,他也会觉得受到了极大的尊重。

(资料来源:陈乾文.别说你懂职场礼仪[M].北京:龙门书局,2010.)

思考与讨论:

(1) 与客户进行电话沟通时,怎样让客户觉得你是尊重他(她)的?

(2) 本案例对你有什么启示?

实践训练

1. 见面场景模拟训练

实训目的:掌握见面礼仪的基本规范,展现出良好的交际形象。

实训时间:2课时。

实训地点:实训室或教室。

实训步骤:

(1) 实训前需要事先设计见面的场景,准备名片、小礼物若干。

(2) 将全班学生分成若干组,每组3~5人,每组设计一个见面场景,将称呼、介绍、握手、递接名片、礼物馈赠、拜访、接待等交际礼仪连贯地演示下来。表演之前,每组应就设计的场景和成员的角色进行说明。

(3) 学生对各组的表演进行评价,最后教师总结。

2. 自编小品——"打电话(手机)"

实训目的:掌握电话(手机)礼仪的基本规范,展现出良好的通讯交际形象。

实训时间:1课时。

实训地点:实训室或教室。

实训步骤:

(1) 学生3~5人分为一组,每组自编小品"打电话(手机)"。

(2) 每组同学将其创作的"打电话(手机)"小品在全班进行表演。

(3) 表演中注意将打电话(手机)中不规范的表现演示出来,最后师生共同进行评价。

自主学习

(1) 设想几种不同的社交场景,考虑如何根据交往对象不同进行称谓。

(2) 请面对全班同学做一分钟自我介绍。

(3) 设计几个不同人物身份和场景,模拟训练正确的介绍方法。

(4) 设计出用于商务场合的富有个性的名片,然后相互之间练习名片的递接。选出最具特色的名片,进行一次名片展览。

(5) 进行拜访礼仪实践。学生2~4人为一组,利用业余时间,到亲朋好友家进行拜访。拜访的目的可以是社会调查、礼节性拜访或是请教问题等。拜访结束后,每个人写出详细的拜访过程,在教师的指导下,在全班进行拜访总结。

(6) 假如你明天要拜访一位重要客户,列出你需要做哪些形象准备和资料准备?

(7) 王秘书做秘书工作多年,积累了不少经验。近日,领导让他给新来的秘书介绍一下接待经验,如果你是王秘书你应怎样介绍?

(8) 欣赏相声表演艺术家马季的相声《打电话》,讨论打电话应该注意的礼节。

(9) 以下接电话过程中有哪些错误的礼仪行为。

电话铃声响起,响了5、6声。

女:喂!五湖四海公司,你找谁?

客:我的手机好像出了问题,请问要找谁处理呢?

女:你等一下。

转接声音很久……

男:喂!找谁?

客:我的手机出问题了,有一位小姐帮我转接到这里的。

男:我们这是业务部,不管手机修理的问题(不耐烦)。

客:我应该找谁呢?可以帮我转一下吗?

男:好了!你等一下。

转接声又响了好久……

女:喂!

客:我的手机出了问题,请问如何……(被打断)

女:电话转错了吧!

客:那我到底要怎么办?

女:我再帮你转转看。

电话又响很久……没人接听

客:怎么搞的(骂声)!

"咔!"客户把电话挂掉了。

(10) 在网络这个虚拟世界中,应该注意哪些礼仪?

(11) 或许你在网上对人有不礼貌的行为,或许别人对你有不礼貌的行为。请试举一例,并根据所学的知识和技术,提出解决问题的方案。

参考文献

[1] 褚倍.商务礼仪[M].北京：清华大学出版社，2020.
[2] 曹华.社交礼仪[M].北京：清华大学出版社，2019.
[3] 赵颖.社交礼仪[M].北京：中国人民大学出版社，2017.
[4] 赵敏,王辉.商务礼仪[M].北京：人民邮电出版社，2017.
[5] 范晓莹,李文英.人际沟通与交流[M].北京：清华大学出版社，2015.
[6] 谢红霞.沟通技巧[M].北京：中国人民大学出版社，2015.
[7] 丁宁.管理沟通[M].北京：北京交通大学出版社，2011.
[8] 王浩白.商务沟通[M].杭州：杭州大学出版社，2011.
[9] 谢红霞.沟通技巧[M].北京：中国人民大学出版社，2011.
[10] 武洪明,许湘岳.职业沟通教程[M].北京：人民出版社，2011.
[11] 彭于寿.商务沟通[M].北京：北京大学出版社，2011.
[12] 郭文臣.管理沟通[M].北京：清华大学出版社，2010.
[13] 张韬,施春华,尹凤芝.沟通与演讲[M].北京：清华大学出版社，2005.
[14] 莫林虎.商务交流[M].北京：中国人民大学出版社，2008.
[15] 黄漫宇.商务沟通[M].北京：机械工业出版社，2006.
[16] 王建民.管理沟通理论与实务[M].北京：中国人民大学出版社，2005.
[17] 惠亚爱.沟通技巧[M].北京：人民邮电出版社，2008.
[18] 张喜春,刘康声,盛暑寒.人际交流艺术[M].北京：清华大学出版社，北京交通大学出版社，2009.
[19] 徐丽君,明卫红.秘书沟通技能训练[M].北京：科学出版社，2008.
[20] 陈秀泉.实用情境口才——口才与沟通训练[M].北京：科学出版社，2007.
[21] 明卫红.沟通技能训练[M].北京：机械工业出版社，2008.
[22] 许玲.人际沟通与交流[M].北京：清华大学出版社，2007.
[23] 周彬琳.实用口才艺术[M].大连：东北财经大学出版社，2006.
[24] 潘肖珏.公关语言艺术[M].上海：同济大学出版社，1991.
[25] 周璇璇.实用社交口才[M].北京：北京大学出版社，2008.
[26] 李元授,白丁.口才训练[M].武汉：华中理工大学出版社，1999.
[27] 李晓.沟通技巧[M].北京：航空工业出版社，2006.
[28] 李元授,等.口才训练[M].武汉：华中科技大学出版社，2006.
[29] 柳青,蓝天.有效沟通技巧[M].北京：中国社会科学出版社，2003.
[30] 梁玉萍,丰存斌.沟通与协调的技巧和艺术[M].北京：中国人事出版社，2009.
[31] 黄琳.有效沟通[M].北京：中国华侨出版社，2008.
[32] 廖春红.中国式商务应酬细节全攻略[M].广州：广州出版社，2010.
[33] 杨海清.现代商务礼仪[M].北京：科学出版社，2006.
[34] 黄琳.商务礼仪[M].北京：机械工业出版社，2005.
[35] 郭文臣,等.交际与公关礼仪[M].大连：大连理工大学出版社，1998.
[36] 吴绿星.推销与口才[M].福州：福建科学技术出版社，1991.
[37] 谢玉华.管理沟通[M].大连：东北财经大学出版社，2010.
[38] 吕书梅.管理沟通技能[M].大连：东北财经大学出版社，2008.
[39] 梁辉.有效沟通实务[M].北京：中国人民大学出版社，2010.